추천사

YOU ARE WHAT YOU EAT
자연에서 온 에너지 푸드

유카는 참 맑고 순수한 사람입니다. 호기심, 배려심, 무엇이든 열심히 하는 모습이 참 보기 좋은
사람입니다. 긍정적인 에너지가 넘쳐 주변 사람들까지 옮아버리곤 합니다. 그리고 그런 좋은 에너지로
신 나게 음식을 만듭니다. 그냥 책으로 연구한 것이 아니라 본인이 직접 겪은 경험을 통한 살아 있는
레시피로 만들고, 먹고, 살아갑니다. 운이 좋게도 유카와 친구가 되어 종종 그녀의 음식을 맛보곤
하는데 건강식, 미용식이기 이전에 그냥 맛있어서 따라하고 싶은 요리가 많습니다.
유카의 음식에는 건강은 기본이고 모두가 맛있게, 즐겁게 먹고 살면 좋겠다는 마음이 담겨 있습니다.

-이빛나, 트레이 델리&마켓, 싱글 몰트 바 드램, 사케당 대표

최근에는 사용하지 않는 일본어 중에 '시작과 끝이 좋다'는 표현이 있습니다. 식재료를 끝까지
낭비 없이 사용한다는 뜻으로, 그것을 잘 하는 사람은 '시작과 끝이 좋은 사람'이라는 칭찬을 받습니다.
유카 씨야 말로 그런 사람입니다. '시작과 끝이 좋은 사람'의 음식철학과 빛나는 센스가 담겨 있는
이 책은 우리에게 많은 깨달음을 줍니다.

-오쿠니 토쿠코, 한국 여행 정보 사이트 KONEST 편집장

도쿄의 리마쿠킹스쿨에서 마크로비오틱 특강을 들은 적이 있습니다. 선재 스님께 사찰음식을 배운
제게 마크로비오틱은 사찰음식과 비슷한 요리로 느껴졌습니다. 최소한의 양념으로 재료가 지닌 본래의
맛을 살린다는 점, 채소를 중심으로 몸이 가벼워지는 음식을 만든다는 점,
음식을 먹는 사람까지 배려하는 음식 철학까지. 《유카의 해독 요리》는 그 마음을 잘 담아낸,
한국인들에게 잘 맞는 건강한 음식을 쉽게 소개한 책입니다.

-이미경, 쿠킹스튜디오 네츄르먼트&요리연구가

우리의 이웃 이와사키 유카, 그녀와 이야기하다 보면 에너지가 넘쳐나는 것을 느낄 수 있습니다.
그 에너지는 책을 통해 우리의 건강을 지키는 전도사가 될 것으로 믿습니다.

-전인선, 경기남부두레생활협동조합 이사

유카의

**해독
요리**

유카의 해독 요리

초판 1쇄 발행 2015년 10월 19일

지은이 이와사키 유카
펴낸이 승영란, 김태진
기획 · 편집 · 푸드스타일링 조경자
사진 황승희
마케팅 함송이
경영지원 이보혜
디자인 All Design, 유혜영
출력 인쇄 애드샵

펴낸 곳 에디터
　　　　서울 마포구 마포대로 14가길 6 정화빌딩 3층
　　　　02-753-2700, 2778
　　　　팩스 02-753-2779

출판등록 1991년 6월 18일 등록 제 313-1991-74호

값 15,800원
ISBN 978-89-6744-161-6 13590

ⓒ 이와사키 유카, 2015

본 저작물은 에디터에서 저작권자와의 계약에 따라 발행한 것이므로 본사의 허락 없이는
어떠한 형태나 수단으로도 이 책의 내용을 이용할 수 없습니다.

※잘못된 책은 구입처에서 바꿔드립니다.

유카의 해독 요리

이와사키 유카 지음

에디터

PROLOGUE

풍요로운 바다로 둘러싸여 있고,
건강한 먹을거리를 품은 산이 즐비하며
계절마다 다른 모습을 드러내는
자연의 아름다움을 만끽할 수 있는 나라는 한국입니다.
자연의 흐름에 따라서 살아간다는 것은 인간에게 있어서 가장 좋은 치료입니다.
자연의 은혜를 얻는 것이야말로 인간에게 최고의 약입니다.
마크로비오틱을 이끈 이들은 '부엌은 약국이다'고 표현했습니다.
집의 부엌에서 자연이 키운 음식물의 약효를 올바르게 조리하는 우리는 약제사와 같습니다.

저는 아토피성 피부염이라는 현대병과 오래 사귀고 있습니다.
스스로 해독의 필요성과 효과를 체험하면서 몸의 신비와 음식의 힘을 실감하고 있습니다.
먹을거리는 거짓말하지 않습니다. 그리고 신체는 정직합니다.
균형이 뒤틀린 식생활과 생활환경의 혼란은 여실히 몸으로 나타납니다.
자연을 살리고 자연의 에너지를 담은 해독 레시피가
여러분에게 가장 좋은 처방전이 되기를….
마지막으로 이 책의 출판을 응원하고 기다려 준 지인들께 깊이 감사 말씀을 드립니다.

이와사키 유카

CONTENTS

PROLOGUE 005

지금 당장 실천해야 할
디톡스 플랜

DETOX PLAN 01	해독과 배출 건강법, 마크로비오틱 식사	014
DETOX PLAN 02	면역력의 시대, 마크로비오틱이 답이다	016
DETOX PLAN 03	이론편, 마크로비오틱 해독	019
DETOX PLAN 04	기억해 두어야 할 해독 음식궁합	023
DETOX PLAN 05	실천편, 마크로비오틱 해독	024
DETOX PLAN 06	일부러 찾아 먹는 해독 식재료	037
DETOX PLAN 07	특별한 해독 소스	039
Special Tip	에코 쿠킹	031

POWER 디톡스 푸드

Section 01
대지의 힘, 뿌리채소 해독 요리

연근과 가지 타르타르 소스 샌드	050
우엉 머스터드 샐러드	052
동글동글 연근볼	054
무와 당근 홍백 리본 샐러드	056
뿌리채소 쥐포	058
뿌리채소와 밤 발사믹조림	060
당근 아몬드 샐러드	062
마 오색볶음	064
가부라찜	066

Section 02
태양의 힘, 잎채소 해독 요리

시금치 코코트	070
깻잎 들깨 파스타	072
부추 소스를 뿌린 두부구이	074
참나물 겉절이	076
청경채 김치	078
깐쇼 브로콜리	080

Section 03
바람의 힘, 마른 재료 해독 요리

마른 표고버섯 덮밥	084
목이버섯 양상추 샐러드	086
호박고지조림	088
무말랭이 배추 중화풍볶음	090
마른 가지 피망볶음	092

Section 04
바다의 힘, 해조류 해독 요리

다시마말이	096
파래 지지미	098
생톳 마리네이드 샐러드	100
미역줄기 버섯 스파게티	102
미역 쑥갓 볶음밥	104

Section 05
산의 힘, 버섯 해독 요리

버섯 두유 크림 파스타	108
새송이버섯회	110
양송이버섯튀김	112
버섯 돌나물 샐러드	114
버섯 쿠킹포일찜	116

Section 06
계절의 힘, 과일 해독 요리

고구마 레몬조림	120
사과 두부 치즈 샐러드	122
감 무 샐러드	124
참외 샐러드	126
배 쑥갓무침	128
배추 금귤무침	130

DETOX COLUMN ①

백세 장수 시대, 야생 음식을 탐하라	132

우리 식재료로 즐기는
세계의 디톡스 푸드

Section 01
일본의 가정식 해독 요리

가키아게 우동	144
베지니기리 초밥	146
타코야키	148
두부 가바야키 덮밥	150
니쿠자가	152
달걀말이풍 두부와 김	154
오뎅	156
두부 난반절임	158

Section 02
서양의 가정식 해독 요리

두유 치즈 피자	162
현미 파에야	164
순두부 화이트 소스 그라탱	166
두부 오믈렛	168
수제 드라이 토마토와 두부 크림치즈 카나페	170
콜리플라워 샌드위치	172
라타투이	174
연근 버섯 미트로프	176

Section 03
중국의 가정식 해독 요리

중화냉면	180
현미 슈마이	182
볶지 않은 양배추 된장볶음	184
마파가지	186
두부 유린기	188
니라타마	190
군만두	192
무 오이 생강절임	194

DETOX COLUMN ②
동물성식품, 국물 요리, 연한 음식은 가라!
3無 해독 건강법   196

PART 03

내 몸을 위한 음식 처방전
자연의 에너지 푸드

Section 01
다이어트에 좋은 에너지 UP 해독 요리

우엉 곤약 덮밥	214
당근 소보로 덮밥	216
수수로 만든 햄버그 스테이크	218
오트밀 볼	220
무 스테이크	222
튀기지 않은 크로켓	224
곤약 돈가스	226
곤약 떡갈비	228

Section 02
섬유질이 풍부한 변비 개선 요리

양배추구이	232
우엉 잡채	234
구운 고구마 샐러드	236
셀러리볶음	238
콜라비 피클	240
무수분 콩나물무침	242
적채 코울슬로 샐러드	244

Section 03
고기 생각 안 나는 해독 요리

볼로네즈 스파게티	248
소면 누룽지 낫토 소스	250
톳을 채운 유부구이	252
아츠아게 파르스	254
마 두부 경단튀김	256
두부 카레 마리네이드	258
검은콩 너깃	260
콩튀김	262

Section 04
대장과 혈액을 정화시키는 해독 요리

낫토 현미 덮밥	266
검은 낫토 월남쌈	268
낫토 토마토 컵샐러드	270
비트 사과 샐러드	272
비트 오븐 마리네이드	274
비트 수프	276

Section 05
면역력을 높이는 효소 충전 요리와 음료

두부 토마토 깻잎 카프레제	280
단호박 로우 샐러드	282
무 미나리 태국식무침	284
파프리카 이탈리안 나물	286
마늘종절임	288

PART 04
약식동원
한 컵 해독 보약

그린 스무디	294
당근 감귤주스	295
바나나 두유	296
마른 표고버섯차	297
팥차	298
무말랭이차	299
검은콩차	300
일본식 된장국	301
달콤한 채소 수프	302

해독을 돕는
채식 베이킹

당근 머핀	308
고구마 타르트	310
바나나 코코넛 파운드케이크	312
버터를 뺀 아몬드 쿠키	314
양파롤 스콘	316
키위 오트밀 쿠키	318
고구마 경단	320

DETOX COLUMN ③
덜 달게 먹어야 산다, 슈거 디톡스   322

Index   324

이 책에는 자연식 해독 요리의 메인 음식으로 흰쌀밥 대신 현미밥을 제안하였습니다. 또한 비타민과 미네랄이 풍부한 제철 채소와 과일로 만든 반찬과 간식, 음료도 다양하게 소개하였습니다. 주위에서 쉽게 구할 수 있는 친근한 식재료를 최소한의 양념으로 재료가 지닌 본래의 맛을 살렸습니다.
그러나 입에 물리는 한식 조리법 대신 색다른 재료 궁합과 아주 간단한 조리법으로 먹는 즐거움도 잃지 않도록 하였습니다. 우엉이나 연근 등 몸에는 좋으나 조리법이 다양하지 못했던 건강 재료들의 활약을 기대해도 좋습니다. 효소를 활성화시켜 자연스러운 해독을 돕는 된장, 견과류, 해조류 등의 식품을 이용한 레시피도 풍부합니다. 해독 베이킹 레시피에는 설탕과 버터를 쓰지 않았습니다. 정제된 설탕 대신 메이플시럽이나 쌀로 만든 조청을, 몸에 해로운 정제염 대신 천일염과 같은 건강 소금을 최소한으로 사용한 요리들입니다.

지금 당장 실천해야 할
디톡스 플랜

해독 요리란 무엇인가요?
왜 해독 요리가 필요할까요?
어떤 해독 요리가 몸에 좋은가요?
해독 요리를 만들어 보기 전에 우선 해독에 관해서 배워봅시다.
우리의 몸은 평소 어떤 독에 노출되어 있는지
그 현황을 파악하고 적절한 대처 방법을 알고 있다면 독도 그리 두렵진 않을 겁니다.
독 자체를 두려워하는 것보다 독이 쌓이기 쉬운 식생활과
생활 스타일을 돌아보고 독을 배출하기 어려운 몸을 개선합시다.
디톡스 플랜은 나를 알고 독을 아는 것에서 시작합니다.

DETOX PLAN 01

해독과 배출 건강법
마크로비오틱 식사

일본의 나가사키 원폭과 체르노빌 원전사고는 인류에게 재앙과 같은 시련이었습니다. 나가사키에서는 현미밥과 된장국, 매실절임을 계속 먹음으로써 원폭증으로부터 몸을 지켜낼 수 있었다는 보고가 있었는데, 나가사키보다 훨씬 뒤에 발생한 체르노빌 원전사고 후에 체르노빌에서도 된장의 수요가 급증했다는 뉴스가 보도되기도 하였습니다. 후쿠시마의 방사능 유출이 큰 문제가 되었을 때도 현미와 채식을 권하는 운동이 일어났습니다.

마크로비오틱(Macrobiotics)에서는 현미밥을 주식으로 자연을 살린 음양의 균형을 고려하여 음식을 만듭니다. 마크로비오틱 식사는 인간의 생명력과 면역력을 높입니다. 면역력과 해독 능력이 높아지면 몸속으로 침투한 방사능 물질을 내부 피폭되기 전에 배출시킬 수 있으며, 암을 비롯한 다양한 병을 일으키는 활성산소의 활동을 억제할 수 있습니다. 또한 마크로비오틱 식사는 자연 치유력을 높여줍니다.

'건강'에 대한 최근의 풍조는 오로지 몸에 좋은 음식과 필요한 영양소만을 생각합니다. 그러나 포식과 과식, 스트레스로 넘치는 현대 사회에서는 몸에 불필요한 것이 과도하게 쌓입니다. 섭취보다는 우선 필요하지 않은 것, 노폐물을 몸 밖으로 배출시키는 일부터 시작해야 합니다. 배출이나 대사가 원활한 몸을 만들어야 건강을 유지할 수 있습니다.

첨가물이나 농약 등의 유해 물질의 축적만이 두려운 것이 아닙니다. 평소 섭취하는 음식도 소화하기 어렵거나 대사에 부담이 되거나 배출되기 어려운 것들이 몸속에 계속 유입되고 쌓이면 독이 되어 병으로 나타나게 됩니다. 섭취보다 우선 잘 배출하는 일부터 시작해야 합니다.

오늘날 우리를 둘러싼 환경은 세계적인 문제가 된 방사능 오염과 미세먼지, 황사 등 대기 오염을 비롯해 잔류농약, 식품 첨가물, 환경 호르몬 등 각종 유해 물질로 넘쳐납니다. 때문에 현대인의 생활환경은 독에 쉽게 노출되어 있으며 일상에서 독의 위협을 받고 있습니다. 평범하게

생활을 해도 식사와 호흡, 피부를 통해 유해 물질이 침범합니다. 즉 스스로 자각하지 못하는 사이 독은 우리 몸에 유입됩니다.

본래 건강한 인체에는 몸속으로 유입된 유해 물질과 독을 변이나 소변, 땀 등으로 몸 밖으로 배출하는 기능을 갖추고 있습니다. 그러나 일상적으로 독에 노출되거나 몸속으로 들어와 버리면 독의 처리 능력과 배출 능력은 점점 떨어지게 마련입니다.

유해 물질로 가득한 사회에서 불규칙한 생활이나 운동 부족, 높은 스트레스 등이 더해지면 독이 많이 쌓이게 됩니다. 독이 배출되지 않은 채 계속 쌓이게 되면 다양한 질환이나 병으로 나타납니다.

지금까지의 상식적인 질병 치료와 건강법에서는 부족한 영양을 섭취하거나, 몸에 좋은 것을 적극적으로 먹는 등 우선은 부족한 것을 보충하거나 섭취하는 것에 초점을 두었습니다. 그러나 독이 쌓인 몸에는 아무리 보양식을 먹어도 몸이 제대로 활용을 하지 못하고 오히려 부담이 될 수 있습니다. 신체의 기능을 정상화하려면 유해 물질이나 독소를 해독하고 배출시키는 것이 우선입니다. 독뿐만 아니라 체내에 쌓인 불필요한 것을 없앰으로써 몸에 부담을 줄이고 신진대사를 높여 면역력을 높일 수 있습니다. 그렇게 되면 건강뿐 아니라 다이어트와 미용, 안티에이징 등의 효과도 얻을 수 있습니다.

독을 없애고 정화시켜 몸을 리셋하는 것이 해독입니다. 이 책에서는 소화와 흡수에 부담이 되지 않는 요리, 장기를 강화시키고 면역력과 기초 체력을 높이는 요리, 해독과 다이어트에 효과적인 요리와 해독에 이로운 식재료와 조리법을 소개합니다.

마크로비오틱 요리법은 방사능 물질과 미세먼지로부터 우리 몸을 지키며 병과 노화를 예방하고 다이어트를 돕습니다. 몸속부터 건강해지는 것을 목표로 해독 요리를 시작해보세요.

DETOX PLAN 02

면역력의 시대
마크로비오틱이 답이다

환갑을 바라보는 나이에도 여전히 젊음을 유지하고 있는 마돈나, 나이를 초월한 여성미를 뽐내는 니콜 키드먼, 왕성한 체력을 자랑하는 액션배우 톰 크루즈, 그리고 패션모델 미란다 커 등이 실천하고 있는 마크로비오틱.

마크로비오틱은 Macro(큰, 위대한), Bio(생명, 생물), Tic(기술, 방법)의 합성어로 '자연에 적응하면서 오랫동안 평안하게 사는 생활법'을 말합니다. 마크로비오틱에서는 곡물 채식을 중심으로 제철에 난 음식을 통째로 섭취하는 것이 기본입니다. 해독 작용을 지닌 현미, 비타민이나 섬유질이 풍부한 채소, 미네랄 성분이 풍부한 해초, 대사에 부담이 적은 단백공급질원인 콩, 그리고 면역력을 키워주는 발효식품 등 영양의 흡수나 대사, 노폐물의 배출도 고려한 균형적인 식단 구성을 기본으로 합니다. 마크로비오틱 식사법은 영양 과잉이나 불균형이 심한 현대인들이 자연스럽게 살을 빼면서 몸속까지 맑게 정화시켜 건강을 증진시킬 수 있도록 돕습니다.

일본에서 시작되어 미국에서 꽃을 피운 마크로비오틱의 역사

1900년경 의사인 이시즈카 사겐(1893~1966)은 식양법(食養法)을 주창합니다. 그는 1907년에 식양회(食養會)를 발족하고 현재의 마크로비오틱의 기초가 되는 개념을 확립했습니다. 마크로비오틱이라는 명칭은 식양회에서 함께 활동한 사쿠라자와 유키카즈(1893~1966)에 의해서 붙여졌습니다. 마크로비오틱은 1945년 이후 식생활법, 식사 요법으로서 알려졌습니다.

마크로비오틱은 프랑스를 시작으로 세계 각국에 보급 활동을 전개하여 현재는 미국과 유럽을 중심으로 40여 개의 나라에서 실천하고 있습니다. 영어로는 '매크로바이오틱'이라고 부르지만 프랑스에서 보급 활동을 시작했기 때문에 '마크로비오틱'은 프랑스어 발음에서 유래되었습니다.

미국에서는 비만이 사회 문제로서 심각해진 1970년 후반 급격히 확대됐습니다. 특히 구시 미치오(1926~2014)의 공로로 미국 정부로부터 인정을 받았습니다. 또한 미국의 상류층과 연예인들의 건강법으로서 퍼지더니 1990년대 후반 무렵에는 일본에 역수입되었습니다. 지금은 마돈나를 비롯해서 니콜 키드먼, 톰크루즈 등의 할리우드 스타나 지식인, 실업가, 운동선수 등 많은 저명 인사들이 실천하고 있는데 그 수가 300만 명을 넘습니다. 또한 마크로비오틱의 가이드라인은 미국 정부도 추천하고 있으며 UN에서도 '국제마크로비오틱협회'가 설치되었습니다.

일본에서는 다이어트, 난치병 극복, 사람과 환경에 좋은 에코라이프라는 면에서 많은 사람들로부터 지지를 받고 있습니다.

자연의 파워를 얻는 마크로비오틱의 4대 원리

마크로비오틱은 사람도 자연의 일부라고 생각합니다. 그래서 자연의 혜택을 받으면서 자연과 조화를 이루어 자연의 흐름에 따라 살아갈 수 있다면 사람은 건강하게 장수할 수 있다고 생각합니다. 마크로비오틱은 자연(Bio)의 파워를 가능한 많이(Macro) 얻고 자신의 생명력(Bio)도 최대한(Macro)으로 높이는 방법(Tic)이라고 해석할 수도 있습니다. 생명력을 최대한 높이기 위해서는 자연의 에너지를 적당히, 효율적으로, 균형 좋게 얻는 것이 중요합니다. 이를 실천하기 위해서는 4개의 포인트부터 알아야 합니다.

국산 제철 음식을 먹는 신토불이

한국에 사는 우리에게는 외국산의 음식보다 한국산의 음식이 입맛에 잘 맞고 소화와 흡수가 잘 됩니다. 그리고 생물학적으로나 영양학적으로도 좋습니다. 음식에는 철이 있어서 그때그때 난 재료를 먹어야 그 계절에 가장 필요한 영양소와 에너지를 얻을 수 있습니다. 더운 여름에는 토마토나 오이, 수박 등 수분이 많아 몸의 열을 내리는 채소류가 많고 추운 겨울에는 몸을 따끈하게 하는 전분이 풍부한 연근이나 단호박 등이 맛있게 느껴집니다.

제철 재료는 일 년 중 제철에 가장 많이 출하되니 신선하고 영양가도 높으며 가격도 저렴합니다. 국산 제철 재료를 중심으로 먹음으로써 살고 있는 땅의 기후에 맞는 자연의 에너지를 가장 잘 얻을 수 있습니다. 그리고 자연과 조화를 이루면서 생명력을 활성화시킬 수 있습니다.

가능한 한 통째로 일물전체

자연의 에너지는 즉 생명입니다. 우리는 자연계로부

터 생명을 받아 이어나가고 있습니다. 마크로비오틱은 생명은 부분으로 이루어지는 것이 아니라 전체로 이루어져 있다고 봅니다. 간단하게 말하면 정제된 음식이나 가공된 것은 피하고 가능한 한 통째로 먹자는 것입니다. 정제되지 않은 통곡물을 중심으로 채소나 과일도 가능한 한 껍질째, 뿌리째, 잎째, 통째로 먹는 것이 일물전체(一物全體)입니다.

예를 들면 당근은 껍질, 과육, 꼭지, 잎이 모두 있을 때 가장 생명력이 높은 상태라고 할 수 있습니다. 꼭지를 잘라버리고 껍질을 벗겨 버리면 당근은 생명력을 잃게 됩니다. 쌀도 정제된 백미는 물에 담가 두면 썩어버립니다. 껍질이나 배아가 있는 현미는 물에 담가 두면 싹이 나옵니다. 살아 있다는 증거입니다.

통째로 먹는 것은 자연의 에너지를 가장 좋은 상태로 자연의 생명력을 최대한 섭취하는 법입니다. 전체식(Whole food)을 의식하여 균형적인 자연 에너지를 섭취하기 위해서는 부분적으로밖에 먹을 수 없는 식품(고기, 큰 생선, 각종 가공식품 등)의 과식은 피하는 것이 좋습니다.

우리 몸이 간절히 원하는 자연생활

농산물은 농약이나 화학비료를 주고 기른 것보다 유기적인 자연 재배로 기른 것이 영양가와 자연 에너지가 높습니다. 농산물뿐만 아니라 양념도 첨가물을 더해 인공적으로 만든 것보다 신토불이 재료로 전통적인 제법으로 만든 것을 추천합니다.

자연 제법으로 만들어진 것은 몸에 부담이 적습니다. 또한 내 몸에 들어가는 것만 의식하지 말고 쓰레기도 줄이고 자원을 재활용하며 물이나 전기를 절약하고 환경오염이 적은 세제를 사용하며 자원을 낭비하지 않아 자연 환경을 배려하는 생활을 실천하는 일도 중요합니다. 왜냐하면 환경이 건강해야 자신의 건강도 지킬 수 있습니다. 좋은 환경에서 재배된 농산물이나 식품은 자연 에너지를 함유하고 있습니다. 자연 제법을 고집한 음식을 선택하고 환경을 보전하여 자연 에너지를 높이는 일은 우리의 건강을 지키는 일입니다.

자연의 에너지를 더욱 효과적으로, 음양의 조화

'자연의 에너지'라는 말로 표현하는 '에너지'를 좀 더 구체적이며 체계적으로 표현하는 것이 마크로비오틱의 '음과 양'입니다. 자연의 에너지를 아무리 살리려고 해도, 최대한 많이 섭취하려고 노력해도 그 에너지가 나에게 맞지 않으면 소용이 없습니다. 몸에 좋다는 음식도 모든 사람에게 다 맞는 것은 아닙니다. 또 일년 내내 언제라도 적합한 에너지라고는 할 수 없습니다. 마크로비오틱에서는 식재료나 조리법, 계절 등에 따라 달라지는 에너지, 파워 등을 음과 양이라는 그룹으로 나누어 강약이나 밸런스를 조화시켜 건강 상태나 정신 상태, 혹은 계절이나 환경에 맞도록 조절할 것을 강조합니다.

마크로비오틱 기본 원칙

신토불이
- 사람과 환경은 밀접하게 연결되어 있다.
- 그 지역에서 수확되는 제철 음식을 먹는다.

일물전체
- 생명은 부분으로 이루어지지 않는다.
- 생명이 있는 것은 전체로 하나라고 생각한다.
- 통째로 먹는다.

자연생활
- 인공적이며 화학적인 것은 피한다.
- 자연의 흐름대로 살며 자연산을 먹는다.

음양의 조화
- 중용의 밸런스를 맞춘다.
- 치우치지 않게 먹는다.

DETOX PLAN 03

이론편
마크로비오틱 해독

마크로비오틱 해독의 세 가지 키워드는 '먹지 않는다, 쌓아 두지 않는다, 해독한다'입니다. 독이 되는 것은 가능한 섭취하지 않는 것이 바람직합니다. 그렇지만 독을 일일이 신경을 쓰고 염려를 하다 보면 결국 스트레스가 되어버립니다. 독이 되는 음식을 먹지 않도록 주의했지만 어쩔 수 없이 섭취했다면 가급적 빨리 배출시켜야 합니다. 그리고 해독 능력을 높여 독에 강한 몸을 만들어야 합니다. 이것이 마크로비오틱 해독의 포인트입니다. 마크로비오틱 해독의 3대 키워드에 대하여 자세히 알아보도록 하겠습니다.

마크로비오틱 해독의 3대 원칙

독을 먹지 않는다

해로운 것은 뭐니 뭐니 해도 체내에 흡수되지 않게 하는 것이 제일입니다. 앞서 이야기했듯 현대인은 유해 물질이 넘쳐 나고 독에 노출된 환경에서 살아가고 있지만 일상생활에서 약간의 의식이나 생활습관의 개선으로 유해 물질로부터 몸을 보호할 수 있습니다. 예를 들어 신선한 재료를 선택하고 잔류농약을 섭취하지 않도록 친환경농산물을 구입합니다. 식재료는 깨끗이 씻어 조리하고 화학첨가물이 함유된 식재료나 가공식품은 피하는 것이 좋습니다. 외식을 절제하고 방사능 물질에 오염되었을 가능성이 있는 식재료는 피하고 정수기를 사용하면 염소나 트리할로메탄 등의 독을 피할 수 있는 여지가 생깁니다.

생활환경에서도 주의해야 할 점이 많습니다. 미세분진, 배기 가스, 황사의 흡입을 막기 위해 외출 시에는 마스크를 씁니다. 대기오염이 심할 때에는 창문을 열거나 세탁물을 실외에 널지 말아야 하며 구강청결제나 손을 자주 씻는 습관을 들이는 게 건강에 이롭습니다. 공기청정기를 사용하고 신축 건물이나 지하철, 사람이 많이 모이는 곳은 피해야 환경호르몬이나 분진 등으로부터 공격을 당하지 않습니다.

피부 표면에서 흡수해 버리는 독인 '경피독(經皮毒)'을 피하기 위해서는 옷의 원단도 꼼꼼히 따져볼 필요가 있습니다. 질이 좋은 샴푸나 세제를 사용하고 헤어젤이나 헤어스프레이 같은 헤어스타일링 제품을 사용하지 않는 것이 바람직합니다. 머리를 자주 염색하거나 퍼머를 자주 하지 않으며 매니큐어를 바르지 않는 생활습관을 들이고 천연 원료의 화장품을 쓰고 오가닉 코튼으로 만든 냅킨이나 천 소재의 냅킨을 사용하길 권합니다.

'독을 먹지 않는다'는 마크로비오틱의 3대 원칙 중 하나로 '자연생활의 실천'이라고 할 수 있습니다. 친환경적인 생활이야말로 독으로부터 도망칠 수 있는 방법입니다.

독은 쌓아 두지 않고 바로 배출시킨다

독이 될 가능성이 있는 것이 어쩔 수 없이 체내에 들어왔다면…. 그 독은 어쨌든 배출시켜야 합니다. 재빨리 몸 밖으로 빼내어 몸에 쌓이지 않도록 해야 합니다. 몸에 쌓여 있는 시간이 길면 길수록 독에 의해 몸이 망가지고 독을 배출시키기 어려워질 가능성이 커집니다. 적극적으로 배출시켜 쌓이지 않게 하는 일이 가장 중요합니다. 독이 쌓인 상태에서는 건강에 좋다는 식품을 이것저것 섭취해도 몸에 좋을 리 없습니다. 몸에 독을 쌓이지 않게 하려면 무엇보다 배출 능력부터 높여야 합니다.

1. 쌓이지 않는 신체를 위한 에너지 대사높이기

'쌓아 두다'라는 상태는 '정체되어 있다'라는 말로도 바꾸어 말할 수 있습니다. 심신의 막힘을 없애려면 순환력을 높여야 합니다. 즉 '대사'를 높이면 됩니다. 대사란 섭취한 음식을 신체의 재료나 활동 에너지로 바꾸기 위한 일련의 반응과 과정을 뜻합니다. 대사는 크게 둘로 나눌 수 있는데 하나는 에너지를 만드는 대사입니다. 호흡 등의 생명 유지나 몸을 움직이거나 섭취한 음식을 소화시키는 등 내장의 기능을 활성화시키는 에너지를 생성합니다. 또 다른 하나는 신체를 만드는 대사로 신진대사라고도 부릅니다. 근육이나 피부, 혈액, 호르몬 등 묵은 세포를 새롭게 만들어 교환시키는 것입니다.

'대사가 높다'라는 말은 음식물을 에너지로 변환시키는 능력이 높다는 의미입니다. 대사가 높으면 음식물이 원활하게 연소되어 에너지로써 효율적으로 소비됩니다. 내장의 활동이 활발해지고 혈액순환도 좋아져서 변비도 개선됩니다. 또 자율신경의 활동도 좋아져서 정신적으로 안정되며 스트레스가 쌓이지 않게 됩니다. 우리들의 체내 세포나 조직은 늘 변모하고 있습니다. 신진대사에 의해 새로운 세포로 변모하면 근육, 장, 혈액 등 조직 하나 하나의 기능도 좋아지므로 에너지 대사도 원활해집니다.

우리 몸을 유지시키는 대사의 종류

몸을 만드는 대사(동화작용) 섭취한 음식물을 체내에서 분해하여 영양소를 만들어 신체의 각 조직에 보내 뇌, 내장, 혈액, 근육, 피부, 머리카락, 체지방 등을 만드는 작용을 하게 합니다. 우리의 신체를 만드는 세포 수는 약 60조 개로 세포를 다시 태어나게 하는 신진대사도 이 대사의 하나입니다.

에너지를 만드는 대사(이화작용) 섭취한 음식물을 연료로 하여 뇌, 내장, 근육 등의 신체를 움직이거나 체온을 유지시키기 위해 에너지를 이용하는 것을 의미합니다. 해독이나 다이어트시 기본이 되는 대사입니다. 에너지를 만드는 대사는 아래와 같이 세 가지로 분류됩니다.

에너지 대사(에너지 소비의 비율)
1. **기초대사(60~70%)** 호흡과 체온 유지 등 뇌와 내장을 활동하게 하는 등 생명 유지에 필요한 최소한의 에너지.
2. **생활활동대사(20~30%)** 가사나 일 등 일상적인 활동이나 운동할 때 소비되는 에너지.
3. **식사유도성대사(DTI, 10%)** 음식물을 소화, 흡수할 때 소비되는 에너지.

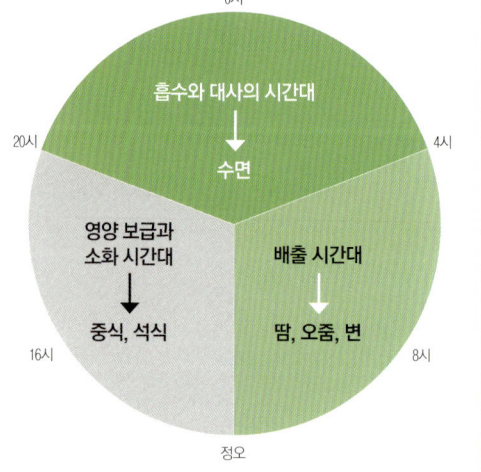

에너지를 만드는 대사와 신체를 만드는 대사는 모두 건강하고 아름다운 신체를 유지하는 데 매우 중요합니다. 에너지 대사량을 올리는 것이야말로 해독을 성공으로 이끄는 열쇠라고도 할 수 있습니다.

에너지 대사로 소비된 에너지 중에 절반 이상의 비율을 차지하는 것이 기초대사입니다. 움직이지 않고 가만히 있기만 해도 소비되는 에너지이므로 기초대사가 높으면 저절로 소비 에너지가 증가하여 여분의 에너지가 축적되기 어려워집니다. 해독은 물론 먹어도 살이 찌지 않는 다이어트에도 큰 효과가 있습니다. 기초대사는 근육의 양에 비례하므로 근육의 양을 늘려야 대사력을 높일 수 있습니다. 걷기나 요가 등의 유산소 운동이나 복근과 등 근육을 단련하는 운동을 하는 것이 좋습니다.

반대로 기초대사가 떨어지는 요소로는 나이를 먹거나 체질 등 어쩔 수 없는 요인도 있지만 운동부족이나 불균형적인 식생활, 폭음, 폭식, 불규칙적인 생활, 스트레스를 많이 받는 환경 등 생활습관에서 기인하는 요소가 크므로 우선 생활습관을 개선하는 것으로 대사능력을 키워 독이 쌓이지 않는 몸을 만들어야 합니다.

2. 바로바로 배출시키는 신체

신체의 배출은 크게 나눠 75%가 변, 20%가 오줌, 3%가 땀, 2%가 머리카락이나 손톱, 피부를 통해 이루어진다고 합니다. 독이나 유해 물질, 노폐물은 70% 이상 변으로 배출됩니다. 이러한 비율을 고려하면 장내 환경을 개선시키는 것이 해독에 얼마나 중요한지 알 수 있습니다. 변비는 해독의 가장 큰 적입니다. '쌓아두지 않는 몸'을 만들기 위해서는 배출시키는 것이 중요하며 잘 배출시키려면 장이 건강해야 합니다.

장내 환경의 개선에는 김치, 절임류, 청국장, 된장, 낫토 등 발효식품이나 충분한 양의 수분을 섭취해야 합니다. 운동 습관도 중요합니다. 그리고 불필요한 것을 배출시키는 데 특히 큰 역할을 담당하는 것이 섬유질(식이섬유)입니다. 장 운동을 활발하게 하여 변비를 해소시킬 뿐만 아니라 장 속의 여분의 지방, 유해 물질을 흡수하여 배출시키는 일도 합니다. 섬유질은 채소, 해조류, 버섯류, 곤약 등의 식품에 풍부합니다. 자세한 내용은 'Part 3 자연의 에너지 푸드' 중 'Section 02. 섬유질이 풍부한 변비 개선 요리'를 참조하면 됩니다.

변으로 배출되는 양에 비교하면 미미하지만 수분을 적당히 섭취하여 소변을 촉진하거나 운동이나 반신욕 등으로 땀을 흘리면 신진대사가 활발해져 해독에 좋습니다.

3. 마음부터 해독, 스트레스 해소

마크로비오틱에서는 심신에서 나오는 모든 것을 '배출'이라고 표현합니다. 예를 들어 눈물이 있습니다. 영화를 볼 때 감동의 눈물을 흘리는 것도 마크로비오틱에서는 배출로 봅니다. 한숨을 쉬거나 노래를 부르는 것도 배출입니다. 남의 시선을 의식하지 않고 얼굴에 감정을 드러낼 때, 요리나 재봉, 공예 등의 취미로 무언가를 만드는 일이나 편지나 시를 쓰는 일, 친구와 만나 수다를 떠는 것도 모두 배출로 봅니다. 드라이브나 여행도 배출하는 것입니다. 이러한 배출은 마음의 독, 즉 스트레스를 배출하는 것입니다.

운동이나 목욕은 땀을 흘리기 위해서만이 아니라 스트레스 해소와 심신의 안정을 얻을 수 있는 좋은 방법입니다. 마사지도 근육의 긴장을 풀어주고 림프액의 흐름을 촉진시켜 심신의 안정을 취하도록 하여 해독을 돕습니다. 독이 쌓이지 않게 그때그때 배출시키기 위해서는 스트레스를 해소하고 마음을 해독해야 합니다. 심신에서 무언가를 배출시켜 정신이나 마음을 재충전시키는 것이 중요합니다.

독을 해독하여 중화시킨다

신체 기관 중에 독의 처리에 크게 관여하는 것은 간과 장입니다. 간은 체내의 독소를 해독하고 장은 독소와 노폐물덩어리인 변을 만들어 체외로 배출시킵니다. 이렇듯 해독 기관으로 불리는 간은 유해 물질이 체내로 들어오더라도 독이 되지 않도록 하며 체내에서 순환되지 않도록 하는 역할을 담당합니다. 이와 관련하여 간은 인체에서 가장 크고 가장 무겁고 가장 온도가 높은 장기입니다. 간은 대사를 위해 혈액으로 꽉 차 있어 무겁습니다. 또 다양한 물질의 합성과 분해로 인한 대사가 활발하게 이뤄지기 때문에 온도가 높은데, 간이 기초대사를 위해 소비하는 에너지는 근육보다 많다고 합니다. 이와 같이 간에는 해독 작용 외에 당이나 단백질, 지질 등의 영양소를 에너지로 바꾸어 저장해두는 대사로서도 대단히 큰 역할을 수행하고 있습니다.

해독과 대사라는 중요한 역할을 담당하는 간을 보호하기 위해서는 알코올, 기름진 것, 단 것을 피하는 것이 좋습니다. 간이 알코올이나 약물의 독을 분해한다는 사실은 익히 알려진 사실입니다. 이 밖에 대사에 크게 관여하는 간에 기름진 음식은 매우 부담이 됩니다. 튀김은 물론 육류의 지방이나 버터와 같은 동물성 지방은 중성지방을 증가시켜 간에 쌓이게 합니다. 또한 혈액을 탁하게 하는 설탕이나 당분이 많은 음식도 혈액이 꽉 차 있는 간에 부담을 줍니다. 마크로비오틱에서 간의 상태는 눈이나 눈썹에 드러난다고 말합니다. 눈이 피로하거나 침침하거나 가렵거나 또는 눈의 흰자가 노래지면 간이 피곤하다는 사인입니다. 미간에 주름이 쉽게 잡히는 사람도 주의가 필요합니다.

간의 기능이 떨어졌을 때는 짙은 녹색의 채소나 신맛이 나는 것을 섭취하면 도움이 됩니다. 극단적으로 신맛을 좋아하는 사람이나 싫어하는 사람은 간의 활동에 문제가 있다고 할 수 있습니다. 이러한 경우에는 산미에 약간의 단맛을 더해 밸런스를 맞추어야 합니다. 매운맛이나 짠맛을 품고 있는 재료를 활용해도 좋습니다. 산나물이나 레몬, 귤, 유자 등의 감귤류, 무나 우엉, 해초나 모시조개, 바지락 등 조개류가 간의 활동을 돕는 것으로 알려져 있습니다.

간의 기능을 개선시키며 해독과 대사력을 높이면 해독에 큰 효과를 가져올 뿐만 아니라 건강을 유지할 수 있습니다.

DETOX PLAN 04

기억해 두어야 할 해독 음식궁합

일본요리에서 요리의 토핑이나 곁들임 재료, 고명을 '야쿠미(薬味)'라고 합니다. 야쿠미는 요리의 맛을 돋보이게 하며 한자 그대로 요리의 소화를 돕고 영양 흡수를 좋게 하며 식재료의 독성을 중화시키는 약으로서의 역할도 합니다. 일본에서는 생선회에는 고추냉이, 장어에는 산초, 구운 생선에는 무즙이나 레몬을 꼭 곁들입니다. 한국요리의 육류구이에는 마늘, 삼계탕이나 프라이드 치킨 등의 닭고기 요리에는 무절임이 곁들여지거나 설렁탕이나 곰탕에는 대파를 곁들이는 것과 같은 이치입니다. 이탈리아 요리의 파스타나 피자에 신맛이 나는 피클을 곁들이면 채소의 효소를 섭취할 수 있습니다. 신맛은 간의 기능을 자극하는 기름진 음식의 소화를 돕기 때문입니다.

이와 같이 음식궁합이 좋아지도록 해독, 소화, 분해를 촉진하는 방법을 마크로비오틱에서는 '중화(中和)'라고 합니다. 특히 육류나 생선 등 자극이 강한 하이 스트레스 푸드(High Stress Food)를 먹을 때 해독 음식궁합이 활용됩니다. 기본적으로는 양성인 산성의 식재료에는 음성인 알칼리성 식품을 맞춥니다. 해독 효과를 얻을 수 있는 음식의 궁합에 대하여 마크로비오틱의 기본 몇 가지를 소개합니다.

마크로비오틱의 기본 음식궁합의 예

콩 제품 - 파
두부와 낫토 등 콩 가공품은 파와 함께 먹으면 소화불량이나 가스 생성이 억제됩니다. 특히 낫토에 함유된 비타민 B는 파에 함유된 알리신이라는 성분에 의해 흡수력이 높아집니다.

튀김 - 무즙, 감귤류(레몬)
무에는 지질을 분해하는 소화효소가 풍부합니다. 레몬에 함유된 구연산은 타액과 위액의 분비를 촉진시켜 소화를 돕습니다. 또 신맛은 간장의 활동을 활발하게 하는 작용을 하며 기름의 소화를 돕습니다.

현미 - 검은깨소금
백미보다 소화력이 떨어지는 현미이지만 검은깨와 소금을 섞은 검은깨소금을 뿌려 먹으면 미네랄이 보충되어 소화를 돕고 영양 균형도 좋아집니다.

하이 스트레스 푸드의 음식궁합의 예

육류 - 감자, 마늘, 후추, 향신료
- 쇠고기 : 감자, 브로콜리, 피망, 토마토, 숙주, 사과
- 돼지고기 : 메론, 생강
- 닭고기 : 표고버섯, 파, 산초, 마늘

※ 고기 양의 세 배 이상의 채소를 섭취하면 소화가 잘 됩니다.

생선 - 무즙, 감귤류, 해초
- 꽁치 : 무즙
- 가다랑어 : 생강
- 참치 : 고추냉이
- 고등어 : 식초
- 장어 : 산초

※ 생선에는 해초나 감귤류를 곁들이면 소화가 잘 됩니다.

달걀과 유제품
- 달걀 : 토마토, 마늘, 파, 부추, 식초
- 유제품 : 버섯

※ 무정란보다 유정란, 우유보다 치즈, 고온살균 우유보다 저온살균 우유가 생명력이 있습니다.

DETOX PLAN 05

실천편
마크로비오틱 해독

1. 섭취하지 않는다

체내에 불필요한 것을 섭취하지 않기 위해서는 우선 좋은 식재료를 잘 고르는 것부터 시작합니다. 먹는다는 것은 매우 중요한 일입니다. 조미료나 가공식재료에 함유된 화학첨가물을 비롯하여 식재료의 잔류농약 등 몸에 유해한 것은 적은 양이라도 섭취하지 말아야 합니다. 여기에서는 시판 식재료 중에서 최선이라고 할 수 있는 재료의 소개와 재료 선택의 포인트, 재료의 밑손질법, 피해야 할 하이 스트레스 푸드를 소개합니다.

기본 조미료의 선택

마크로비오틱은 재료를 살린 심플한 요리가 많으므로 재료는 물론 재료의 맛을 끌어내는 조미료의 질에 의해 요리에 큰 차이가 납니다. 안심하고 쓸 수 있는 안전한 조미료의 선택은 맛있는 마크로비오틱 요리의 비결이며 해독의 포인트입니다. 몸에 불필요한 첨가물을 섭취하지 않으려면 무엇보다 식재료의 본래의 맛을 충분히 살려야 합니다.

요즘은 쉽게 조리할 수 있는 양념이나 소스, 드레싱 등 다양한 시판 조미료가 선보이고 있습니다. 이러한 조미료는 많은 화학조미료 등의 첨가물로 자극적인 맛을 내어 미각을 혼란스럽게 합니다. 식재료 본래의 맛을 속이는 것입니다.

또 몸을 산화시키고 심신의 균형을 깨는 원인인 설탕도 마크로비오틱에서는 사용하지 않는 것을 원칙으로 합니다. 특히 소금, 된장, 간장은 우리의 혈액이나 체액의 질에도 큰 영향을 미칩니다. 기본 조미료는 날마다 자주 사용하는 것이라서 계속 쌓이면 독이 될 수 있습니다. 가격은 조금 비싸지만 기본 조미료는 질 좋은 것을 사용해야 합니다. 구입할 때에는 반드시 원재료 표시를 확인하여 천연 재료만으로 만든 것을 골라야 합니다. 원재료 이름 중에서 낯선 재료나 들어보지 못한 성분이 적혀 있으면 피해야 합니다.

1. 반드시 갖추어 두어야 할 기본 조미료와 기름

❶ 소금(가는 천일염, 굵은 천일염, 구운 천일염)
기본적으로 쓰는 것은 바닷물에서 얻은 살아 있는 천일염을 곱게 빻은 것입니다. 구운 소금보다 미네랄 성분이 풍부하여 살짝 단맛이 있으며 짠맛도 순합니다. 조리 과정에서 숙

성되어 음식에서 더욱 깊은 맛이 납니다. 밥상에서 사용하는 소금은 천일염을 굽거나 볶아 입자를 곱게 빻은 것을 사용하고 있습니다. 사용하기 쉽고 소량으로도 맛있는 짠맛을 느낄 수 있습니다.

이 책의 레시피에서 '소금'으로 표기된 것은 가는 천일염을 말합니다.

❷ 간장

유기농 콩, 유기농 소맥, 천일염, 주정을 재료로 천천히 시간을 들여 발효시킨 전통적인 제조법으로 만든 간장을 사용합니다. 뒷맛은 깔끔하고 깊은 맛이 납니다. 반대로 원재료에 탈지대두, 과당, 올리고당, 효모추출물, 색소 등을 첨가한 것은 인공적인 것이므로 피해야 합니다.

❸ 된장

국산콩과 천일염, 주정, 종국을 원료로 발효시킨 된장을 골라야 합니다. 한국에서 구할 수 있는 일본 된장은 첨가물이 들어간 것이 있으므로 모든 요리에 한국의 집된장을 사용하였습니다. 집된장은 짠맛이 강하고 콩의 입자가 그대로 살아 있으므로 조리할 때 칼로 으깨어 사용해야 합니다.

❹ 기름

압착법으로 짠 기름이 가장 좋습니다. 원래 마크로비오틱에서는 카놀라유와 참기름을 1:1로 섞어 사용합니다. 이 책에서 '기름'으로 표기된 것은 카놀라유를 말합니다. 튀김기름의 경우 산화하기 쉬운 참기름을 피하고 카놀라유만 사용합니다. 파스타나 샐러드에는 올리브오일, 중국 요리에는 참기름만, 베이킹에는 카놀라유만 사용합니다.

❺ 식초

현미식초 현미로만 자연 발효시킨 무첨가 식초를 선택합니다. 시판되는 식초의 대부분은 액화효소와 발효영양원을 첨가하여 의도적으로 발효시킨 것입니다. 이러한 식초에 인공적으로 만든 산은 대체로 향이 강하고 산미도 날카로운 편이라 요리와 잘 어울리지 않습니다. 유기농 현미식초는 비싸긴 하지만 재료와 잘 어우러지고 맛과 향이 순합니다.

사과식초 사과 과즙 농축액과 정제수로만 만들어진 것을 선택합니다. 당분이 들어간 것이나 합성 착향료가 들어간 것은 피해야 합니다.

발사믹식초 와인식초와 포도 과즙만으로 만든 것이 가장 좋습니다. 시판되는 발사믹식초에는 캐러멜 색소로 색을 내거나 산화 방지제가 들어 있는 것도 적지 않으므로 원재료 표기를 꼼꼼하게 확인한 후에 구입해야 합니다.

❻ 단맛 양념

조청 쌀로만, 옛날 그대로의 제조법으로 만들어진 갈색의 제품을 고릅니다. 설탕에는 함유되어 있지 않은 비타민이나 미네랄을 포함하고 있으며 당도도 설탕의 절반 이하로 부드러운 달콤한 맛을 낼 수 있습니다. 올리고당 등 무색투명한 것보다는 갈색이 도는 조청이 훨씬 정제도가 낮아 건강에 좋습니다.

메이플시럽 베이킹에서 자주 사용하는 단풍나무 수액 100%의 시럽입니다. 조청보다 강한 단맛을 내고 싶을 때 메이플 시럽을 소량 사용합니다. 칼슘을 비롯하여 미네랄 성분이 풍부한 단풍나무 수액 100%의 제품을 고릅니다.

맛술 마크로비오틱에서는 거의 사용하지 않지만 조청은 색이 강하므로 색을 내고 싶지 않은 국물 요리에는 예외적으로 사용합니다. 쌀과 주정만으로 만든 것을 선택하고 사용할 때에는 잘 가열하여 알코올을 날려버려야 합니다.

❺

❻

기본 조미료로 분석하는 미각의 논리

재료가 품고 있는 짠맛, 신맛, 매운맛, 쓴맛 등을 살리면서 부족한 맛은 조미료로 보충합니다. 짠맛을 낼 때에는 주로 천일염을 사용하는데 발효식품인 간장이나 된장을 넣으면 맛이 깊어집니다. 대부분의 채소는 단맛을 지니고 있는데 재료 자체의 단맛이 부족할 경우에는 조청을 쓰고 더 강한 단맛을 내고 싶을 때에는 메이플시럽을 씁니다. 또 요리의 형태에 따라 맛술을 제한적으로 쓰기도 하고 때때로 건포도나 과일즙을 넣기도 합니다.

짠맛과 단맛의 균형을 잡은 후에 신맛이나 매운맛, 쓴맛 등으로 맛에 변주를 줍니다. 신맛은 현미식초로 내는데 과일을 활용하기도 합니다. 요리에 따라 레몬즙과 발사믹식초, 사과식초 등을 활용하면 좋습니다. 매운맛과 쓴맛은 생강, 마늘, 고추 등의 향신채소나 머스터드, 후추, 카레가루 등의 향신료로 냅니다.

오염물질 제거법과 채소 밑손질법

식재료를 통하여 섭취하기 쉬운 유해 물질 중에 농약이 있습니다. 친환경 농산물은 농약 걱정이 적고 맛과 영양학적으로도 화학 비료나 농약을 주고 키운 농산물보다 뛰어납니다. 그리고 토양이나 환경 보전의 의미도 있어 가능한 친환경 농산물을 구입할 것을 추천합니다. 그러나 구입할 수 있는 상품의 종류가 한정되어 있거나 경제적인 부담도 있습니다. 우선 국산 재료를 중심으로 믿을 수 있는 산지의 것을 고르도록 합니다. 그런 후에 집에서 적절한 손질법으로 잔류농약, 방사능 물질, 먼지 오염 등 유해 물질을 제거합니다.

1. 잔류농약 제거법

❶ 흐르는 물에 씻기

몸속에 들어오기 쉬운 방사능 물질은 수용성입니다. 그리고 농약도 물에 의해 대부분 제거된다고 합니다. 그러므로 흐르는 물에 식재료를 잘 씻어야 합니다. 채소를 볼 등에 받아 둔 물로 씻으면 재료에서 떨어진 유해 물질이 다시 재료에 부착될 수도 있으므로 흐르는 물에 씻는 것이 중요합니다. 대부분의 채소는 30초 정도 헹구면 농약은 약 80%, 방사능 물질은 약 50~60% 제거된다고 합니다. 물에 잘 녹지 않고 표면에 들러붙는 방사성 요오드는 레몬즙으로 씻으면 효과적입니다.

❷ 소금과 식초에 씻기

소금이나 식초를 섞은 물에 재료를 담가 둡니다. 방사능 물질은 물보다 식초에 잘 녹으며 소금의 삼투압과 식초의 산에 의해 재료에 붙어 있던 농약이 떨어진다고 합니다. 소금물이나 식촛물에 넣어 재료를 비벼 씻으면 더욱 효과적입니다. 잎채소는 소금물에 담가 씻으면 시들어 버리므로 식촛물에 씻는 것이 낫습니다. 떫은맛이 강한 연근이나 우엉, 토란 등도 식촛물이 적합합니다. 오이나 레몬, 사과 등은 소금을 직접 껍질에 묻혀 문질러 씻으면 보다 효과적입니다.

TIP 소금물은 물 2리터에 소금 1큰술, 식촛물은 물 2 : 식초 1의 비율이 적당

❸ 베이킹소다에 씻기

베이킹소다를 사용하면 농약의 염소화합물이 베이킹소다(탄산수소나트륨)의 나트륨에 달라 붙어 소금(염화나트륨)으로 변화되어 농약이 제거됩니다. 왁스가 칠해진 과일을

소금으로 비벼 씻으면 흠이 생기니 채소나 과일은 베이킹소다를 직접 뿌려서 잘 문질러 흐르는 물에 씻으면 됩니다. 채소나 과일, 특히 연한 잎채소나 부드러운 채소는 베이킹소다를 녹인 물에 담갔다가 흐르는 물에 씻습니다. 장시간 담가두면 비타민이 녹아버리므로 1분 정도 담가 두는 것이 적당합니다. 또 잎채소나 부드러운 채소는 담가 두는 시간을 더 짧게 해야 합니다.

TIP 베이킹소다물은 물 2리터에 베이킹소다 2~3큰술

❹ 데치기

끓는 물에 식재료를 넣어 살짝 익힙니다. 이때 소금을 넣어 데치면 더욱 효과적입니다. 가열하면 대부분의 농약이 제거됩니다. 재료를 데친 물은 버립니다. 한꺼번에 여러 재료를 데칠 때는 물을 갈아가며 데쳐 물에 녹은 유해 물질을 제거하면 보다 안전한 식재료가 됩니다.

피해야 할 하이 스트레스 푸드

마크로비오틱에서는 하이 스트레스 푸드(High Stress Food)를 적극적으로 피해야 한다고 봅니다. 하이 스트레스 푸드는 신체에 쉽게 부담을 주며 밸런스를 무너뜨리기 쉬운 식품을 뜻합니다. 일상적인 식품도 과식하면 독이 되므로 과다하게 먹지 말라고 권하기도 합니다. 대표적인 하이 스트레스 푸드로는 정제된 곡물인 백미, 파인애플이나 망고 등의 열대 과일, 향신료, 화학조미료, 카페인이 함유된 음료나 알코올, 설탕, 유제품, 육류·생선·난류 등의 동물성식품과 정제염 등이 있습니다. 마크로비오틱에서는 이러한 식품들을 극단적인 파워를 지닌 극음(極陰), 또는 극양(極陽) 식품으로 인식합니다.

음성이 강한 극음 식품을 과식하면 음성 과다가 되어 면역력이 떨어지고 감기에 잘 걸리게 되며 설사나 알레르기가 생기고 쉽게 피로해진다고 봅니다. 또한 정신적으로는 우울해지거나 건망증이 심해지고 무기력해지거나 감정적이 되기 쉽습니다. 반면 양성이 지나친 극양 상태가 되면 피부가 거칠어지고 변비, 어깨결림, 근육통이 자주 발생하며 자면서 이를 갈기도 합니다. 화를 잘 내며 공격성이 강해지며 완고해지고 무신경해지거나 난폭해집니다.

섭취한 음식으로 형성된 신체는 이렇듯 식품의 영향을 받습니다. 또 식품을 산성 식품과 알칼리성 식품으로 분류할 수도 있습니다. 몸에 좋다고 여겨지는 알칼리성식품은 껍질이 있는 곡물이나 채소, 과일, 해조류 등 극단적인 음성으로 치우치지 않는 중성에 가까운 식품이 많고 반대로 몸을 산성화시키는 산성 식품에는 백미나 가공식품, 동물성식품 등 음양이 과다한 식품이 많은 것으로 알려져 있습니다.

극음성 식품 VS 극양성 식품	
• 정제된 곡물(백미, 식빵 등)	• 육류(닭고기, 쇠고기, 돼지고기 등)
• 열대 과일(파인애플, 망고, 아보카도 등)	• 생선류(크기가 큰 생선, 붉은 살 생선 등)
• 향신료(고춧가루, 마늘, 후추 등)※	• 난류(생선알, 달걀 등)
• 화학조미료, 가공식품, 냉동식품 등 인공적인 식품	• 치즈
• 카페인 음료(커피, 홍차 등)	• 정제염
• 알코올	
• 유제품(우유, 생크림, 아이스크림, 요구르트 등)	
• 설탕 및 설탕첨가식품	

• 위의 식품은 질과 양, 그리고 밸런스를 고려하여 때때로 즐기는 정도로만 섭취하는 게 좋습니다.
※ 이 책에서는 강한 음성의 성질을 이용하여 독의 배출을 촉진시키거나 평소 섭취한 동물성식품의 독을 중화시킬 목적으로 마늘, 생강, 카레파우더 등 적당한 양의 향신료를 사용하였습니다.

2. 쌓아 두지 않는다

마크로비오틱 해독의 이론편에서 기술한 대로 독을 쌓아 두지 않기 위해서는 대사를 높이고 장내 환경을 좋게 하는 것이 중요합니다. 그리고 대사와 장내 환경 개선의 열쇠를 쥐고 있는 것이 효소와 섬유질입니다. 여기에서는 쌓아두지 않기 위한 요령으로 대사에 필수적인 효소와 장내 환경 개선에 꼭 필요한 섬유질을 살리는 식재료의 손질법을 소개합니다.

식재료의 파워를 살리는 방법

1. 음양의 조화를 고려하여 식재료를 자르는 법

마크로비오틱에서는 음양의 조화를 기본으로 하여 재료 손질을 중요하게 여깁니다. 식재료가 가진 에너지를 온전히 섭취할 수 있도록 특별한 방법으로 재료를 손질합니다.

❶ 둥글게 썰기

양파, 토마토, 표고버섯 >> 밑동을 잘라내고 표고버섯을 세워서 자른 다음 부채꼴 모양으로 자르는 방법입니다. 같은 모양으로 잘라 익히면 골고루 익힐 수 있고 양파의 경우 결을 따라 자르면 영양파괴를 최소화할 수 있습니다. 버섯의 줄기는 손으로 찢어서 사용합니다.

❷ 연필 깎기

우엉 >> 연필을 깎듯이 우엉을 얇게 썹니다. 식감이 부드러워져 우엉의 단단한 섬유질을 부담 없이 섭취할 수 있습니다.

❸ 마구 썰기

우엉, 당근, 오이, 무 >> 지그재그로 자르는 방법으로 단면적이 크게 나와 양념 흡수가 좋아져 조림에 적당한 손질법입니다. 자른 단면을 반으로 자르듯이 45° 각도로 칼을 넣어 써는 것이 포인트입니다.

❹ 잎 손질

양배추, 배추 >> 양배추나 배추는 줄기와 잎 부분을 나누어 손질을 합니다. 잎 부분은 잎맥을 따라 잘라야 세포가 파괴되지 않습니다. 줄기는 잎 부분과 두께가 비슷하도록 따로 썰면 골고루 익힐 수 있습니다.

2. 통째로 먹는 식품 손질법

채소 껍질에는 펙틴이나 섬유질을 비롯해서 항산화물질 등 영양소가 풍부하기 때문에 기본적으로 껍질째 사용합니다.

❶ 당근

꼭지 부분(검은 부분)에 칼집을 넣어 흙이 들어간 부분만 잘라냅니다. 마크로비오틱에서는 싹이 나오는 꼭지와 뿌리까지 모두 먹습니다.

❷ 마

직화로 가는 뿌리를 구워서 없앱니다. 껍질 표면을 가열하는 것으로 잔류농약을 없앨 수 있습니다.

❸ 대파, 쪽파

이쑤시개를 사용하여 뿌리 부분의 흙을 없앱니다. 또는 뿌리와 줄기를 자르고 따로 잘 씻어서 손질합니다. 파의 뿌리는 생명력이 강하므로 버리지 말고 함께 먹는 것이 좋습니다. 뿌리를 다져 꼭지 부분과 같이 섞어서 사용합니다.

❹ 오이

살짝 헹군 오이에 소금을 묻혀 도마 위에서 여러 번 굴립니다. 껍질의 가시를 없애고 떫은맛을 완화시킬 수 있고 색도 선명해집니다.

3. 채소 삶는 법

마크로비오틱에서는 채소를 삶을 때 80% 정도만 익혀 여열로 익힙니다. 또 데친 채소가 뜨거울 때 밑간을 한다는 정도 특징입니다.

1

채소를 삶을 때에는 끓는 물에 소금을 넣습니다.

2

채소는 딱딱하고 수분이 적은 재료부터 삶습니다.

3

보통 삶은 채소는 체에 밭쳐 냉수로 헹구지만 마크로비오틱에서는 그대로 체에서 식힙니다. 그래서 80% 정도만 익혀 체에 담아 여열로 익힙니다.

4

채소가 뜨거울 때 간장 등으로 밑간을 합니다. 미리 간을 하면 맛이 잘 뱁니다.

4. 보관하는 법

식재료가 가진 본래의 맛을 최대한 살리려면 신선한 재료를 사용해야 합니다. 또 남은 재료를 잘 보관하는 법도 중요합니다.

❶ 잎채소 보관법

흐르는 물에 물기를 뺀 파슬리를 길쭉한 밀폐용기에 세로로 넣어둡니다. 잎채소는 바닥에 잎이 닿지 않도록 키친타월 등을 깔고 밀폐용기에 담아 보관합니다.

❷ 유통기한

유통기한이 지나면 버려야 될 것 같은 재료는 얼리거나 말려 보관합니다. 곤약이나 두부도 유통기한이 지나기 전에 냉동 보관해야 합니다. 해동하여 사용하면 재료 속의 수분만 빠져서 곤약은 마치 돼지껍질 같고 두부는 닭가슴살 같아 또 다른 식감을 즐길 수 있습니다. 버섯이나 무, 허브는 말려서 수프나 육수에 사용합니다. 이렇게 새로 탄생한 식재료는 또 다른 식감을 즐길 수 있습니다.

Special Tip 에코 쿠킹

튀김옷 입히는 법

팩에 가루를 넣은 다음 재료를 넣고 흔들어 입힙니다. 이때 남은 가루는 팩째 냉동 보관하면 다음에도 사용할 수 있습니다.

튀김기름 처리법

튀김기름은 산화에 강한 카놀라유를 사용하는 것이 좋습니다. 사용 후에도 깨끗한 기름은 키친타월에 걸러 찌꺼기를 제거한 다음 밀폐용기에 담아 햇볕이 닿지 않는 서늘한 곳에 보관합니다. 여러 번 사용한 튀김기름을 버릴 때에는 비닐봉지나 우유팩에 종이를 넣고 기름을 부어 일반 쓰레기로 버립니다.

콩 손질법

하룻밤 물에 불립니다. 시간이 없을 때에는 보온병에 뜨거운 물과 함께 넣고 2~4시간 정도 둡니다. 삶을 때에는 다시마 한 장이나 소금을 넣습니다.

곤약 손질법

식이섬유가 풍부하고 칼로리도 낮은 곤약은 훌륭한 해독 재료입니다. 그러나 맛이 없고 곤약 특유의 비린내 때문에 멀리하는 분도 적지 않습니다. 곤약 특유의 비린내를 완화시키고 간이 잘 스며들도록 양념 흡수를 높이는 손질 방법을 소개합니다.

1. 곤약에 소금을 뿌려 세게 잘 비빕니다. 소금의 삼투압으로 곤약 속의 비린내를 가진 수분을 제거합니다. 또 세게 비비면 곤약의 세포가 파괴되어 양념이 잘 스며듭니다. 나무공이로 때려도 됩니다.
2. 소금으로 비빈 곤약은 물에 헹궈 끓는 물에 삶습니다.
3. 팬에 기름을 두르지 않고 물기가 없어질 때까지 볶습니다.

두부 물기 빼는 법

방법 ❶ 시간 여유가 있을 때에는 두부의 한 면에 칼집을 넣고 세워서 물기를 뺍니다.
방법 ❷ 시간 여유가 없을 때에는 끓는 물에 소금을 넣고 두부를 대충 으깨 넣어 삶습니다. 체에 밭쳐 무거운 것을 올려 물기를 뺍니다.
방법 ❸ 모양을 살려 물기를 빼고 싶을 때에는 키친타월로 싸서 도마 등을 얹어둡니다.

튀긴 두부 손질법

표면의 신선한 유분을 제거하려면 끓는 물에 2~3분 정도 삶으면 됩니다. 또는 뜨거운 물을 표면에 부어도 됩니다.

3. 해독한다

마크로비오틱 식사의 기본이라고 할 수 있는 현미는 이제 건강식으로 잘 알려져 있습니다. 현미가 건강 증진이나 질병의 치유에 좋다는 근거는 현미 자체의 우수한 영양가와 강력한 해독 작용에서 찾을 수 있습니다. 여기에서는 현미의 파워와 현미밥을 맛있게 짓는 법을 소개합니다.

현미 파워, 발아현미

해독 효과를 지녔으며 영양가가 높은 현미는 딱딱하여 먹기 어렵고 껍질째 먹어 농약이 걱정된다고 말하는 이도 있습니다. 그런 불만을 모두 해소시키며 차지고 부드러우면 소화도 잘 되는 현미밥을 짓는 비결은 하룻밤 물에 담가 두는 것입니다. 하룻밤 정도 물에 담가 두면 현미의 싹이나 외피까지 충분히 수분을 함유하여 부드럽고 고슬고슬한 밥을 지을 수 있습니다. 또한 현미가 발아되는 과정에서 영양가와 단맛도 증가하여 맛도 좋아집니다. 물을 갈아 가며 담가 두면 농약 걱정도 사라집니다.

물에 담그기 전의 현미가 자고 있는 상태라면 발아현미는 눈을 뜬 상태라고 할 수 있습니다. 깨어난 발아현미는 영양가와 유효 작용도 최대한 활성화된 상태입니다. 반대로 지나치게 발아되면 영양소를 모두 소비하기 시작하여 맛이 떨어집니다. 적당한 발아 상태는 싹이 0.5mm 정도 튼 상태입니다.

시판 발아현미는 싹이 너무 텄거나 싹이 말라 버려 상태가 좋지 않은 것이 많습니다. 현미를 적절하게 발아시키기 위해서는 집에서 일반 현미를 10℃~42℃의 물에 담가 실온에서 4~8시간 정도 두면 됩니다.

발아현미의 풍부한 영양

(참고: 일본 5정 식품성분표)

1. 현미를 발아시키면 현미의 외피가 부드러워지고 밥을 짓기 쉬워지며 먹기 쉬워집니다.
2. 피드산이 분해되고 미네랄의 흡수가 좋아집니다.
3. 분해된 당과 아미노산으로 단맛이 납니다.
4. 당과 아미노산이 간의 기능을 활성화시켜 몸의 치유력을 높입니다.
5. 생활습관병에 효과적이라고 알려진 감마아미노낙산(GABA)이 증가합니다.

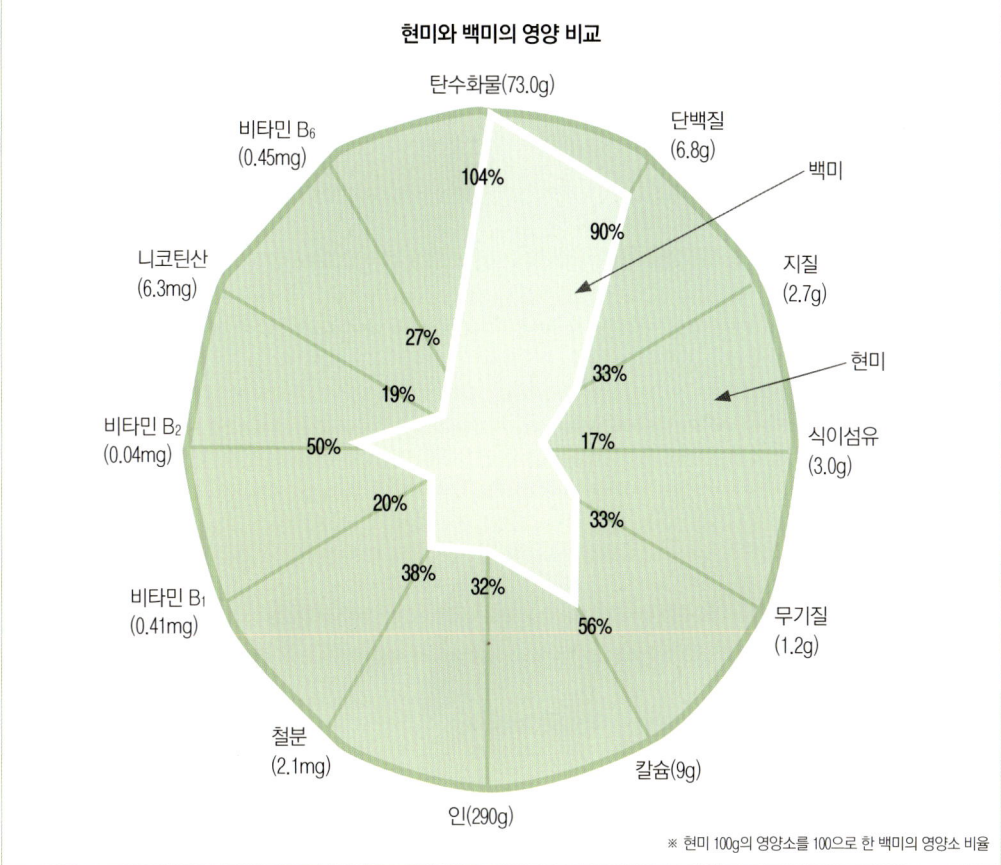

현미와 백미의 영양 비교

※ 현미 100g의 영양소를 100으로 한 백미의 영양소 비율

해독 효과의 정체, 피드산

현미에는 해독 작용이 강한 피드산(Phytic Acid)이라는 성분이 포함되어 중금속과 방사능 물질 등 유해 물질과 결합하여 체외로 배출시켜 해독을 합니다. 그러나 현미는 피드산의 해독 효과가 너무나 강하여 본래 몸에 유용한 칼슘 등 미네랄까지 체외로 배출시키는 경우도 있습니다. 이 강력한 배출력을 적절히 완화시키려면 발아현미로 밥을 지어야 합니다. 피드산의 활동이 완화될 뿐만 아니라 소화 흡수도 좋아집니다. 현미밥을 먹을 때에는 깨소금을 뿌려 먹는 것이 좋습니다. 소금의 미네랄과 참깨의 칼슘이 더해져 영양 밸런스가 좋아집니다. 이러한 이유에서 현미밥에는 반찬이 필요 없다는 말이 나오는 것입니다.

현미밥 짓는 법

1 쌀 골라내기
깨졌거나 벌레 먹은 현미나 겉겨가 붙어 있는 현미로 밥을 지으면 맛이 떨어지니 골라냅니다.

2 계량하기
현미는 컵으로 계량을 하는데, 컵에 평평하게 담습니다. 보통 1컵으로 밥 2공기 분량이 됩니다. 잡곡 현미밥을 지을 때 잡곡은 현미의 20% 정도 넣는다면 물 분량은 같습니다.

3 씻기
첫물은 바로 흡수해 버리니 생수를 사용하고 살짝 헹구어 바로 버립니다. 물을 갈아가며 살살 비벼 씻습니다.

4 물에 담가 두기
씻은 현미는 물에 담가 두어야 소화가 잘 되며 식감이 좋아지고 영양가와 맛도 좋아집니다. 추울 때에는 미지근한 물에 8시간 이상, 더울 때에는 4시간 이상 담가 둡니다.

5 밥 짓기
담가 둔 물을 버리고 물기를 잘 빼서 압력솥에 같은 분량의 물(현미가 1컵이면 물도 1컵)과 함께 넣습니다. 물에 담가 둔 시간이 짧거나 씻어 바로 짓는 경우에는 현미의 1.5배의 물을 넣습니다. 현미밥에 소금을 넣으면 밥맛이 좋아집니다. 현미 1컵 기준 소금 1/10작은술을 넣는데, 높은 곳에서 쌀 전체에 골고루 뿌립니다. 압력솥의 뚜껑을 덮어 가열합니다. 압력이 가득 차면 아주 약한 불에서 20분 정도 익힙니다.

6 뜸 들이기
현미밥은 불에서 내려 압력이 빠질 때까지 10분 정도 뜸을 들입니다. 압력이 빠지면 뚜껑에 묻은 물이 밥에 떨어지지 않도록 조심스럽게 뚜껑을 열어 주걱을 세워 자르듯이 4등분하고 한 조각씩 뒤집습니다.

씹어야 산다, 타액은 만능소화제

밥을 먹을 때 가장 좋은 해독법은 오래 씹는 것입니다. 어떤 식재료든 요리든 조합이든 잘 씹어 먹는 것이야말로 가장 중요한 일입니다. 먹을 수 있는 것이라 해도 그대로 직접 체내에 들어가면 유해한 독이 되기도 합니다. 어떤 이물질을 해가 없이 자신의 것으로 만들기 위해서는 씹어야 합니다. 씹으면 씹을수록 타액이 분비되어 타액과 음식이 잘 섞여 음식이 지닌 자극이 억제됩니다. 타액에는 소화 효소가 많이 포함되어 있으며 알칼리성이어서 음식에 포함된 산성성분을 중화할 수 있도록 도움을 줍니다. 또 타액은 식품첨가물이나 활성산소를 제거하는 힘도 지니고 있습니다. 침의 역할로 씹어서 음식을 부드럽고 잘게 만들어 삼키면 위에 부담이 줄어들고 소화가 잘 됩니다. 때문에 음식물을 천천히 오래 씹어 타액과 섞이게 하는 것이 중요합니다.

그럼 어느 정도 씹어야 할까요? 몸의 컨디션이 좋지 않을 때에는 소화가 잘 되는 죽을 먹듯이, 건강할 때에도 입 속에서 음식물이 죽과 같은 상태가 될 때까지 씹어 타액과 섞이도록 하는 것이 좋습니다. 최소한 30번, 면역력이 떨어진 것 같을 때나 체질이 허약한 사람은 50번 이상 씹어야 합니다.

1. 잘 씹어야 얻을 수 있는 7가지 장점

잘 씹으면 위의 부담을 줄이고 소화를 촉진할 뿐만 아니라 아래와 같은 여러 가지 장점이 있습니다.

❶ 비만 예방
잘 씹으면 타액이 대량 분비되어 혈당치가 상승하여 만복중추를 자극합니다. 그로 인해 과식을 막고 다이어트 효과를 얻을 수 있습니다.

❷ 충치 예방
잘 씹으면 이에 자극이 됩니다. 타액은 입 속 세균의 증식을 막는 역할도 하므로 충치나 치주염을 예방할 수 있습니다.

❸ 미각의 발달
잘 씹으면 음식물 본래의 맛을 음미할 수 있습니다.

❹ 치매 예방
잘 씹으면 뇌세포가 활성화되어 치매를 예방합니다.

❺ 암 예방
타액에 포함된 효소가 활성산소를 억제시켜 암이나 성인병 예방을 돕습니다.

❻ 미용 효과
치열이 고르게 되며 입 주변의 근육이 움직여 얼굴이 작아 보이는 효과는 물론 말을 할 때 발음도 좋아집니다.

❼ 알레르기 예방
위장의 부담을 없애주어 음식물 알레르기, 아토피 피부염, 천식 등을 예방할 수 있습니다.

DETOX PLAN 06

일부러 찾아 먹는 해독 식재료

일본에서 태어나 자란 저는 결혼과 함께 한국생활을 시작했습니다. 처음에는 한국에서 식재료를 고르는 일이 어려웠지만 이제는 일본 친구들에게 권할 만큼 좋은 식재료를 많이 찾아냈습니다. 있으면 편리하고 다양한 요리를 할 수 있는 식재료 중에 특히 마음에 드는 안심 상품을 소개합니다.

❶ 밀가루
국산 무농약 밀가루를 써야 합니다. 마크로비오틱의 일물전체(一物全體)의 원칙에 따라서 기본적으로는 껍질도 함께 분쇄한 통밀을 사용합니다. 외국산 통밀은 입자가 거칠고 흡수율이 크게 달라지므로 주의가 필요합니다. 이 책에서 사용한 백밀가루는 1급 중력분입니다.

❷ 빵가루
시판 빵가루에는 의외로 첨가물이 많이 함유되어 있습니다. 자연효모 빵을 갈아서 사용하는 게 가장 좋지만 시판 빵가루를 써야 할 때에는 국산 밀가루, 설탕, 기름, 효모, 소금만으로 만든 빵가루를 애용하고 있습니다.

❸ 머스터드
알 형태의 홀 그레인 머스터드와 옐로 머스터드가 있습니다. 모두 구연산이 들어있지 않은 자연 소재로 만든 것으로 고릅니다.

❹ 두유
시판 두유는 당분 외에 비타민제나 영양강화제 등의 첨가물이 다량 함유되어 있습니다. 이 책에서 사용한 두유는 콩과 약간의 소금만으로 만든 제품입니다. 농도가 진하여 사용할 때에는 잘 섞어 사용해야 합니다. 여름철에는 두유 대신 콩즙을 사용하기도 합니다.

❺ 레몬즙
생레몬을 필요할 때마다 짜서 쓰는 것이 가장 좋습니다. 그러나 양에 신경을 쓰지 않고 쓸 수 있는 레몬즙이 한 병 있다면 편리합니다. 레몬즙은 합성보존료가 들어 있지 않은 것으로 고르고 가능하면 유기농 레몬을 사용하면 좋습니다.

❻ 잼
대부분의 잼에는 설탕이 많이 첨가되어 있습니다. 가능한 설탕을 넣지 않고 과즙만으로 농축하여 만든 잼을 구입해 쓰고 있습니다.

❶ ❷ ❸ ❹ ❺ ❻

❼ 토마토 퓌레

생토마토는 시기에 따라 단맛에 차이가 있으므로 숙성 토마토를 소스 형태로 가공한 토마토 퓌레를 이용하는 것이 편리합니다. 토마토 퓌레를 선택할 때에는 염화칼슘이나 구연산 같은 화학조미료가 함유되어 있지 않은 것, 용기는 깡통보다 병이나 팩에 들어 있는 것으로 선택해야 중금속 용출 걱정을 덜 수 있습니다.

❽ 후추

검은 통후추와 흰 통후추, 후춧가루 세 가지를 상비하여 사용하고 있습니다. 통후추는 그때마다 갈아서 사용할 수 있고 입자를 조절할 수 있는 통에 넣어 쓰면 편리합니다.

❾ 생낫토

낫토는 삶은 대두에 낫토균을 첨가하여 발효시켜 만든 자연 건강식품입니다. 대두를 삶아서 만든 낫토에는 단백질, 지질, 칼슘, 철분 등 대두와 같은 영양소를 함유하고 있는데, 대두보다 지질의 대사에 불가결한 비타민 B_2가 더 풍부합니다. 빈혈에 좋은 엽산의 함유량도 높습니다. 낫토의 특징인 끈적끈적한 실 같은 것은 발효과정으로 생긴 효소로 대두에는 없는 성분입니다. 낫토는 대두보다 소화도 잘 되고 영양가도 높습니다. 또 장의 유산균을 늘려 유해 물질의 배출을 촉진시킵니다.

❿ 통밀파스타

통곡물의 섭취를 권하는 마크로비오틱에서는 파스타도 백밀가루로 만든 일반 파스타보다 통밀가루로 만든 통밀파스타를 씁니다. 통밀파스타는 밀을 껍질째 가공하여 만들기 때문에 일반 파스타에서는 정제 과정에서 없어지는 비타민이나 미네랄의 영양 성분을 그대로 얻을 수 있습니다. 그러나 섬유질로 인하여 현미처럼 푸석푸석한 특유의 식감에 익숙하지 않을 수도 있습니다. 그럴 때에는 백밀파스타와 섞어서 조리하면 식감도 좋고 영양도 높일 수 있습니다. 통밀파스타의 장점은 영양가가 높고 혈당의 상승도 천천히 이루어진다는 점입니다. 또 탄력이 있어서 잘 씹어 먹게 되니 건강에 좋습니다. 미리 삶아 두거나 식어도 쉽게 붇지 않아 좋습니다.

⓫ 당면

고구마에서 전분을 추출해서 만든 당면은 쫄깃쫄깃한 식감이 특징입니다. 그래도 당면은 정제된 음식이며 열량이 높기 때문에 요리할 때에는 부재료를 많이 넣고 당면의 비율을 낮추는 것이 좋습니다. 당면에는 당질이 많아 천천히 잘 씹어 먹을 수 있도록 섬유질이 많은 재료를 넣고 요리를 하면 혈당이 급격하게 오르지 않으며 소화도 잘 됩니다. 또 마른 당면은 수분을 잘 흡수하기 때문에 사용할 때에는 미리 물에 담가 잘 불려서 사용합니다. 덜 불린 상태로 요리를 하면 양념을 많이 흡수하여 간을 맞추기 어렵고 염분을 과하게 섭취할 우려가 있습니다.

❼　　❽　　❾　　❿　　⓫

DETOX PLAN 07

특별한 해독 소스

1. 두부 마요네즈

INGREDIENTS

부침용 두부 1/4모분, 현미식초 1큰술, 카놀라유 1큰술, 조청 1+1/2큰술, 소금 1/2작은술, 간 생강 1/2작은술

➕ 푸드 프로세서에 모든 재료를 넣고 크림 상태가 될 때까지 간다.

4. 토마토케첩

INGREDIENTS

토마토 퓌레 3큰술, 조청 1큰술, 간장 1/2작은술

➕ 팬에 모든 재료를 넣어 끈기가 생길때 까지 졸인다.

2. 데리야키 소스

INGREDIENTS

간장 1+1/2큰술, 조청 2큰술, 물 1+1/2큰술

➕ 팬에 모든 재료를 넣어 끈기가 생길 때까지 졸인다.

5. 돈가스 소스

INGREDIENTS

토마토 퓌레 1/4컵, 조청 1+1/2큰술, 간장 1+1/2큰술, 현미식초 1작은술

➕ 팬에 모든 재료를 넣어 끈기가 생길 때까지 졸인다.

3. 된장 소스

INGREDIENTS

집된장 1큰술, 조청 1큰술, 간장 1작은술, 물 1큰술

➕ 된장을 으깨어 나머지 재료와 섞어 살짝 졸인다.

6. 오코노미야키 소스

INGREDIENTS

토마토 퓌레 1큰술, 오렌지 주스 1큰술, 간장 1큰술, 조청 2/3큰술, 메이플시럽 1작은술

➕ 팬에 모든 재료를 넣어 끈기가 생길 때까지 졸인다.

PART 01

POWER
디톡스 푸드

자연의 파워를 가장 쉽게 얻을 수 있는 방법은 바로 요리입니다.
어떤 음식을 먹는가는 어떤 식재료를 섭취하는가입니다.
어떤 식재료를 섭취하는가는 어떤 자연의 파워를 받는가와 같은 말입니다.
즉 무엇으로 자기 자신을 만드는가입니다. 음식은 자연의 산물입니다.
우리의 몸은 음식으로부터 만들어지니 사람도 자연의 산물이라 할 수 있습니다.
자연의 혜택을 받고 자란 음식은 피폐된 현대인의 몸을 달래는 힘을 갖고 있습니다.
땅의 양분을 흡수한 뿌리채소에는 대사의 파워, 태양의 빛을 받고 자란 채소에는 해독의 파워,
바람으로 말린 음식에는 노폐물을 배출시키는 파워, 바다에서 자란 해조에는 정화의 파워,
산이 키워낸 버섯에는 배출의 파워, 그리고 제철에 난 과일에는 면역력을 높이는 파워가 있습니다.
자연의 은혜를 온몸으로 받은 음식물을 늘 균형적으로 섭취하면
우리 몸의 균형이 갖추어집니다. 이것은 최고의 해독제입니다.
이번 파트에서는 자연과의 조화로 해독 효과를 얻을 수 있는 요리를 소개합니다.

한눈에 보는 POWER 디톡스 푸드

Section 01
대지의 힘, 뿌리채소 해독 요리

연근과 가지 타르타르 소스 샌드

해독력이 뛰어난 아연은 두부에도 미량 포함되어 있다. 아연의 흡수를 높이는 비타민 C는 연근과 가지에 풍부하다. 따라서 연근과 가지는 두부로 만든 타르타르 소스와 함께 먹으면 두부의 아연 흡수력을 높일 수 있어 유해 물질의 해독에 좋다. **P.050**

우엉 머스터드 샐러드

담백한 우엉에 머스터드의 매운맛과 과일식초의 산뜻한 맛을 가미한 색다른 샐러드다. 머스터드는 소화를 촉진하며 기름의 분해를 돕고 우엉은 식이섬유가 풍부하며 항암 작용이 뛰어나다. **P.052**

동글동글 연근볼

시중에서 파는 너깃은 첨가물이 많은 가공식품이라 몸에 해를 주는 독이 되는 음식이다. 반면 이 연근볼의 재료는 단 네 가지뿐. 채소로 만들어 소화가 잘 된다. **P.054**

무와 당근 홍백 리본 샐러드

당근의 풍부한 카로틴은 활성산소로부터 몸을 지켜주는 항산화색소로 기름에 녹는 성질을 지녔다. 질이 좋은 지방 성분을 함유한 호두와 함께 섭취하면 카로틴의 흡수를 높여 해독 효과를 극대화시킬 수 있다. **P.056**

뿌리채소 쥐포

극음성인 술과의 음양조화를 고려하여 양성 성질을 가진 뿌리채소로 만든 술안주 겸 간식이다. 우엉의 풍부한 섬유질로 인하여 오래 씹게 되는데, 이때 침에서 독을 제거하는 해독 성분이 분비된다. **P.058**

뿌리채소와 밤 발사믹조림

양성의 기운이 많은 뿌리채소를 장시간 조리면 양성의 에너지가 더욱 강해져서 조금 무거운 느낌을 줄 수도 있다. 그런 뿌리채소조림에 음성의 기운을 가진 식초를 넣으면 식초의 음성 기운으로 맛이 상큼해진다. 발사믹식초의 원료인 포도의 당도로 설탕이나 조청을 넣지 않아도 된다. **P.060**

당근 아몬드 샐러드
당근은 피부미용에 좋은 카로틴이 풍부하다. 또 아몬드의 풍부한 비타민 E는 혈액순환을 개선하여 건강한 피지점막을 만들어서 자외선이나 대기오염으로부터 피부를 지켜준다. P.062

마 오색볶음
녹색, 빨간색, 노란색, 흰색, 검은색은 음양오행을 대표하는 색이다. 녹색은 풋고추로 매운맛을, 빨간색과 노란색은 파프리카와 당근으로 단맛을, 검은색은 표고버섯으로 깊은 맛을, 흰색은 마의 끈끈한 성분으로 맛을 부드럽게 조화시켰다. P.064

가부라찜
가부라는 일본어로 순무를 말하며 강판에 순무를 갈아 흰 살 생선 등에 덮어 찐 요리를 '가부라무시'라고 한다. 소화 효소가 많은 무와 마로 죽처럼 먹을 수 있는 자양강장에 좋은 영양찜을 만들었다. P.066

Section 02
태양의 힘, 잎채소 해독 요리

시금치 코코트
코코트(Cocotte)는 내열용기에 담아 만든 오븐 요리를 말한다. 철분이 풍부한 시금치, 식이섬유의 보고인 마, 비타민이 풍부한 토마토, 칼슘의 왕 두부 등 영양궁합이 좋은 식재료를 한 그릇에 담았다. P.070

깻잎 들깨 파스타
깻잎과 들깨의 고소한 향, 호두로 만든 깊고 크리미한 소스가 식욕을 자극하는 건강 파스타다. 들깨와 호두의 지방 성분은 몸속의 잉여 산소인 활성산소를 제거하여 면역력을 개선시키며 혈관 건강을 지켜준다. P.072

부추 소스를 뿌린 두부구이
부추의 향 성분은 탄수화물, 단백질, 지방의 분해에 관여하는 두부의 비타민 B_1의 흡수를 높이고 당분의 대사를 촉진한다. 비타민 B_1이 결핍되면 쉽게 피로를 느끼게 되며 소화불량과 식욕저하 등의 증상이 나타난다. P.074

Section 02
태양의 힘, 잎채소 해독 요리

참나물 겉절이
백설탕은 정제 과정에서 비타민이나 미네랄 등을 잃게 된다. 산성화된 백설탕이 약알칼리성인 몸에 들어오면 중화를 위해 체내의 미네랄 성분을 소비하게 된다. 이때 가장 많이 소비되는 것이 해독에도 필요한 칼슘이다. 미네랄이 많은 메이플시럽을 설탕 대신 요리에 넣으면 깊은 맛을 내면서 다양한 미네랄도 섭취할 수 있다.
P.076

청경채 김치
소금과 자극적인 양념의 사용을 최대한 배제한 해독 김치다. 청경채의 아삭한 식감을 살리기 위해 액젓을 넣지 않고 담갔다. 액젓 대신 다시마나 참깨가루로 맛을 내면 된다. P.078

깐쇼 브로콜리
항암식품으로 알려진 브로콜리는 가열해도 파괴되지 않는 항산화물질이 많다. 해독 능력이 뛰어난 브로콜리를 마와 찹쌀가루로 튀김옷을 입혀 만들었다. 밀가루 대신 찹쌀가루를 써서 소화 부담을 줄였고 토마토 퓌레에 현미식초와 레몬즙을 넣어 소화력을 높였다. P.080

Section 03
바람의 힘, 마른 재료 해독 요리

마른 표고버섯 덮밥
마른 표고버섯의 칼륨과 식이섬유, 다시마의 엽산, 현미의 피드산, 대파의 알리신, 발효식품인 간장을 한 그릇에 담은 해독 덮밥이다. 마른 표고버섯을 다시마와 간장만으로 조렸는데 버섯의 식감이 마치 전복 같다. P.084

목이버섯 양상추 샐러드
목이버섯의 풍부한 비타민 D는 양상추의 칼슘 흡수를 높인다. 칼슘은 방사성 물질의 해독에 좋은 성분이지만 부족하기 쉬운 영양 성분이라 적극적으로 섭취하는 게 좋다. 생으로 즐겨 먹는 양상추는 익히면 많은 양을 섭취할 수 있다. P.086

호박고지조림
애호박에 풍부한 카로틴은 기름과 같이 섭취하면 흡수가 잘 되는데, 이 요리에서는 해독 효과를 높이기 위해 기름 대신 깨를 넣었다. P.088

Section 04

바다의 힘, 해조류 해독 요리

무말랭이 배추 중화풍볶음
무말랭이의 자연 단맛을 살린 요리로 맛과 영양의 비결은 식초이다. 무말랭이의 풍부한 칼슘은 식초와 함께 먹으면 섭취량을 높일 수 있다. P.090

마른 가지 피망볶음
가지와 피망은 칼륨 함유량이 많은 채소로 몸속으로 들어온 방사능 물질을 배출시킨다. 그러나 몸을 차갑게 하는 성질을 가진 채소이므로 생가지 대신 마른 가지를 써서 가열하여 조리했다. P.092

다시마말이
이 요리는 일본에서 설날에 가족이 모여 행복과 건강을 빌며 먹는 명절 음식이다. 뿌리채소인 우엉과 당근, 해초의 다시마는 알칼리성식품으로 독으로 오염된 몸을 맑게 정화시킨다. P.096

파래 지지미
파래는 식이섬유가 풍부하고 탄수화물을 대사하는 영양소도 함유한 저칼로리 식품이다. 기름 진 전 요리에 파래를 넣어 먹으면 소화와 대사에 도움이 된다. P.098

생톳 마리네이드 샐러드
톳, 연근, 양파, 식초는 혈액을 맑게 하여 혈액 순환을 원활하게 하고 각 장기의 기능을 강화시켜 해독이 잘 되는 건강한 몸을 만든다. 톳의 비린내는 로즈메리로 완화시켰는데, 로즈메리에는 항산화 성분이 풍부하여 세포를 젊고 건강하게 만들며 뇌의 기능을 활성화시킨다. P.100

미역줄기 버섯 스파게티
미역줄기와 버섯은 칼로리가 낮고 식이섬유가 아주 풍부하여 대장 환경을 개선시키며 다이어트에도 좋다. 염장 미역줄기의 적당한 짠맛을 살려서 소금 간을 따로 하지 않았다. 과잉 섭취한 염분은 버섯의 칼륨이 체외로 배출시켜주니 걱정하지 않아도 된다. P.102

Section 04
바다의 힘, 해조류 해독 요리

Section 05
산의 힘, 버섯 해독 요리

미역 쑥갓 볶음밥
유해 독소를 체외로 배출시키는 현미, 식이섬유가 풍부하여 대장을 튼튼하게 하고 혈액을 맑게 하는 해조류, 간의 건강에 좋은 녹색 채소의 해독 삼총사를 모았다. 현미의 탄수화물, 유부의 단백질과 지질, 쑥갓의 비타민, 미역의 미네랄, 발효식품인 간장을 한꺼번에 섭취할 수 있는 영양학적으로도 우수한 해독 요리다. P.104

버섯 두유 크림 파스타
구아닐산과 글루탐산이 풍부한 버섯의 맛과 무첨가 두유의 고소한 맛을 즐기는 파스타. 소화에 부담을 주는 크림 소스 대신 두유에 마를 섞어 만들었는데, 마의 효소가 소화를 돕고 끈기 성분은 두유의 단백질 흡수를 돕는다. P.108

새송이버섯회
쫄깃한 새송이버섯의 식감과 영양을 살린 심플한 해독 요리다. 새송이버섯에 다량 함유된 식이섬유는 장 운동을 활발하게 하여 장의 해독 능력을 높이며 각종 비타민과 무기질은 암 세포의 성장을 억제시켜 암을 예방하고 치료하는 데 효과적인 것으로 알려져 있다. P.110

양송이버섯튀김
버섯은 칼로리가 낮고 지질을 대사시키는 영양소를 함유하고 있으며 튀기는 시간이 짧아 살 찔 걱정이 적다. 양송이버섯은 버섯 중에 단백질 함량이 가장 많다. 또 풍부한 식이섬유는 '만병의 근원'이라는 변비를 예방하고 치료에 도움을 준다. 또 일본에서는 버섯의 베타글루칸을 추출하여 항암제로 사용하고 있다. P.112

버섯 돌나물 샐러드
버섯과 봄채소는 해독 궁합이 좋다. 버섯에는 식이섬유와 칼륨이 많아 몸에 쌓인 노폐물이나 과잉 염분을 체외로 배출시키고 봄채소는 항산화작용과 독소의 배출을 촉진하는 해독 능력이 있기 때문이다. 드레싱 재료인 식초나 레몬즙에도 간장 기능을 자극하는 작용이 있어서 겨울 동안 몸에 쌓인 독소를 해독하기 위해 봄에 먹으면 좋은 요리다. P.114

버섯 쿠킹포일찜
대사를 돕는 비타민과 해독에 좋은 미네랄이 풍부한 버섯, 혈액 속의 독소를 없애는 해독 효과가 있는 양파로 만든 간단한 해독 요리. 쿠킹포일로 재료를 감싸서 익혀 영양과 맛을 응축시켰다. P.116

Section 06

계절의 힘, 과일 해독 요리

고구마 레몬조림

고구마의 단맛과 레몬의 신맛은 의외의 조합이다. 레몬의 신맛은 피로회복에 효과적이며 침 분비를 촉진시켜 소화를 돕는다. 고구마는 밥이나 빵보다 칼로리가 낮아 간편한 간식으로 먹어도 좋다. P.120

사과 두부 치즈 샐러드

두부는 치즈와 비슷하게 단백질이 풍부하고 해독에 필요한 칼슘 함량도 높다. 이 요리에 사용한 사과와 채소인 비타민에도 칼슘이 풍부하고 칼슘의 흡수를 도와주는 마그네슘은 두부나 견과류에 많다. P.122

감 무 샐러드

감의 색소 성분에는 유해 물질을 무독화시키는 효과가 있고 무에는 소화를 돕는 효소와 수분 대사를 원활하게 하는 성분이 있다. 특히 감과 무에 풍부한 비타민 C는 콜라겐의 생성을 촉진하고 단백질이나 지질이 체내에서 산화되는 일을 막아주므로 고기나 생선 요리에 곁들이면 좋다. P.124

참외 샐러드

면역 체계를 튼튼하게 하는 데 꼭 필요한 비타민 C는 체내에서 자연 합성이 되지 않아 외부로부터 섭취가 필요한 성분이다. 참외에는 비타민 C가 풍부하다. 이 샐러드는 지질 대사에 도움이 되는 비타민 B_2가 풍부한 양송이버섯과 소화를 돕는 드레싱을 곁들였다. P.126

배 쑥갓무침

쑥갓의 특유의 향에는 속이 쓰리거나 소화불량을 개선시키는 성분이 있다. 쑥갓과 배를 함께 먹으면 위와 대장 활동을 촉진시켜 음식의 소화와 노폐물의 배출에 좋다. P.128

배추 금귤무침

금귤 껍질의 약간 쓴맛, 배추의 단맛, 무순의 매운맛을 동시에 맛볼 수 있는 요리다. 금귤의 식이섬유, 배추의 아연, 무순의 항산화물질이 합쳐져 뛰어난 해독 효과를 얻을 수 있다. 비타민 C도 많아 감기 예방에도 좋다. P.130

Section 01

대
지
의

힘

뿌리채소 해독 요리

원폭이 투하된 일본의 나가사키와 히로시마에서는 예전부터 현미, 된장, 우메보시(매실절임)가 원자폭탄증에 효과적이라고 거론되었습니다. 그 이유는 이 식품들이 양성 에너지를 가진 식재료이기 때문입니다. 마크로비오틱의 음양의 관점에서 보면 방사능은 음성(陰性) 중의 극음성으로 봅니다. 음성은 양성의 음식물을 얻음으로써 중화될 수 있습니다. 채소 중 땅 속에 뿌리를 내리고 자라는 뿌리채소는 하늘을 향해 자라는 잎채소와 달리 양성입니다. 우엉, 연근, 당근, 무, 마, 도라지, 더덕, 생강 등 양성의 뿌리채소는 방사능을 중화시킬 뿐만 아니라 몸을 따뜻하게 하여 면역력을 높이고 혈액순환을 좋게 하여 신진대사를 활발하게 합니다. 또한 뿌리채소는 식이섬유도 풍부하여 위나 장의 활동을 활성화시키고 노폐물의 배출에도 효과적입니다.

뿌리채소의 껍질은 흙 속에서 외부의 적으로부터 몸을 지키려는 방어벽의 역할을 하며 영양이 풍부합니다. 껍질 부분에 함유된 펙틴, 아연, 마그네슘, 비타민, 식이섬유 등의 성분은 노폐물의 배출과 해독을 도우니 뿌리채소는 껍질째 먹는 것이 좋습니다. 농약이나 토양 오염이 걱정된다면 소금물이나 식촛물에 담갔다가 조리하면 됩니다.

이번 섹션에서는 우엉, 연근, 무, 당근, 마 등의 뿌리채소를 메인 재료로 뿌리채소의 효능을 살린 해독 요리를 소개합니다.

연근과 가지
타르타르 소스 샌드

DETOX FOOD

연근 Lotus Root 연근의 영양 성분은 녹말 외에 스트레스를 심하게 받는 현대인들이 많이 소모하는 부신피질호르몬의 구성 요소인 비타민 C가 풍부하다. 칼륨, 칼슘, 철분, 구리 등의 미네랄 성분도 많이 함유하고 있는데 칼륨은 나트륨의 배출을 도와 혈압을 조절한다. 또 연근의 색을 변화시키는 성분은 폴리페놀의 한 종류인 타닌으로, 항암과 해독 작용이 뛰어나며 항산화 작용과 소염 작용도 있어서 기침이나 가래를 가라앉히는 데 효과적이다. 또 혈당치나 콜레스테롤을 조절하는 작용도 한다.

일반 타르타르 소스는 마요네즈에 삶은 달걀이나 양파, 오이피클, 파슬리 등의 채소를 다져 섞어 만든다. 마요네즈에 매운맛이나 산미를 더해 보통 피시앤칩스와 같은 튀김 요리에 많이 곁들인다.

TIME 30분

YIELD 2인분

INGREDIENTS

주재료
연근 100g
가지 50g
통밀가루 적당량
기름 1큰술
셀러리(잎 부분) 적당량

두부 타르타르 소스 재료
두부 마요네즈 50g(4큰술 정도)
셀러리 10g
오이 10g
양파 15g
레몬즙 1+1/2작은술

How to Make

1 연근과 가지는 0.5~0.8cm 두께로 썰고, 연근에만 통밀가루를 아주 얇게 입힌다.
가지는 가열하면 숨이 죽기 때문에 연근보다 약간 두껍게 썬다. 연근은 수분이 적어서 구우면 말리게 되므로 통밀가루를 아주 얇게 입혀 구워야 한다. 밀가루를 많이 입히면 기름을 많이 먹는다.

2 팬을 달구어 기름을 두르고 연근을 구운 다음 가지를 굽는다. 연근은 반투명해질 때까지 천천히 구워 익으면 접시에 담는다.
가지는 기름을 많이 흡수하므로 연근을 구운 다음에 굽는다.

3 두부 타르타르 소스를 만든다. 소스 재료의 채소는 잘게 다져 나머지 재료와 잘 섞는다.

4 구운 연근과 가지에 소스를 샌드하고 셀러리 잎으로 장식한다.

COOK'S NOTE
• 굵기가 비슷한 연근과 가지를 준비하면 더욱 먹음직스럽다.
• 가지 외에 애호박이나 표고버섯도 잘 어울린다.
• 두부 마요네즈 만드는 방법은 255쪽을 참조한다.
• 소스 재료인 셀러리, 오이, 양파 대신 간단히 오이피클이나 오이지를 다져 넣어도 맛있다.

우엉 머스터드 샐러드

DETOX FOOD

머스터드 Mustard 흔히 머스터드와 겨자를 같은 재료로 오해하는데 머스터드와 겨자는 원료가 되는 식물 자체가 다르다. 머스터드는 식초나 향신료 등이 들어가 맛이 부드럽고 요리에 곁들여 먹기 좋다. 머스터드에는 알갱이가 있는 홀그레인 머스터드와 페이스트 상태인 머스터드가 있다. 머스터드에는 간의 중금속 배출을 돕고 소화·지방 분해, 혈액순환 촉진, 이뇨 작용에 도움을 주는 성분이 있다.

TIME 25분(식히는 시간 제외)

YIELD 3인분

INGREDIENTS

주재료
우엉 90g
당근 40g
백일송이버섯 90g
마늘 2쪽
소금 1/2작은술
올리브오일 1큰술
무순 20g

머스터드 소스 재료
홀그레인 머스터드 1큰술
사과식초 1큰술
올리브오일 1작은술

How to Make

1. 우엉은 얇고 길쭉하게 썬다. 당근은 너비 0.5cm로 채 썰고 백일송이버섯은 손으로 가닥가닥 찢는다. 마늘은 얄팍하게 썬다.

2. ①에 소금과 올리브오일을 넣어 골고루 섞는다.

3. 오븐시트를 깐 오븐팬에 ②를 얹어 220℃로 예열한 오븐에서 우엉이 익을 때까지 8~10분 정도 굽는다.
   우엉에서 단맛이 느껴지면 익은 것이다.

4. 볼에 홀그레인 머스터드와 사과식초, 올리브오일을 넣어 섞는다.

5. 채소가 익으면 뜨거울 때 ④의 머스터드 소스에 버무린다.

6. 식으면 먹기 직전에 무순을 넣어 가볍게 섞는다.

> **COOK'S NOTE**
> • 사과식초 외에 발사믹식초, 화이트 발사믹식초 등 과일로 만든 약간의 당도를 지닌 식초가 잘 어울린다.
> • 오븐은 220℃로 미리 예열한다.

동글동글
연근볼

DETOX FOOD
연근 Lotus Root 마크로비오틱에서는 길쭉하고 속에 구멍이 있는 연근은 사람의 기관지 모양과 닮았다고 본다. 연근은 기침이나 가래 등 기관지에 생기는 불편한 증상을 완화시키므로 미세먼지나 황사가 잦은 날에 조리해 먹으면 좋다. 꽃가루 알레르기나 아토피에도 효과적이다. 실제로 연근 껍질에 보이는 검은색 점인 타닌에는 수렴 작용이 있기 때문에 염증을 없애고 억제시키는 효과가 있다.

조림이나 초절임 등 아삭아삭한 식감으로 즐겨 먹는 연근. 연근을 갈아서 요리하면 새로운 식감을 즐길 수 있다. 연근볼은 쫄깃쫄깃한 연근의 식감과 단맛으로 누구나 먹기 좋은데 특히 아이들에게 인기가 많다.

TIME 30분

YIELD 8개분

INGREDIENTS
연근 180g
통밀가루 3큰술(35g)
소금 1/3작은술
튀김기름 적당량

How to Make

1 연근은 껍질째 강판에 간다.

2 간 연근에 통밀가루와 소금을 넣고 골고루 섞는다.
연근의 수분에 따라 통밀가루의 양은 조절한다. 통밀가루를 너무 많이 넣으면 딱딱해지니 모양을 잡을 수 있을 정도의 되기가 적당하다.

3 반죽을 8등분하여 너깃을 만든다.
포크로 표면에 석쇠 모양을 내면 더욱 너깃 같아 보인다. 표면에 틈이 생기지 않도록 매끄러운 상태로 빚는다.

4 180℃의 튀김기름에 튀겨 키친타월에 얹어 기름을 뺀다.
약간의 반죽을 튀김기름에 떨어뜨려 보았을 때 냄비 밑바닥에 내려갔다가 바로 뜨는 정도가 적당한 온도다. 튀김기름에 넣었을 때 모양이 망가지거나 깨지면 밀가루의 분량이 적은 것이니 남은 반죽에는 밀가루를 더 넣어 섞는다.

COOK'S NOTE
맛이 심심하면 수제 토마토케첩(177쪽 참조)을 곁들인다. 연근을 얇게 썰어 튀기거나 채소를 곁들여도 좋다.

무와 당근 홍백 리본 샐러드

DETOX FOOD
호두 Walnut 호두에는 질 좋은 단백질이 풍부한데 특히 숙면이나 정신 안정에 효과가 있는 필수 아미노산인 트립토판의 함유량이 많다. 또 오메가3 지방산인 알파리놀렌산(ALA)을 함유하여 알츠하이머병의 원인 물질이 뇌에 쌓이는 것을 억제시키고, 콜레스테롤 수치를 낮추는 불포화지방산을 함유하여 심장병 예방에 도움을 주는 것으로 알려져 있다. 또 풍부한 불포화지방산의 항산화 작용으로 몸의 나쁜 유해산소를 없애 면역력을 키워준다. 예부터 중국에서는 귀족들의 미용식으로 먹어왔고, 한방에서는 피로회복, 피부미용, 노화, 고혈압, 자양강장에 효과적인 재료로 사용되었다.

얇게 깎은 당근은 마치
훈제연어 같아 보이고
잘게 으깬 호두를 넣은
드레싱은 부드러운
치즈 같다.
호두에는 단백질과
칼슘이 풍부하며
영양가도 높다.
필러를 사용해서 누구나
쉽게 만들 수 있는
샐러드다.

TIME 20분

YIELD 2인분

INGREDIENTS

주재료
무 60g
당근 60g
드레싱 재료
파슬리 10g
호두 20g
소금 1/2작은술
올리브오일 1작은술
현미식초 2작은술

How to Make

1 무와 당근은 필러로 길쭉하고 얇게 깎는다.
  무는 당근의 길이와 너비에 맞추어 깎는다. 필러로 깎을 때에는 뿌리에서 꼭지 방향으로 깎으면 딱딱한 꼭지 부분도 힘들이지 않고 깎을 수 있다.

2 파슬리는 잘게 다지고 호두는 절구에 찧거나 키친타월에 감싸 잘게 으깬다.

3 볼에 드레싱 재료를 모두 넣고 골고루 섞는다.

4 무와 당근에 드레싱을 넣어 가볍게 버무린다.

COOK'S NOTE
당근에는 비타민 C를 파괴하는 아스코르비나아제라는 효소가 있는데, 열과 산에 약하므로 당근과 무를 섞을 때에는 우선 드레싱에 당근을 버무린 다음 무와 섞는다.

뿌리채소 쥐포

DETOX FOOD

우엉 Burdock 우엉은 장과 혈액 청소부이다. 장 건강에 좋은 이눌린과 올리고당이 풍부하여 장의 연동 작용을 돕고 유익균을 늘리는 데 도움을 준다. 또 혈액 속의 노폐물을 제거하여 혈액을 맑게 하고 혈액 순환을 촉진시킨다. 껍질 부분에는 노화를 예방하는 폴리페놀이 풍부하게 함유하여 껍질째 먹는 것이 좋다. 우엉을 씻을 때에는 맨손이나 고무장갑을 끼고 가볍게 씻고 물에 담가 두지 않는다.

쫄깃쫄깃한 쥐포는 술안주로 딱 좋지만 원재료 표기를 보면 수많은 첨가물이 들어가 있어 놀라게 된다. 생선 대신 '채소로 착한 쥐포를 만들 수 있지 않을까'라는 생각에서 개발한 요리다.

TIME 35분

YIELD 9개분

INGREDIENTS
우엉 50g
연근 50g
파슬리 약간
녹말 1+1/2큰술
기름 적당량
소금·후춧가루 약간씩

How to Make

1 우엉은 껍질째 아주 얇게 비스듬히 썰고 연근은 껍질째 아주 얇게 썬다. 파슬리는 잘게 다진다.
우엉과 연근은 슬라이서를 이용하면 간편하게 썰 수 있다. 단, 우엉은 길쭉하게 써는 게 모양이 더욱 예쁘다.

2 우엉과 연근 표면의 물기를 가볍게 닦고 녹말을 골고루 묻힌다.
비닐봉투에 녹말과 물기를 닦은 채소를 넣고 흔들어 녹말옷을 입히면 쉽다.

3 팬을 달구어 기름을 두르고 우엉과 연근을 약간씩 겹쳐지도록 얹고 다진 파슬리를 뿌린 다음 약한 불로 천천히 지진다.
겹친 면이 너무 크면 바삭바삭하게 구워지지 않는다.

4 바삭하게 익으면 튀김식힘망이나 키친타월에 얹어 기름기를 빼고 뜨거울 때 소금과 후춧가루를 뿌린다.

COOK'S NOTE
녹말은 국산 감자 100%의 제품을 사용한다.

뿌리채소와
밤 발사믹조림

DETOX FOOD

발사믹식초 Balsamic Vinegar 몸속의 노폐물을 배출시키려면 신진대사가 원활해야 하는데 식초는 장의 활동을 활발하게 하여 신진대사를 높인다. 또 식초는 면역력 강화에 중요한 글루타티온의 농도를 올려 면역세포인 백혈구를 만드는 림프구 생성을 돕는다. 발사믹식초는 이탈리아 요리에 즐겨 쓴다. 포도를 나무통에 장기간 발효시켜 당도가 있고 엑스 성분(육류, 생선, 조개 등의 좋은 맛 성분)이 풍부하다. 원래 약으로 사용된 발사믹식초는 피로회복이나 소염작용에 좋다.

채소 중에 양성(陽性)의 기운이 많은 뿌리채소를 장시간 조려 요리하면 양성 에너지가 더욱 강해져 조금 무거운 느낌을 줄 수도 있다. 그런 뿌리채소조림에 음성의 기운을 가진 식초를 넣으면 맛이 상큼해진다.

TIME 60분

YIELD 4인분

INGREDIENTS

주재료
밤 150g(8~10개)
마늘 1쪽
셀러리 25g
우엉 60g
연근 60g
무 50g
당근 50g
올리브오일 1/2큰술

조림장 재료
물 1/2컵
발사믹식초 1큰술
간장 2큰술

How to Make

1 밤은 껍질을 깎아 먹기 좋은 크기로 자르고 마늘은 으깬다. 셀러리는 잎과 줄기로 나누어 줄기 부분은 한입 크기로 자른다. 나머지 채소는 모두 한입 크기로 자른다.

2 냄비에 기름을 두르고 먼저 마늘을 넣고 볶아 향이 나기 시작하면 셀러리 잎을 제외한 나머지 채소를 모두 넣어 살짝 볶는다.
채소 표면에서 반짝반짝 빛이 나면 잘 볶아진 것이다.

3 채소가 잘 볶아졌으면 물 1/2컵을 붓고 뚜껑을 덮어 3분 정도 익힌다.
처음부터 간장을 넣어 조리는 것보다 살짝 익힌 다음 간을 하면 속까지 맛이 밴다.

4 발사믹식초와 간장을 넣어 물기가 거의 없어질 때까지 조려 그릇에 담고 셀러리 잎을 장식한다.
가끔 밑과 위를 뒤집어줘야 타지 않고 전체적으로 양념이 잘 밴다.

COOK'S NOTE

- 발사믹식초는 캐러멜이나 방부제가 들어가지 않은 것이 부드러울 뿐만 아니라 맛도 좋고 몸에도 좋다.
- 채소의 색을 살리고 싶으면 화이트 발사믹식초, 당도를 높이려면 블랙 발사믹식초를 사용하고 없으면 현미식초로 대체한다.

당근 아몬드 샐러드

DETOX FOOD
당근 Carrot 당근은 인체가 필요로 하는 무기질과 비타민 A를 풍부하게 함유하고 있으며 영양학적 균형이 좋은 채소이다. 특히 혈액을 정화시키는 해독 효과에 주목해야 한다. 당근의 베타카로틴은 면역력을 강화시키고 점막 강화에 도움을 주어 미세먼지나 황사로부터 우리 몸을 지킨다. 또 감기 예방이나 노화 예방, 피부미용에도 좋다.

생당근을 듬뿍 먹을 수
있는 샐러드다.
양념은 간단하지만
마늘 향이 당근의 독특한
풋내를 없애고 아몬드
슬라이스가 당근의
아삭아삭한 식감을
살린다.

TIME 20분

YIELD 2인분

INGREDIENTS
주재료
당근 80g
소금 1/4작은술
세발나물 30g
드레싱 재료
아몬드 슬라이스 12g
다진 마늘 1/4작은술
올리브오일 1+1/2작은술
레몬즙 1/2작은술
소금 약간

How to Make

1 당근은 5cm 길이로 가늘게 채 썰어 소금을 뿌려 둔다.

2 세발나물은 깨끗이 씻어 물기를 빼고 먹기 좋게 찢는다.

3 아몬드는 대충 다져 팬에 넣어 볶다가 나머지 드레싱 재료를 넣어 살짝 익힌다.
  아몬드는 먹기 전에 살짝 볶아야 더욱 고소하며 다른 양념과도 잘 어울린다.

4 불을 끄고 드레싱에 당근을 넣어 가볍게 섞은 다음 먹기 직전에 세발나물을 넣어 가볍게 섞는다.
  당근과 드레싱은 미리 섞어 마리네이드 시켜 놓아도 되지만 푸른 채소는 산미나 염분으로 색이 변하고 숨이 죽으므로 먹기 직전에 섞는다.

COOK'S NOTE
- 세발나물 대신 치커리나 참나물 등 아삭아삭한 식감의 채소로도 즐길 수 있다.
- 아몬드 슬라이스는 껍질이 있는 것이 더욱 고소하다.

마 오색볶음

DETOX FOOD

마 Yam 원래 녹말을 먹을 때에는 가열해야 하지만 마에는 녹말 분해 효소인 디아스타아제가 풍부하여 소화를 돕기 때문에 생으로 먹어도 소화나 흡수에 해가 없다. 사포닌 성분은 혈관에 쌓이는 콜레스테롤을 몸 밖으로 배출시켜 혈액 순환을 좋게 하여 고혈압이나 동맥경화를 예방한다. 중국에서는 마를 산약(山藥)이라 하여 소화를 돕는 한약재로 사용해왔다. 각 장기에 영양을 보급하는데, 특히 신장에 이로운 뿌리채소다. 노폐물을 소변으로 배출시키는 해독 작용도 뛰어나다.

TIME 20분

YIELD 2인분

INGREDIENTS

주재료

장마 120g
소금 약간
표고버섯 1개
풋고추 25g
당근 10g
빨강 파프리카 25g
기름 2작은술

소스 재료

간 마늘 1/2작은술
생강 1/2작은술
소금 1/4작은술
현미식초 1작은술
참기름 1작은술
물 2큰술

How to Make

1 마는 직화로 잔뿌리를 없앤다.

2 마는 5cm 길이로 자른 다음 세로로 0.5cm 두께로 썬다. 소금을 뿌려 잘 비빈 다음 물로 헹군다.
마의 끈기를 적당히 조절하기 위해 소금으로 손질한다.

3 표고버섯은 기둥과 갓으로 나누어 기둥은 손으로 찢고 갓은 얇게 썬다. 풋고추는 씨를 빼내고 길이로 0.5cm 폭으로 자른다. 당근과 빨강 파프리카는 마와 같은 크기로 자른다.
모든 채소의 크기를 비슷하게 손질해야 보기에도 좋고 골고루 볶을 수 있다.

4 팬을 달구어 기름을 두르고 먼저 고추를 볶은 다음 나머지 채소를 넣어 볶는다.

5 볼에 소스 재료를 넣어 골고루 섞는다.

6 볶은 채소에 소스를 넣고 가볍게 버무린다.

COOK'S NOTE

- 매운맛이 좋으면 풋고추 대신 청양고추를 사용한다.
- 표고버섯 대신 목이버섯을 사용하면 보기에도 좋고 식감도 좋다.

가부라찜

DETOX FOOD

마 Yam '산에서 나는 장어'라고도 불리는 마는 예부터 자양강장에 좋은 음식으로 알려져 있으며, 가열하면 날것과는 다른 식감과 맛을 즐길 수 있다. 마의 끈기 성분인 뮤신은 식이섬유의 일종으로 변비를 개선시키고 단백질의 소화를 돕는다. 또 소화기관의 윤활제 역할을 하여 해독 작용을 담당하는 간의 부담을 줄여 간 기능을 강화시킨다. 또 혈당 강하 작용, 소화와 흡수의 촉진, 노화 예방, 항산화작용으로 여러 독으로부터 몸을 지켜준다.

'가부라'는 일본어로 '순무'를 말하며, 강판에 순무를 갈아 흰 살 생선 등에 덮어 찐 요리를 '가부라무시'라고 한다. 1년 내내 구할 수 있고 소화 효소가 많은 무와 마로 자양강장에 좋은 영양찜을 만들었다.

TIME 30분

YIELD 2인분

INGREDIENTS

무 150g
장마 50g
멥쌀가루 3큰술
소금 1/4작은술
고추냉이 약간

How to Make

1 무와 마는 강판에 간다.
마는 직화로 잔뿌리를 없애고 껍질째 사용한다.

2 무와 마에 멥쌀가루와 소금을 넣어 잘 섞는다.
잘 섞어야 공기가 들어가 더욱 말랑말랑해진다.

3 반죽을 반으로 나눠 내열 그릇에 담아 랩을 씌운다.
취향에 따라 두부나 버섯, 단호박, 은행 등을 넣어도 좋다.

4 김이 올라오는 찜통에 20분 정도 찐다.
그대로 먹어도 맛있지만 취향에 따라 고추냉이나 간 생강, 간장 등을 곁들여 먹어도 좋다.

COOK'S NOTE

마는 수분이 많고 끈기가 적은 장마와 수분이 적고 끈기가 많은 산마의 두 종류가 있다. 어느 마를 쓰든 멥쌀가루의 양으로 농도를 조절하여 만들면 된다.

Section 02

태양의 힘

잎채소 해독 요리

방사선은 분리, 전리, 분단, 파괴라는 음성의 기운을 지니고 있는 반면 태양은 융합, 집결, 결실, 응집 등 양성의 에너지를 지니고 있습니다. 그러므로 태양의 기운은 방사능의 가장 큰 해독제라고도 말할 수 있습니다. 태양의 은혜를 흠뻑 받고 자란 잎채소는 스스로 광합성 작용을 하며 땅에서 에너지를 빨아올려 잎에 비타민을 생성하여 병해(病害)로부터 스스로를 지키므로 맛이 진하고 독특한 쓴맛을 지닙니다. 특히 녹색이 짙은 잎채소는 동양의학의 음양오행에서는 간장의 활동을 돕고 해독에도 효과적이라고 봅니다.

잎채소는 대개 데쳐서 물에 헹구어 조리하지만 마크로비오틱에서는 물에 헹구지 않고 자연스럽게 식힙니다. 그 이유는 물에 헹구는 과정에서 생길 수 있는 영양소나 에너지 손실을 막을 수 있기 때문입니다. 다만 시금치나 봄 채소는 옥살산 등 몸에 부담을 주는 에너지가 강하므로 데쳐서 물에 헹궈야 합니다.

이번 섹션에서는 햇볕을 많이 받고 자라 비타민이 풍부한 시금치, 깻잎, 부추, 참나물, 청경채, 브로콜리로 만든 해독 요리를 소개합니다.

시금치 코코트

DETOX FOOD

시금치 Spinach 시금치에는 항산화 성분이 풍부하여 활성산소를 억제하고 체내의 독을 풀어주는 해독 작용이 뛰어나다. 시금치는 몸속 독소를 잡는 케르세틴, 다이옥신을 혼합하는 클로로필, 간장의 해독력을 높이는 글루타티온의 함유량을 높인다. 뿌리의 빨간 부분은 뼈를 만들 때 중요한 망간이 풍부하므로 잘라 버리지 않고 잘 씻어 그대로 사용한다.

코코트(Cocotte)는 프랑스어로 냄비를 뜻하는데 넓게는 내열용기에 담아 만든 오븐 요리를 말한다. 철분이 풍부한 시금치, 식이섬유의 마, 비타민의 토마토, 칼슘의 두부 등 영양 궁합이 좋은 식재료를 한 그릇에 담았다.

TIME 25분

YIELD 2인분

INGREDIENTS

주재료
시금치 40g
간장 1/3작은술
올리브오일 1/3작은술
팽이버섯 12g
방울토마토 2개
소스 재료
마 20g
두부 마요네즈 50g

How to Make

1. 시금치는 깨끗이 씻어 4cm 길이로 썰고 간장과 올리브오일을 뿌려 손으로 가볍게 버무려 밑간한다.
   밑간을 하면 시금치의 떫은 맛을 중화시킬 수 있다.

2. 팽이버섯은 반으로 자르고 방울토마토는 꼭지를 딴다.
   방울토마토 대신 토마토를 가로로 썰어 넣어도 좋다.

3. 마는 가스불에 직화로 뿌리를 태워 없애고 껍질째 강판에 갈아서 두부 마요네즈와 골고루 섞는다.
   두부 마요네즈의 양을 가감하거나 카놀라유를 넣어 농도를 조절한다.

4. 오븐용기에 시금치, 팽이버섯, 방울토마토를 넣고 소스를 끼얹고 200℃로 예열한 오븐에서 12~15분 정도 굽는다.

COOK'S NOTE

• 팽이버섯 대신 양송이버섯을 얇게 썰어 넣으면 향도 좋고 맛있다.
• 마가 없을 때에는 두부 마요네즈만 뿌려 구워도 된다. 두부 마요네즈 만드는 방법은 255쪽을 참조한다.

깻잎 들깨 파스타

DETOX FOOD

들깨와 깻잎 Perilla Seeds&Perilla Leaf 들깨와 깻잎에는 필수 성분이지만 체내에서는 만들 수 없는 알파-리놀렌산이 풍부하다. 알파-리놀렌산의 작용으로 중성지방과 콜레스테롤을 낮추고 고혈압이나 암 예방, 몸에 부담을 주는 기름을 분해하여 지방이 몸에 쌓이지 않게 하는 역할도 한다. 다이어트에도 좋고 알레르기와 염증을 억제하는 효과도 있다.

1

2

3

4

5

6

TIME 25분

YIELD 2~3인분

INGREDIENTS

주재료
쇼트 파스타 200g
(통밀 파스타 50g+백밀 파스타 150g)
올리브오일 적당량
깻잎 120g
깻잎(장식용, 또는 깻순) 약간
마늘 2쪽
청양고추 1/2~1/3개

소스 재료
호두 15g
들깨가루 2큰술(25g)
소금 1/2~3/4작은술
파스타 삶은 국물 1/2컵
후춧가루 약간
올리브오일 약간

How to Make

1 끓는 물에 올리브오일 약간과 파스타를 넣고 파스타 봉지에 표시된 시간보다 1분 정도 덜 삶는다.
파스타는 체에 밭쳐 물기를 빼고 삶은 국물은 버리지 않고 따로 둔다.

2 깻잎은 다지고 장식용 깻잎은 가늘게 채 썰거나 깻순을 준비한다. 마늘은 곱게 다지고 청양고추는 가늘게 썬다.

3 호두는 블렌더에 갈거나 절구에 으깬다.
호두는 순하고 깊은 맛을 내기 위해 넣는데 들깨가루로 대신해도 좋다.

4 팬을 달구어 올리브오일 2큰술을 두르고 마늘과 청양고추를 넣어 볶다가 마늘향이 나면 파스타 삶은 국물과 으깬 호두, 들깨가루, 소금을 넣어 잘 섞는다.
파스타 삶은 국물은 들깨가루나 호두의 수분 흡수량에 따라 조절한다.

5 다진 깻잎과 삶은 파스타를 넣어 골고루 버무린 다음 후춧가루로 간을 한다.

6 올리브오일 약간을 골고루 뿌리고 장식용 깻잎을 얹는다.
마지막에 올리브오일을 뿌려 향과 윤기를 낸다.

COOK'S NOTE
- 청양고추 대신 마른 홍고추를 사용해도 된다.
- 깻잎보다는 깻순을 넣는 게 좋다. 깻잎은 작고 연한 것이 쓴 맛이 적고 맛이 순하다.

부추 소스를 뿌린 두부구이

DETOX FOOD

부추 Allium tuberosum 부추는 비타민의 보고라 할 만큼 비타민 A, C, B_1, B_2 등이 많이 들어 있다. 또한 베타카로틴, 클로로필, 플라보노이드류 등이 함유되어 있어 강력한 항산화 효과와 유해산소 제거 작용을 하며 간 기능 개선에도 효능이 있다. 향 성분인 알리신은 부추 약효의 주된 성분으로 독소를 흡착하여 몸 밖으로 쉽게 배출되도록 하는 작용을 한다. 알리신은 녹색 잎보다 밑동의 흰 부분에 훨씬 많이 함유되어 있으니 밑 부분까지 통째로 조리한다.

바삭하고 고소하게 구운 두부에 부추를 얹어 먹는 심플한 요리다. 부추의 향긋한 향과 담백한 두부의 맛이 잘 어울린다. 부추의 향 성분은 두부에도 포함되는 비타민 B_1의 흡수를 높이고 당분의 대사를 촉진하는 역할을 한다.

1

2

3

4

TIME 20분

YIELD 2인분

INGREDIENTS

주재료
두부 1모
소금·후춧가루 약간씩
기름 약간
소스 재료
부추 100g
생강 5g
홍고추 1/2개
참깨 1/2큰술
간장 2큰술
현미식초 2큰술
조청 1큰술

How to Make

1 두부는 물기를 빼고 소금과 후춧가루를 뿌린 다음 기름을 두른 팬에 양면을 고소하게 굽는다.
 소금과 후춧가루로 밑간을 하지 않으면 맛이 밋밋하다. 처음에는 두부가 팬에 눌어붙지만 익으면 쉽게 팬에서 떨어지므로 노릇노릇하게 굽는다.

2 부추는 1cm 길이로 썰고 생강은 다진다. 홍고추는 얇게 썰고 참깨는 대충 다진다.
 참깨를 깨소금처럼 잘게 갈아버리면 소스의 색이 탁해지고 통깨를 넣으면 향이 약하다. 참깨를 적당하게 다져 소스에 넣어야 향과 맛이 산다.

3 부추 외의 모든 소스 재료를 잘 섞는다.
 취향에 따라 녹말을 넣으면 걸쭉한 소스를 만들 수 있다.

4 두부를 구운 팬에 소스를 넣고 끓여 끓어오르면 부추를 넣어 살짝 볶다가 두부에 얹는다.
 하루 정도 그대로 절였다가 먹어도 맛있다.

COOK'S NOTE
부추 대신 쑥갓이나 쪽파, 셀러리 등을 넣어도 좋다.

참나물 겉절이

DETOX FOOD

참나물 Pimpinella Brachycarpa 참나물의 진한 녹색 부분에는 비타민 C나 카로틴, 칼슘, 철분 등 비타민과 미네랄이 풍부하여 빈혈이나 감기, 변비 예방에 좋다. 또 참나물은 신경을 안정시키는 효과가 있어서 짜증이 날 때나 우울할 때에 먹으면 좋다. 스트레스나 불면은 장 기능을 떨어지게 하여 해독에 악영향을 준다. 그러나 성질이 차가워 소화기가 약하고 몸이 찬 사람이 많이 섭취하면 설사를 할 수 있으므로 주의한다.

겉절이를 샐러드 스타일로 심플하게 만들었다. 싱싱한 참나물의 아삭아삭한 식감과 향을 살려서 양념은 느끼하지 않게, 또 설탕 대신 메이플시럽을 넣는 것이 포인트.

TIME 10분

YIELD 2~4인분

INGREDIENTS
주재료
참나물 100g
양파 30g
양념 재료
참기름 1작은술
메이플시럽 1작은술
현미식초 1작은술
소금 1/3작은술
고춧가루 2작은술
참깨가루 1작은술

How to Make

1 참나물은 깨끗이 씻어 물기를 잘 빼고 5cm 길이로 자른다.
참나물 대신 미나리로 무쳐도 맛있는데 미나리의 잎과 줄기를 모두 사용한다.

2 양파는 가로로 얄팍하게 썬다.
슬라이서를 사용하면 간편하다.

3 볼에 참나물과 양파를 넣고 양념 재료 중에 참기름을 먼저 넣고 가볍게 버무린 다음 나머지 양념을 모두 넣고 살살 버무린다.
참기름을 먼저 넣고 버무린 다음 나머지 양념을 넣어야 참나물의 숨이 빨리 죽지 않고 식감과 색감을 살릴 수 있다.

COOK'S NOTE
- 끈기가 강한 조청보다 연하고 고소한 향이 나는 메이플시럽이 잘 어울린다. 메이플시럽이 없으면 아가베시럽이나 유기농 설탕을 넣는다.
- 참기름으로 부드러운 맛을, 메이플시럽으로 단맛을, 현미식초로 신맛을, 고춧가루로 매운맛을, 참깨가루로 고소한 맛을 낸다. 간은 소금으로 맞추고 취향에 따라 양념의 양은 가감한다.

청경채 김치

DETOX FOOD

청경채 Bok Choy 활성산소는 많은 질병을 유발하므로 과식과 인스턴트 식품을 피하고 신선한 채소와 과일을 많이 섭취해야 좋다. 청경채에는 카로틴, 비타민 C, 비타민 E 등이 풍부하여 몸속의 유해한 활성산소를 억제하는 작용이 강하다. 암이나 당뇨병, 고혈압 등 생활습관병 예방에도 효과적이다. 또 몸을 정화시키고 해독 효과를 높이는 알칼리성인 미네랄이 풍부하다.

TIME 2일(숙성 기간 포함)

YIELD 4인분

INGREDIENTS

주재료
청경채 300g
물 2+1/2컵
소금 1/4컵(50g)
다시마(5×2cm) 1장
배 1/4개(120g)
양파 1/4개(50g)

양념 재료
찹쌀가루 1큰술
고춧가루 20g
간 마늘 20g
간 생강 15g
소금 3/4작은술
참깨가루 1작은술

소 재료
무 150g
당근 25g
쪽파 20g

How to Make

1 청경채는 길이로 2등분하여 물 2+1/2컵에 소금 1/4컵을 녹인 물에 숨이 죽을 때까지 하룻밤 정도 절인다.

2 다시마는 가위로 가늘게 자르고 배와 양파는 강판에 간다.
배는 껍질째 갈아 넣어야 더욱 고소하다.

3 ②에 양념 재료를 넣어 잘 섞는다.
찹쌀가루를 쑤지 않고 넣으면 김치가 발효되면서 맛을 낸다.

4 무와 당근은 채 썰고 쪽파는 4cm 길이로 썬다.

5 ③에 소 재료를 넣어 잘 섞는다.

6 청경채의 숨이 죽으면 물기를 손으로 가볍게 짜서 잎 사이사이에 ⑤를 채운다.

COOK'S NOTE
찹쌀가루는 실온에 보관할 수 있는 마른 찹쌀가루이다.

깐쇼 브로콜리

DETOX FOOD
브로콜리 Broccoli 브로콜리는 양배추의 한 종류로 카로틴과 비타민 C는 양배추보다 많다. 당뇨병에 예방 효과가 있는 크롬이나 혈압을 낮추는 칼륨, 빈혈에 좋은 철분, 해독 작용에 좋은 설포라판, 클로로필을 풍부하게 함유하고 있다. 클로로필은 몸속에 축적된 다이옥신과 결합하여 변으로 배설된다.

TIME 25분

YIELD 2인분

INGREDIENTS

주재료

브로콜리 100g
양파 75g
당근 20g
마 120g
찹쌀가루 5큰술
튀김기름 적당량

양념 재료

마늘 1쪽
생강 1/2톨
풋고추 1개
토마토 퓌레 1/4컵
조청 1큰술
현미식초 2작은술
간장 1작은술
소금 1/4작은술
감자녹말 1/2작은술
물 2큰술

How to Make

1 브로콜리는 봉오리와 줄기를 한입 크기로 자른다. 양파는 너비 1.5cm로 썰고 당근은 얇게 썰어 반으로 자른다.
양파와 당근은 비슷한 크기로 썰어야 동시에 골고루 튀길 수 있다.

2 마는 강판에 간다. 볼에 브로콜리와 찹쌀가루를 넣고 잘 섞은 다음 마를 넣고 버무려 브로콜리에 튀김옷을 입힌다.
마의 분량으로 튀김옷의 농도를 조절한다.

3 튀김옷을 입힌 브로콜리를 180℃의 튀김기름에 노릇노릇하게 튀긴다.
이때 숟가락을 사용하여 튀김옷을 묻히면서 튀김기름에 넣는다.

4 양파와 당근은 튀김옷을 입히지 않고 튀김기름에 넣어 80% 정도 익을 때까지 튀긴다.
식감을 살릴 수 있도록 살짝 튀겨 여열로 익힌다.

5 양념을 만든다. 마늘과 생강, 풋고추는 잘게 다져 나머지 양념 재료를 모두 넣어 골고루 섞는다.

6 팬에 양념을 넣고 끓여 걸쭉해지면 브로콜리, 양파, 당근을 넣어 살짝 버무린다.

COOK'S NOTE

- 맵게 먹으려면 풋고추 대신 청양고추를 넣는다.
- 마는 수분이 많고 끈기가 적은 장마를 사용한다.

Section 03

바
람
의
힘

마른 재료 해독 요리

마른 재료는 수분이 줄어든 만큼 음성의 기운이 늘어나며 햇볕에 말려지면서 양성화되어 극음성의 방사능을 중화시키는 작용을 합니다. 양성의 에너지가 강하면 몸을 따뜻하게 합니다. 한겨울 대보름에 묵은 나물을 먹는 것은 자연의 이치에 맞는 지혜로운 섭생법입니다. 또 햇볕과 바람에 말려진 식재료에는 맛과 영양이 응축되어 있고 보관도 오래할 수 있습니다. 응축된 에너지와 영양소를 가능한 손실되지 않도록 요리할 때 마른 재료를 불린 물도 함께 쓰면 좋습니다.

이번 섹션에서는 표고버섯, 호박고지, 목이버섯, 무말랭이, 마른 가지를 이용한 해독 요리를 소개합니다.

마른 표고버섯 덮밥

DETOX FOOD

마른 표고버섯 Dried Shiitake Mushrooms 생표고버섯이 가진 에르고스테롤은 자외선을 받으면 비타민 D로 바뀐다. 때문에 햇볕에 말린 표고버섯은 몸속에서 합성이 되지 않는 비타민 D가 생표고버섯의 10배나 된다. 비타민 D는 칼슘의 흡수를 높여 튼튼한 뼈와 이를 만들어 골다공증을 예방한다. 풍부한 식이섬유는 대장 환경을 개선시키고, 여러 번 씹어 먹어야 하는 말린 식품이라 타액 분비를 촉진시켜 해독에 효과적이다.

TIME 40분

YIELD 2인분

INGREDIENTS

주재료
현미밥 300g
마른 표고버섯 8~10개
다시마(3×4cm) 1장
대파(흰 부분, 장식용) 약간
녹말가루 적당량
기름 적당량
조림장 재료
표고버섯 불린 물 1+1/2컵
간장 2큰술

How to Make

1 마른 표고버섯은 물에 하룻밤 정도 불리고 마른 다시마는 가위로 가늘게 자른다. 대파는 흰 부분으로 준비하여 가늘게 채 썰어 물에 담가 둔다.
   표고버섯을 불린 물은 버리지 말고 조릴 때 넣는다. 대파는 먼저 세로로 칼집을 넣고 심을 빼서 얇은 껍질만 가늘게 채 썰어 사용한다. 남은 심은 버리지 말고 같이 조린다.

2 냄비에 표고버섯을 불린 물과 표고버섯, 가늘게 자른 다시마, 간장을 넣어 10분 정도 조린다.
   조리는 동안 거품을 깨끗이 걷어낸다.

3 표고버섯은 밑동을 자르고 먹기 좋게 칼집을 넣는다.
   칼집을 넣으면 간이 잘 배어 맛있고 씹는 맛도 좋다.

4 표고버섯을 이쑤시개로 고정을 시킨 다음 녹말을 골고루 묻힌다.
   이쑤시개로 모양을 잡으면 보기도 좋고 표면이 넓어져 녹말과 양념이 골고루 밴다.

5 팬에 기름을 넉넉히 두르고 표고버섯을 지진다.

6 ②의 냄비에 지진 표고버섯을 넣고 조림장이 졸아들 때까지 조려 현미밥에 얹는다. 조림장을 뿌리고 대파를 올린다.

COOK'S NOTE
마른 표고버섯에는 갓이 얇은 '향신'과 갓이 두꺼운 '동고'가 있다. 쫄깃쫄깃한 맛을 즐긴다면 동고를 사용하면 좋다.

목이버섯 양상추 샐러드

DETOX FOOD

목이버섯 Tree Ear 목이버섯은 풍부한 비타민 D를 함유하고 있다. 비타민 D는 뼈의 형성을 촉진할 뿐만 아니라 면역력을 높이며 암 예방에도 효과적이다. 또 목이버섯에는 불용성 식이섬유가 풍부하여 변비 예방과 개선에 좋다. 몸에 유해한 물질을 체외로 배출시키는 작용도 주목할 만하다. 특유의 미끌거리는 촉감은 식물성 콜라겐 때문이다. 이 성분은 독소를 흡착시켜 소화기관을 깨끗이 한다. 빈혈과 면역력 강화, 변비, 다이어트에도 효과적인 해독 식품이다.

중국 요리 외에는
잘 요리해 먹지 않는
목이버섯으로
오도독 오도독 씹히는
식감을 살린 샐러드를
만들면 맛있다.
목이버섯은 부재료로
사용하는 경우가 많지만
영양가가 의외로 높으니
자주 섭취하면 좋다.

TIME 20분

YIELD 2인분

INGREDIENTS

주재료
마른 목이버섯 4g
양상추 120g
쪽파 5g
소금 약간
참기름 1/2작은술

드레싱 재료
참기름 1/2작은술
소금 1/4작은술
간 마늘 1/2작은술

How to Make

1 마른 목이버섯은 물에 20분 정도 불려 깨끗이 씻어 먹기 좋게 썬다. 양상추는 손으로 먹기 적당한 크기로 찢는다.

2 쪽파는 다진다.

3 끓는 물에 약간의 소금과 참기름을 넣고 목이버섯과 양상추를 살짝 데친다.
목이버섯을 먼저 살짝 데친 다음 체에 양상추를 담고 끓는 물을 뿌려 숨을 죽여도 된다.

4 데친 목이버섯과 양상추의 물기를 잘 빼고 참기름, 소금, 간 마늘을 넣어 골고루 무친 다음 다진 쪽파와 섞는다.
취향에 따라 고춧가루를 넣어도 좋다. 마늘은 강판에 갈아 넣는다. 갈아 넣어야 드레싱이 부드럽다.

COOK'S NOTE

- 마른 목이버섯은 물에 20분 정도 담그면 7배 정도 늘어난다.
- 양상추 대신 양배추나 배추로 만들어도 맛있다.
- 옥수수를 넣으면 색감과 식감을 살릴 수 있다.

호박고지조림

DETOX FOOD

애호박 Green Pumpkin 당질과 카로틴, 비타민 C가 많은 애호박은 말리면 당도가 더욱 높아진다. 카로틴은 몸속의 산성화를 막는 항산화작용을 하는 성분으로 장기와 피부의 노화를 예방한다. 애호박은 씨앗까지 먹을 수 있어서 씨앗에 포함된 성분인 레시틴도 섭취할 수 있다. 레시틴은 지질의 대사를 좋게 하고 해독을 담당하는 간장을 강화시킨다. 또 치매 예방에도 좋은 성분이다.

애호박을 말리면
아주 달콤해진다.
그 단맛을 즐기려고
약간의 간장만으로
풍미를 살렸다.
고춧가루, 참기름, 김가루
등을 넣어 다양한 맛으로
즐겨도 좋다.

1

2

3

4

TIME 30분

YIELD 2인분

INGREDIENTS
호박고지 50g
물 1+1/2컵
검은깨 1큰술
간장 약간

How to Make

1 호박고지는 살짝 씻어 물에 불린다. 냄비에 호박고지와 불린 물을 포함하여 1+1/2컵이 되도록 물을 붓고 삶는다.

2 10분 정도 지나면 호박고지를 꺼내고 물기가 거의 없어질 때까지 15~20분 정도 조린다.
호박고지는 식감이 남을 정도로만 삶아 꺼내고 남은 물이 거의 없어질 때까지 조려 호박에서 우러난 단맛을 응축시킨다.

3 검은깨는 절구에 찧는다.

4 삶은 호박고지에 조린 물과 검은깨, 간장을 넣어 무친다.

COOK'S NOTE
취향에 따라 생강을 넣어도 맛있다.

무말랭이 배추 중화풍볶음

DETOX FOOD

무말랭이 Dried Slices of Daikon 무말랭이는 생무보다 칼슘은 15배, 빈혈을 예방하는 철분은 32배, 대사를 촉진하는 비타민 B군은 10배나 높다. 몸속의 염분과 육류나 생선을 과하게 섭취했을 때 몸에 쌓이는 독소를 배출시킨다. 또 숙취로 약해진 간장이나 위장을 회복시킨다. 맛의 성분인 글루탐산과 포도당도 풍부하여 몸에 부담을 주는 조미료나 설탕을 사용하지 않아도 자연의 단맛을 즐길 수 있다.

무말랭이는 햇볕에 마르면서 단맛이 증가하고 영양가도 훨씬 좋아진다. 꼬들꼬들한 식감을 살려 무침뿐 아니라 볶음이나 수프를 만들어도 맛있다.

TIME 15분

YIELD 2인분

INGREDIENTS
무말랭이 10g
배추 150g
생표고버섯 1개
생강 5g
홍고추 약간
참기름 2작은술
현미식초 1작은술
물 2큰술
소금 1/2작은술

How to Make

1 무말랭이는 물에 헹궈 물기를 빼고 가위로 먹기 좋게 자른다.
무말랭이를 물에 오래 불리면 맛과 식감이 떨어진다. 물에 살짝 헹궈 머금고 있는 물로 자연스럽게 불린다.

2 배추는 한입 크기로 썰고 생표고버섯은 채 썬다. 생강은 가늘게 채 썰고 홍고추는 가위로 얇게 자른다.

3 팬에 참기름을 두르고 생강과 홍고추를 볶은 다음 향이 나면 무말랭이, 배추, 표고버섯을 넣어 볶는다.

4 재료가 고루 섞이면 현미식초, 물 2큰술, 소금을 넣어 볶는다.
볶은 후 바로 먹는 것보다 약간 두었다가 먹으면 무말랭이도 적당히 불고 맛도 배어 더욱 맛있다.

COOK'S NOTE
- 무말랭이는 가능한 가는 것으로 준비한다. 굵은 것은 물에 불려 세로로 반으로 자른다.
- 홍고추 대신 마른 고추를 사용해도 좋다.

마른 가지 피망볶음

DETOX FOOD

가지 Eggplant 수분이나 칼륨이 많은 가지는 마크로비오틱에서는 몸을 차갑게 하는 음성의 에너지가 크다고 본다. 가지를 햇볕에 말려 수분을 없애면 양성화를 시킬 수 있어서 생으로 먹는 것보다 음양 밸런스가 좋아진다. 또 수분이 대부분인 가지는 날것보다 마른 것이 더욱 영양이 많다. 가지의 안토시아닌은 활성산소로부터 혈관을 보호하고 혈전 생성을 막는 역할을 담당한다. 가지의 강알칼리성 물질인 콜린(Choline)은 비타민 B의 일종으로, 중요한 해독 기관인 간의 기능을 좋게 하고 혈압 강하, 위액 분비 촉진에도 관여한다.

수분이 90% 이상인 가지는 생으로 요리하려면 간을 진하게 하거나 많은 양의 기름으로 가열하는 조리법이 일반적이다. 가지를 말리면 맛이 응축되며 양념도 속까지 배기 때문에 적당한 양념과 적은 양의 기름으로도 맛을 낼 수 있다.

1

2

3

4

TIME 20분

YIELD 2인분

INGREDIENTS

주재료
마른 가지 25g
피망 45g
참기름 1작은술
참깨 약간

조림장 재료
물 1+1/2컵
조청 1+1/2큰술
간장 1큰술

How to Make

1. 마른 가지는 물에 10~12분 정도 불려 물기를 짠 다음 2cm 길이로 썬다.
   가지를 불린 물은 자극이 강하므로 버린다.

2. 냄비에 가지와 물 1+1/2컵, 조청, 간장을 넣고 10분 정도 중간 불로 조린다.
   더욱 쫄깃쫄깃한 식감을 즐기고 싶을 때에는 볶아도 된다.

3. 피망은 가로, 세로 1cm 크기로 썬다.

4. ②의 조림장 물이 완전히 없어지면 피망과 참기름을 넣어 살짝 볶은 다음 참깨를 뿌린다.
   모든 양념과 맛을 채소에 흡수시켜 맛을 응축시키기 위해 물기를 없애는 것이 중요하다.

COOK'S NOTE
- 여름철에는 마른 가지 대신 생가지로 만들어도 좋다.
- 생가지를 두세 시간 정도 햇볕에 말리면 맛뿐 아니라 음양의 조화도 좋아진다.

Section 04

바다의 힘

해조류 해독 요리

바다의 산물인 해조류는 사람에게 꼭 필요한 다양한 미네랄을 풍부하게 함유하고 있습니다. 미네랄은 몸의 밸런스를 조율하고 해독 효과를 발휘합니다. 해조류는 체내 조직의 재생을 돕는 아연을 많이 함유하고 있습니다. 체내 피폭을 받기 쉬운 대장이나 폐, 신장 등을 재생·정화 시키며 방사능으로부터 몸을 지켜줍니다. 또한 면역력 향상에는 혈액의 질이 중요한데 해조류의 식이섬유는 혈액을 깨끗하게 하며 철분도 풍부하여 빈혈 예방에도 효과적입니다. 반면에 칼로리는 낮아 건강식으로 주목받고 있는 해조류를 활용한 해독 요리를 소개합니다.

다시마말이

DETOX FOOD

다시마 Kelp 일본의 원전사고 이후 가장 주목받은 다시마는 방사능을 해독하는 효능이 있다. 특히 손상된 폐점막을 재생시켜 미세먼지나 황사로부터 우리 몸을 지켜준다. 혈액을 정화시키는 DHA와 EPA도 함유하고 있다. 혈액이 깨끗해지면 영양이 골고루 전달되어 신진대사가 활발해져 해독에 좋다. 마른 다시마의 표면에 하얗게 보이는 것은 아미노산의 일종으로 백색의 결정인 글루탐산(Glutamic Acid)이다. 이 글루탐산은 맛의 성분으로 물에 쉽게 녹아버리니 마른 다시마는 씻지 말고 물을 적신 면포로 표면을 가볍게 닦는다.

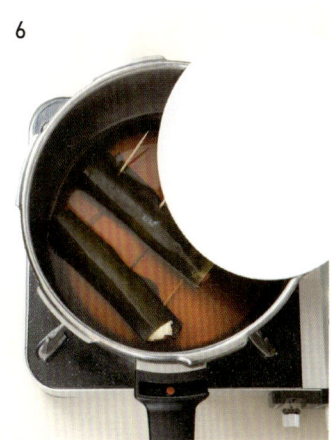

TIME 30분

YIELD 2~4인분

INGREDIENTS

주재료
다시마(15×15cm) 2장
냉동 유부 4장
우엉 60g
당근 30g

조림장 재료
다시마 국물 3컵
간장 3큰술

How to Make

1 다시마는 다시마를 적실 정도의 소량의 물에 20~30분 정도 부드럽게 불린다.
불린 물은 버리지 말고 둔다.

2 냉동 유부는 끓는 물에 데쳐서 기름기를 빼고 펴 둔다.
먼저 밀대로 몇 번 민 다음 한 쪽을 잡고 열면 펴기 쉽다.

3 우엉은 다시마의 길이에 맞춰 자른 다음 4등분한다. 당근은 우엉의 길이와 두께에 맞춰 자른다.

4 다시마에 유부를 펴서 깔고 우엉과 당근을 2개씩 얹고 둥글게 만다.

5 다시마말이는 끝부분을 3개의 이쑤시개로 고정시킨다.
이쑤시개 대신 스파게티를 사용하면 익힌 다음 그대로 먹을 수 있다.

6 냄비에 다시마 국물과 간장을 넣고 다시마말이를 넣어 움직이지 않도록 접시 등을 덮어 15분 정도 조린 다음 먹기 좋은 크기로 썬다.
접시는 내열 접시로 냄비 속 지름보다 작은 것으로 고른다. 접시 등으로 덮어 다시마말이를 고정시켜 조리면 조리는 동안 불지 않고 양념도 잘 밴다.

COOK'S NOTE
• 다시마는 육질이 두껍고 팽팽한 것이 좋다.
• 유부는 간이 되지 않은 것으로 준비한다.

파래 지지미

DETOX FOOD

파래 Green Laver 파래는 식이섬유가 아주 풍부하여 대장을 깨끗하게 청소한다. 또 피부나 점막을 튼튼하게 하는 비타민 A, 빈혈이나 구내염 예방에 좋은 엽산도 많다. 채소에서는 거의 섭취가 어려운 비타민 B_{12}도 다른 해조류보다 풍부하다. 특히 주목할 영양소는 칼슘이다. 칼슘은 뼈와 이에 흡수되는 방사능 물질인 스트론튬을 해독한다.

색이 선명하고 향이 진한 파래는 특별한 양념을 하지 않고 담백하게 즐기면 좋다. 해조류는 칼로리가 낮은데 그중에서도 파래에는 탄수화물을 대사하는 영양소가 있어 다이어트에 도움이 된다.

TIME 20분

YIELD 4장(지름 9~10cm)

INGREDIENTS

주재료
파래 30g
통밀가루 40g
물 4큰술
소금 약간
기름 적당량

장식 재료
파프리카 약간
홍고추 약간

How to Make

1. 파래는 물에 살짝 씻어 물기를 잘 뺀 다음 가위로 짧게 자른다.
   파래는 물에 오래 씻으면 맛도 영양도 빠져나가니 살짝 씻어 사용한다.

2. 볼에 통밀가루와 물 4큰술, 소금을 넣어 잘 저어준 다음 파래를 넣어 섞는다.
   처음부터 파래를 넣어버리면 잘 불지 않기 때문에 먼저 밀가루 반죽부터 만들고 파래를 넣어 불린다.

3. 파프리카와 홍고추는 얇게 썬다.

4. 팬을 달구어 기름을 두르고 반죽을 1/4분량씩 동그랗게 떠 넣고 가운데에 파프리카와 홍고추를 얹어 양면을 고소하게 지진다.

COOK'S NOTE

- 취향에 따라 다진 청양고추를 넣어도 맛있다.
- 남은 파래는 말려서 김가루로 사용해도 좋다.

생톳 마리네이드 샐러드

DETOX FOOD

톳 Hijiki 톳은 피부 건강에 좋은 베타카로틴, 혈액순환을 개선하는 비타민 E, 뼈를 튼튼하게 하는 비타민 K 등의 지용성 비타민이 풍부하다. 그래서 기름과 같이 요리해야 비타민을 효율적으로 섭취할 수 있다. 특히 톳에는 적혈구를 만들 때 필요한 철분이나 칼슘도 포함되어 있어 여성에게 많은 빈혈이나 골다공증 예방에 효과적이다. 방사능 요오드가 갑상선에 흡수되는 것을 막기 위해서는 음식으로 요오드를 섭취하면 좋다. 생톳에는 요오드가 풍부하게 함유되어 있다.

TIME 30분

YIELD 4인분

INGREDIENTS

주재료
생톳 120g
양파 100g
연근 50g
노란 파프리카 30g
마리네이드액 재료
건포도 45g
마늘 2쪽
올리브오일 2큰술
사과식초 4큰술
소금 1/2작은술
로즈메리 약간

How to Make

1 톳은 깨끗이 씻어 먹기 좋게 손으로 자른다. 줄기 부분은 2~3cm 길이로 자른다.
훑듯이 줄기 부분에서 떼어낸다.

2 끓는 물에 톳을 넣고 살짝 데쳐서 물기를 뺀다.
오래 삶으면 향과 식감이 떨어지므로 색이 변하면 바로 건진다.

3 양파와 연근은 얇게 썬다. 노란 파프리카는 씨를 빼내고 얇게 채 썰어 삶은 톳, 양파와 함께 유리용기에 담는다.
연근은 마리네이드액에 넣어 반투명해질 때까지 익히므로 유리용기에 담지 않는다.

4 마리네이드액을 만든다. 건포도는 잘게 다지고 마늘은 얇게 썬다.

5 냄비에 건포도와 마늘을 넣고 나머지 마리네이드액 재료를 넣은 다음 연근을 넣어 반투명해질 때까지 익힌다.
양파나 파프리카는 식감을 살리기 위해 익히지 않는다.

6 마리네이드액이 뜨거울 때 ③의 유리용기에 부어 1시간 정도 절인다.
마리네이드액이 뜨거울 때 절이면 맛이 더욱 잘 밴다.

COOK'S NOTE
사과식초 대신 현미식초를 사용해도 좋다.

미역줄기 버섯 스파게티

DETOX FOOD

미역줄기 Sea Mustard 미역줄기는 미역보다 칼륨이나 요오드가 많다. 평소 요오드 식품을 충분히 섭취하면 방사성 요오드가 갑상선에 축적되는 것을 막고 오줌이나 변으로 배출시켜 발암의 위험성을 낮출 수 있다.

미역줄기를 스파게티로
생각하고 만든 요리다.
염장 미역줄기의
짠맛을 활용하여
따로 간을 하지 않는다.

1

2

3

4

5

TIME 35분

YIELD 2인분

INGREDIENTS
염장 미역줄기(씻은 것) 35g
팽이버섯 180g
방울토마토 120g
마늘 2쪽
마른 고추 1/3개
올리브오일 2작은술
소금·후춧가루 약간씩

How to Make

1 염장 미역줄기는 소금을 잘 씻어내고 얇게 손으로 찢는다. 긴 것은 적당한 길이로 자른다. 물에 10~20분 정도 담가 염분을 뺀다.
  팽이버섯의 굵기나 길이에 맞추어 손질하면 먹기 좋다. 물에 오래 담가 두면 맛과 영양 성분이 빠지고 식감도 안 좋아지니 주의한다.

2 팽이버섯은 밑동을 잘라내고 손으로 찢는다. 방울토마토는 꼭지를 떼어내고 2~4등분한다. 마늘은 얇게 썰고 마른 고추는 가위로 자른다.
  방울토마토는 큰 것은 6~8등분하고 일반 토마토는 가로, 세로 2cm 크기로 썬다.

3 팬에 올리브오일을 두르고 먼저 마늘과 고추를 볶아 마늘에서 고소한 향이 올라오면 물기를 뺀 미역줄기를 넣어 볶는다.
  기름기 없이 만들고 싶을 때에는 약간의 물을 붓고 마늘, 고추, 미역줄기, 팽이버섯을 넣어 뚜껑을 덮고 찐다.

4 미역줄기의 색이 선명해지면 팽이버섯을 넣어 볶는다.

5 팽이버섯의 분량이 반으로 줄면 방울토마토를 넣어 골고루 섞은 다음 소금과 후춧가루로 간을 한다.

COOK'S NOTE
• 미역줄기는 염장된 것이 식감과 맛이 좋다.
• 스파게티를 섞어 만들면 더 든든하게 먹을 수 있다.

미역
쑥갓 볶음밥

DETOX FOOD

마른 미역 Dried Sea Mustard 해조류의 끈기 성분인 알긴산이나 푸코이단(Fucoidan)은 수용성 식이섬유로 고혈압이나 당뇨병, 콜레스테롤 저하, 변비 개선에 효과가 있다. 변을 통해 몸속의 독소가 배출되면 면역력이 강해진다. 푸코이단은 바다 향의 성분으로 항암작용도 있어서 성인에게 좋은 식품이다. 마른 미역은 건조되면서 끈기가 적당히 완화되어 국뿐만 아니라 다른 요리에 넣기 좋다.

유해 독소를 체외로 배출시키는 현미와 식이섬유가 풍부하여 대장 청소와 혈액을 맑게 해주는 해조류, 해독을 담당하는 간장의 건강에 좋은 녹색 채소의 해독 삼총사가 모였다.

TIME 20분

YIELD 2인분

INGREDIENTS
마른 미역 2g(불린 것 20g)
쑥갓 50g
냉동 유부 4장
기름 2작은술
현미밥 250g
간장 2작은술
소금 1/2작은술
후춧가루 약간

How to Make

1 마른 미역은 물에 불려 물기를 잘 뺀 다음 적당히 자른다.
많은 물에 담가 두거나 물에 오래 담가 두면 식감이 떨어지니 마른 미역이 적셔질 정도의 물로 불린다.

2 쑥갓은 다지고 냉동 유부는 기름기를 뺀 다음 반으로 잘라 채 썬다.

3 팬을 달구어 기름을 두르고 현미밥, 미역, 유부를 넣어 볶는다.

4 재료가 고루 섞이면 쑥갓을 넣고 팬의 가장자리에서 간장을 넣어 섞는다. 소금과 후춧가루로 간한다.
간장을 팬의 가장자리에 두르면 향이 고소할 뿐만 아니라 재료와 고루 섞인다.

COOK'S NOTE
- 쑥갓 대신 부추나 쪽파도 잘 어울린다.
- 유부는 간이 되지 않은 냉동 유부로 준비하는데 없을 때에는 볶은 두부로 대체한다.

Section 05

산
의
힘

버섯 해독 요리

습도가 높은 응달에서 자라는 버섯은 식물이 아니라 균류로 분류됩니다. 음양의 관점에서 보면 음성이 강한 식재료로 양성이 강한 육류 요리와 궁합이 잘 맞습니다. 버섯은 육류의 소화와 흡수를 돕고 배출을 촉진시키는 역할을 담당합니다. 또 버섯은 칼로리가 낮지만 감칠맛과 향이 뛰어나 잘 손질하여 요리에 넣으면 메인 요리로도 손색이 없고 다이어트에도 적합합니다. 칼륨과 식이섬유가 풍부하여 몸속의 과도한 염분을 배출시키고 부종을 가라 앉히며 장의 청소에 효과적입니다.

이번 섹션에서는 새송이버섯, 양송이버섯, 표고버섯, 팽이버섯 등을 사용하여 포만감을 주는 건강한 버섯 요리를 소개합니다.

버섯 두유
크림 파스타

DETOX FOOD

버섯 Mushroom 버섯은 양에 비해 칼로리가 낮고 몸에 쌓인 노폐물을 배출시키는 식이섬유가 풍부하다. 사용하기 전에 30분에서 1시간 정도 햇볕에 말려 사용하면 칼슘의 흡수에 도움을 주는 비타민 D가 많아지고 또 몸을 차갑게 하는 음성 에너지를 완화시킬 수 있다. 향과 맛을 살리려면 물에 씻지 않고 붓이나 키친타월에 닦아 조리하는 것이 기본이나 재배 방법에 따라 오염될 수 있으므로 소금물에 가볍게 씻어 재빨리 사용한다.

TIME 25분

YIELD 1인분

INGREDIENTS
스파게티 80g
올리브오일 1큰술
각종 버섯 150g
마늘 2쪽
마른 고추 1개
마 30g
두유 1컵
소금 3/4작은술
올리브오일 1/2큰술
스파게티를 삶은 국물 1/4컵
소금·후춧가루 약간씩

How to Make

1 스파게티를 삶는다. 끓는 물에 올리브오일을 넣어 스파게티 봉지에 적힌 시간보다 1~2분 정도 짧게 삶는다.
삶은 국물은 따로 둔다.

2 버섯은 먹기 좋게 손질한다. 마늘은 얇게 썰고 마른 고추는 가위로 잘라 씨를 뺀다.
버섯은 수분을 흡수하여 빨리 상하기 때문에 물에 씻어 바로 사용한다.

3 마는 가는 뿌리를 직화로 없애고 껍질째 강판에 갈아 두유와 소금을 넣어 골고루 섞는다.

4 팬에 올리브오일을 두르고 마늘과 고추를 볶다가 향이 나면 버섯을 넣어 볶는다.

5 버섯의 숨이 죽으면 스파게티를 삶은 국물과 스파게티를 넣어 볶는다.

6 불을 끄고 ③을 넣고 살짝 섞어 소금과 후춧가루로 간한다.
오래 가열하거나 마구 섞으면 면이 풀어지고 두유가 분리되므로 재빨리 마무리한다.

COOK'S NOTE
- 버섯은 느타리버섯, 백일송이버섯, 팽이버섯, 새송이버섯, 양송이버섯, 표고버섯 등 한 종류보다 두세 종류 정도 섞어 써야 맛이 조화를 이루어 좋다.
- 통후추를 먹기 직전에 갈아서 뿌리면 맛과 향이 더욱 좋다.

새송이
버섯회

DETOX FOOD

새송이버섯 Pleurotus Eryngii 새송이버섯의 독특한 식감은 식이섬유 덕이다. 새송이버섯은 식이섬유의 함유량이 많고 변비를 개선시키며 해독에 이롭다. 과잉섭취된 염분을 배출시키는 칼륨의 함유량도 버섯 중에 가장 풍부하다.

버섯 중에서 식감이 뛰어난 새송이버섯의 특징을 100% 살린 요리다. 녹말가루를 묻혀 데쳐도 버섯의 맛이 빠지지 않는다. 간장만 찍어 먹어도 충분히 맛있으니 살 찔 걱정 없는 술안주로 적당하다.

TIME 15분

YIELD 1~2인분

INGREDIENTS

주재료
새송이버섯 1개
감자녹말 적당량
소금 약간
참기름 약간

소스 재료
간장 적당량
고추냉이 적당량

How to Make

1 새송이버섯은 길이로 0.2cm 두께로 얇게 썬다.

2 비닐봉지에 감자녹말과 새송이버섯을 넣고 흔들어 녹말을 얇게 입힌다.
녹말이 두껍게 입혀지면 벗겨지거나 붙어버리므로 얇게 입힌다.

3 끓는 물에 소금과 참기름을 넣어 새송이버섯을 데친다. 접시에 담고 소스를 곁들인다.
버섯이 약간 구부러지면 잘 익은 것이다.

COOK'S NOTE
- 새송이버섯은 하얗고 표면이 팽팽한 것이 신선하다.
- 데친 새송이버섯을 차가운 물에 식혀 먹어도 맛있다.
- 취향에 따라 초고추장을 곁들여도 좋다.
- 무순을 곁들이면 더 맛있다.

양송이버섯튀김

DETOX FOOD

양송이버섯 Mushroom 버섯 중에 생산량이 가장 많은 양송이버섯. 다른 버섯과 비교하면 지질의 대사를 촉진하고 고운 머리카락을 만들어주는 비타민 B_2가 많고 당질이나 지질을 에너지로 바꿀 때 필요한 B_1과 니코틴산 등이 풍부하다. 이 성분들은 부족하면 대사가 이루어지지 않아 쉽게 살이 찔 수 있다. 또 셀렌도 풍부하다. 미네랄의 일종인 셀렌은 혈액 속의 독소를 잡아 해독을 촉진시킨다.

만두피와
양송이버섯으로 만든
손쉬운 안주!
만두피로 양송이버섯을
감싸 버섯의 맛이
빠지지 않게 하였다.
버섯은 빨리 익으니
튀기는 시간도 짧다.
게다가 버섯 자체의
칼로리가 낮고
지질을 대사시키는
영양소도 있어
살 찔 걱정이 적다.

TIME 15분

YIELD 8개분

INGREDIENTS
양송이버섯 8개
갈릭 페퍼 시즈닝 약간
만두피 8장
튀김기름 적당량

How to Make

1 양송이버섯은 물에 살짝 헹군다.
원래 버섯은 물로 씻지 않아야 맛과 향을 잘 살릴 수 있지만 이 요리는 버섯을 물에 씻어 만두피와 밀착시킨다.

2 만두피 중앙에 갈릭 페퍼 시즈닝을 뿌린다.
취향에 따라 갈릭 페퍼 시즈닝을 뿌린 다음 드라이 허브를 넣어도 좋다.

3 만두피로 밀착시키듯 양송이버섯의 모양대로 감싼다.
기둥까지 다 싸지 않아도 된다.

4 185℃의 튀김기름에 ③의 양송이버섯을 넣어 튀긴다.
먼저 갓 부분이 아래로 가도록 튀김기름에 넣는다. 기둥이 아래로 가면 공기가 빠지지 않아 풍선처럼 부풀어서 모양이 예쁘지 않다.

COOK'S NOTE
• 만두피는 생만두피로 만들면 더욱 맛있다. 냉동 만두피를 사용할 때에는 양송이버섯의 크기에 맞게 만두피를 선택한다.
• 갈릭 페퍼 시즈닝이 없으면 소금과 후춧가루로 대체한다.

버섯 돌나물 샐러드

DETOX FOOD

돌나물 Sedum 봄 채소인 돌나물은 독소를 배출시키는 효과가 있으며 식이섬유가 풍부하다. 특유의 쌉싸래한 성분은 식물성 알칼로이드라 부른다. 신장 기능을 촉진시켜 노폐물을 몸 밖으로 배출시킨다. 노폐물을 배출시키는 작용이 있는 버섯과의 궁합은 좋다. 특히 과도한 육식을 즐기는 사람에게 추천하고 싶은 식품이다. 또 돌나물에는 권태감이나 짜증을 해소하는 인이나 칼슘도 풍부하다.

TIME 30분

YIELD 2~4인분

INGREDIENTS

각종 버섯 150g
마늘 1쪽
양파 60g
돌나물 50g
올리브오일 3작은술
현미식초 1큰술
소금 1/2작은술
레몬즙 1작은 술

How to Make

1 각종 버섯을 먹기 좋게 손질하여 적당한 크기로 손으로 찢는다.
표고버섯은 밑동을 자르고 기둥과 갓으로 나눈 다음 손으로 찢는다. 새송이버섯과 팽이버섯은 가로로 반으로 자른 다음 손으로 찢는다. 느타리버섯과 백일송이버섯은 손으로 대충 찢는다.

2 마늘과 양파는 얇게 썬다. 돌나물은 물에 씻어 물기를 빼고 먹기 적당한 크기로 자른다.

3 뚜껑이 있는 냄비에 올리브오일 2작은술과 현미식초를 넣은 다음 버섯, 양파순으로 넣고 소금을 뿌린다.
소금은 꼭 마지막 과정에서 양파 위에 뿌린다. 소금의 삼투압 작용으로 채소나 버섯에서 수분이 나오니 그 수분으로 익힌다.

4 뚜껑을 덮어서 약한 불로 찌듯이 10분 정도 익힌다.
소금이 녹아 채소나 버섯에서 수분이 나올 때까지 천천히 익힌다.

5 채소가 익으면 뚜껑을 열어 물기가 없어질 때까지 익힌다.
이때 중앙을 비워서 수분을 증발시킨다. 채소나 버섯에서 나온 수분을 증발시켜 맛의 성분을 다시 재료가 흡수하도록 한다.

6 레몬즙과 올리브오일 1작은술을 넣어 간을 하고 먹기 직전에 돌나물과 섞는다.

COOK'S NOTE
- 버섯은 표고버섯, 새송이버섯, 느타리버섯, 백일송이버섯, 팽이버섯 등 세 종류 이상 섞어서 쓰면 맛과 식감이 좋아진다.
- 돌나물이 나지 않는 계절에는 얇게 썬 셀러리나 양상추 등으로 만들어도 좋다.

버섯
쿠킹포일찜

DETOX FOOD

버섯 Mushroom 마크로비오틱에서 버섯은 식물이 아닌 균으로 분류한다. 그래서 버섯은 어떤 채소보다 음성으로 본다. 음성식품은 몸을 차갑게 하지만 버섯은 튀김이나 볶음 등 기름기 많은 음식이나 동물성 요리의 소화와 흡수를 도와 현대인에게는 꼭 필요한 식재료다.

TIME 20분

YIELD 2인분

INGRENDIENTS

각종 버섯 80g
양파 50g
소금 약간
다진 파슬리 약간
레몬 1/8개

How to Make

1 버섯은 밑동을 잘라내고 느타리버섯과 백일송이버섯은 손으로 찢는다. 팽이버섯은 반으로 자른다.

2 양파는 얇게 썬다.

3 쿠킹포일에 종이포일을 겹쳐서 깔고 그 위에 양파, 버섯순으로 얹고 소금을 뿌린다.
쿠킹포일에 종이포일을 깔아 2중으로 사용하면 몸에 유해한 중금속 섭취를 막을 수 있다.

4 쿠킹포일로 싼다.
수증기가 빠져 나오지 않게 잘 감싼다.

5 팬에 ④를 넣고 뚜껑을 덮은 다음 약한 불로 10~12분 정도 익힌다.
200℃로 예열한 오븐에서 10분 정도 익혀도 좋다.

6 다진 파슬리를 뿌리고 레몬을 곁들인다.
취향에 따라 간장을 뿌려 먹는다.

COOK'S NOTE
- 버섯은 두세 종류를 섞어서 사용하면 향도 식감도 좋아진다.
- 양파 대신 양배추나 유부 등을 넣어도 좋다.

Section 06

계절의 힘

과일 해독 요리

계절을 대표하는 식재료는 그때의 기후나 그때 필요한 영양소를 섭취할 수 있을 뿐만 아니라 인간의 오감을 만족시킵니다. 특히 제철이 명확한 과일이 그렇습니다. 과일은 단백질이나 지방을 분해시키는 효소가 풍부합니다. 단맛이 나는 과일은 긴장을 누그러뜨리는 작용도 합니다. 과일의 산미는 피로나 스트레스를 완화시키는 효과도 지녔습니다. 소화를 촉진하고 피를 맑게 하는 과일은 동물성식품을 과도하게 섭취하는 사람이나 육식을 즐기는 사람에게 꼭 필요한 식품입니다. 다만 열대 과일이나 국산 과일이라도 과도하게 많은 양을 섭취하면 중성지방을 증가시켜 살이 찌기 쉽습니다. 또 몸을 차게 하는 성질을 지닌 과일도 있으니 주의가 필요합니다.

이번 섹션에서는 각 계절을 대표하는 과일을 반찬으로 변신시킨 해독 요리를 소개합니다.

고구마 레몬조림

DETOX FOOD

레몬 Lemon 해독 주스의 재료 중 하나인 레몬은 감귤류 중에서 비타민 C의 함유량이 가장 많다. 비타민 C는 피부, 혈관, 뼈, 근육 등 모든 결합조직의 주된 단백질인 콜라겐(Collagen)의 생성을 도우며 흑갈색의 색소인 멜라닌(Melanin)의 생성을 억제시킨다. 또 피부와 점막을 튼튼하게 하고 세균에 대한 저항력을 높여 황사나 미세먼지, 방사능에 좋은 과일이다. 레몬의 펙틴 성분은 장 환경을 개선시켜 변비와 설사에 효과적이며 방사능 물질을 배출시키는 작용도 한다.

일본에서는 반찬으로
먹는 가정요리다.
고구마의 단맛과
레몬의 신맛은
피로회복에 효과적이다.
또 고구마는 밥이나
빵보다 칼로리가 낮으니
간편한 간식으로
먹어도 좋다.

TIME 20분

YIELD 2인분

INGREDIENTS
고구마 200g
레몬 1/2개
물 1큰술
소금 1/3작은술

How to Make

1 고구마는 깨끗이 씻어 1cm 두께로 자른다.

2 레몬은 가로로 얄팍하게 썬다.

3 냄비에 물 1큰술, 고구마, 레몬을 넣고 소금을 뿌린다.
   소금은 처음부터 넣지 말고 마지막에 골고루 뿌리는 것이 포인트. 고구마에서 수분이 나와 맛이 좋아진다.

4 뚜껑을 덮어 고구마가 익을 때까지 아주 약한 불로 10분 정도 조린다.
   작은 냄비가 좋지만 크기에 따라 물 분량은 조절한다. 냄비 바닥이 잠길 정도의 소량만 넣고 약한 불로 천천히 익혀 고구마에서 수분이 나오게 조리는 것이 비법이다.

COOK'S NOTE
• 고구마는 조려도 모양이 망가지지 않는 수분이 적은 밤고구마가 적당하다.
• 레몬은 국산 무농약 레몬을 사용하는 게 좋다. 구하기 어려울 때에는 껍질째 소금으로 비벼 왁스를 없앤 다음 사용한다. 신경이 쓰일 때에는 껍질을 벗기거나 과즙만 사용한다.

사과 두부 치즈 샐러드

DETOX FOOD

사과 Apple 서양에서는 "하루에 한 개의 사과는 의사를 멀리 한다"는 말이 있듯 사과는 영양가가 높고 약효가 있는 디톡스 식품이다. 특히 동물성식품으로 인하여 산화된 몸을 맑게 한다. 흰 부분에는 케르세틴(Quercetin)이라는 플라보노이드가 풍부하여 혈압 강하, 혈관 강화, 항알레르기 작용을 한다. 껍질에는 노화와 암 예방에 좋은 안토시아닌(Anthocyanin)이 함유되어 있어 껍질째 먹고 싶은 과일이다. 사과 껍질에 풍부한 펙틴 성분은 몸속으로 흡수된 세슘 137을 배출하는 데 도움을 주는 것으로 알려져 있는데, 체르노빌에서는 내부 피폭 치료제로도 사용되었다고 한다.

TIME 15분(두부 물기 빼는 시간 제외)

YIELD 2인분

INGREDIENTS
두부(부침용) 1/4모
비타민 30g
사과 150g(작은 것, 1개)
레몬즙 2작은술
소금 1/3작은술
올리브오일 1작은술
후춧가루 약간
아몬드 슬라이스 약간

How to Make

1 두부는 키친타월로 싸서 누름돌로 눌러 하룻밤 이상 물기를 뺀다.
두부의 물기를 잘 빼야 코티지 치즈와 같은 식감을 살릴 수 있다.

2 비타민은 물에 씻어 먹기 좋게 찢은 다음 물기를 잘 뺀다.

3 사과는 8등분하여 씨를 빼낸 다음 1cm 두께로 썰고 레몬즙과 소금으로 무친다.
레몬즙과 소금으로 미리 무쳐서 사과의 변색을 막는다.

4 물기를 뺀 두부는 키친타월로 싸서 으깨면서 ③에 넣는다.

5 올리브오일과 후춧가루를 넣어 가볍게 섞는다.
후춧가루는 통후추를 굵직하게 갈아 넣는다.

6 팬을 달구어 기름을 두르지 않고 아몬드 슬라이스를 넣어 가볍게 볶는다. 먹기 직전에 비타민과 ⑤를 섞은 다음 아몬드 슬라이스를 뿌린다.
볶은 견과류를 곁들이면 식감과 향이 좋아진다.

COOK'S NOTE
• 비타민이 없으면 양상추나 엔다이브, 어린잎채소 등을 넣는다.
• 아몬드 슬라이스는 껍질이 있는 것이 영양가가 높다. 아몬드 슬라이스가 없으면 호두, 땅콩, 잣 등 다른 견과류를 넣는다.

감 무 샐러드

DETOX FOOD

감 Persimmon 감의 비타민 C는 유해 물질을 흡착시키는 작용을 한다. 몸속 정화와 노폐물 배출에 좋은 카로틴이나 미네랄, 식이섬유도 풍부하여 감기나 빈혈 예방, 혈압강하 효과도 기대할 수 있다. 감의 황색 성분에는 항암작용이 있는 성분도 함유되어 있다고 한다.

TIME 20분

YIELD 2인분

INGREDIENTS

주재료
감 75g(약 1/2개)
무 150g
쌈채소 50g
소금 1/2작은술

드레싱 재료
감 75g(약 1/2개)
레몬즙 1큰술
현미식초 1+1/2작은술
올리브오일 1작은술
소금 약간
후춧가루 약간

How to Make

1 감 1개는 가로로 반으로 자르고 씨를 빼낸다.
  가로로 자르면 씨가 보여서 빼내기 쉽다.

2 무는 1.5cm 두께로 자른 다음 얄팍하게 썬다. 쌈채소는 씻어 물기를 잘 뺀 다음 먹기 좋게 한입 크기로 찢는다.

3 자른 감의 반은 껍질째 얇게 썬다. 나머지는 껍질째 강판에 간다.
  껍질 부분에 단맛이 많기 때문에 껍질째 사용한다.

4 볼에 얄팍하게 썬 무와 감을 넣고 소금을 약간 뿌려 살짝 숨을 죽인다.

5 간 감과 나머지 드레싱 재료를 모두 섞어 드레싱을 만든다.
  연한 드레싱을 좋아하면 사과 주스로 희석한 다음 간을 맞춘다.

6 ④의 물기를 짜고 쌈채소와 섞어 접시에 담아 먹기 직전에 드레싱을 뿌린다.

COOK'S NOTE
- 샐러드에는 맵지 않은 무의 윗부분을 사용한다.
- 샐러드에 쓸 감은 단단한 것이 좋다. 드레싱에는 감의 상태에 따라 여러 맛을 즐길 수 있어서 단단한 것부터 부드럽게 익은 것, 홍시 등 어떤 감이라도 잘 어울린다.
- 샐러드 드레싱에는 흰 후춧가루가 적당하다.
- 쌈채소 없이 무와 감만 무쳐도 맛있다.

참외 샐러드

DETOX FOOD

참외 Oriental Melon 박과에 속하는 참외는 칼륨이나 칼슘, 마그네슘, 나트륨, 철분 등 많은 미네랄 성분을 함유하고 있다. 그 중 칼륨이 매우 풍부한데 방사성 세슘이 체내로 흡수되는 것을 막아주므로 신장에 문제가 없다면 충분히 섭취하면 좋다. 칼륨은 공복시 흡수율이 좋아므로 참외 샐러드는 식사를 시작할 때 먹으면 좋다. 또 수분의 밸런스를 맞추는 역할도 하여 이뇨 작용을 돕고 부종을 해소하며 다리가 당기기 쉬운 사람에게 도움을 준다.

체내에 정체되어 있는
수분을 대사시키는
파워를 가진 참외.
적당한 당도와 부드러운
맛을 지녀 드레싱으로
먹으면 맛있다.
먹다 남아 시들시들한
참외는 당도가 높으니
버리지 말고 드레싱으로
활용하면 좋다.

TIME 15분

YIELD 2인분

INGREDIENTS
참외 1개
현미식초 1작은술
소금 1/3작은술
마늘 1쪽
양송이버섯 2개
어린잎채소 30g
소금 약간
올리브오일 2작은술

How to Make

1. 참외는 세로로 2등분하여 씨를 빼낸 다음 숟가락으로 과육을 발라낸다.
발라낸 참외 껍질은 그릇으로 사용한다.

2. 과육은 적당히 다져서 볼에 넣고 현미식초와 소금을 넣어 골고루 섞는다. 마늘과 양송이버섯은 얇게 썬다.
과육은 식초와 소금에 담가 마리네이드해 둔다.

3. 팬에 올리브오일을 두르고 마늘과 양송이버섯을 볶다가 소금을 약간 뿌린다.
마늘을 먼저 볶아 올리브오일에 마늘향을 살린다.

4. ②의 마리네이드한 과육에 ③과 씻어 물기를 뺀 어린잎채소를 넣어 가볍게 섞어서 참외 껍질에 담는다.

COOK'S NOTE
• 이 요리는 잘 익은 참외를 사용하면 손질도 쉽고 맛도 좋다. 향이 강하고 꼭지 부분을 눌렀을 때 약간 부드러운 것으로 고른다.
• 양송이버섯 대신 새송이버섯이나 팽이버섯을 써도 맛있다.
• 어린잎채소 대신 여러 종류의 쌈채소로 즐겨도 좋다.

배 쑥갓무침

DETOX FOOD

배 Pear 배에 함유된 소르비톨(Sorbitol)은 단맛이 나는 수용성 완하제(緩下劑)로 용변을 정상화시키는 작용을 하며 당뇨병 환자의 대용 감미료로도 사용되는 성분이다. 배는 당도는 높지만 열량은 낮다. 아삭아삭한 식감을 주는 돌세포는 소화되지 않은 식이섬유로 작용하여 다이어트나 변비 개선에 좋다. 배의 칼륨과 아스파라긴산은 몸속에 여분으로 남은 염분을 배출시켜 부종 해소에 좋다.

쑥갓의 향과 배의 달콤한 맛으로 먹는 무침이다. 쑥갓의 향에는 속이 쓰리거나 소화 불량을 개선시키는 성분이 있어 쑥갓과 배를 함께 먹으면 위장이나 대장 활동을 촉진시킨다.

TIME 15분

YIELD 2인분

INGREDIENTS

주재료
배 210g
쑥갓 80g

양념 재료
현미식초 1큰술
깨소금 1큰술
참기름 1/2작은술
소금 1/3작은술

How to Make

1 배는 씨를 빼내고 껍질째 채 썬다.
　배는 썰어서 그대로 두면 색이 변하니 바로 양념에 버무린다.

2 쑥갓은 3cm 길이로 자른다.
　살짝 데쳐서 물기를 잘 빼서 사용해도 좋다.

3 볼에 양념 재료를 모두 넣고 골고루 섞은 다음 배를 넣고 무친다.

4 먹기 직전에 쑥갓을 넣어 가볍게 버무린다.

COOK'S NOTE
• 쑥갓은 줄기가 가는 것이 부드럽고 생으로 줄기까지 먹을 수 있으니 좋다.
• 많은 양을 섭취하고 싶거나 추운 계절에는 살짝 데친 쑥갓을 사용하면 좋다.

배추 금귤무침

DETOX FOOD

금귤 Kumquat 감귤류의 껍질에 함유된 리모넨(Limonene)에는 지방 분해 작용이 있어 간장의 해독 기능을 도와 해독이 잘 되는 몸을 만들어준다. 껍질에는 펙틴 성분이 많아 장내 유산균을 증식시키고 유해 물질을 배출시킨다. 또 감귤류의 흰 부분은 비타민 C의 흡수를 높이고 모세혈관을 강화시키는 비타민 P를 함유하고 있다. 껍질째 통째로 먹을 수 있는 금귤은 이런 성분과 영양소까지 모두 섭취할 수 있다. 또 금귤 10개로 하루에 필요한 비타민 C를 섭취할 수 있다.

껍질째 먹을 수 있는 금귤을 요리에 넣으면 보기에도 예쁘고 약간의 쓴맛이 맛의 포인트가 된다. 또 마크로비오틱에서 쓴맛은 심장 기능을 촉진하는 효과가 있다고 본다. 금귤은 혈액 순환을 활발하게 하며 비타민 C가 풍부하여 감기 예방에 좋다.

TIME 20분

YIELD 2인분

INGREDIENTS
쌈배추 잎 150g
당근 10g
소금 2/3작은술
금귤 60g(4~5개)
무순 6g

How to Make

1 쌈배추는 잎 부분은 한입 크기로 자르고 줄기 부분은 채 썬다. 당근은 가늘게 채 썬다.

2 볼에 배추와 당근을 넣어 소금을 뿌려 살짝 절인다.

3 금귤은 꼭지를 떼어내고 가로로 얇게 썰어 씨는 빼낸다.
금귤 외의 감귤을 사용할 때에는 껍질의 흰 부분이 들어가면 쓰니 깨끗이 벗겨 다져 넣는다.

4 절인 채소가 숨이 죽으면 가볍게 물을 짜서 금귤과 무순을 넣어 섞는다.
신맛이 부족하면 레몬즙이나 현미식초로 맛을 조절한다.

COOK'S NOTE
- 아삭아삭 부드러운 쌈배추를 사용했지만 배추를 사용해도 좋다.
- 금귤 대신 유자나 한라봉, 레몬 등 향이 진한 감귤류로 대체해도 된다.

DETOX COLUMN ❶

백세 장수 시대
야생 음식을 탐하라

건강은 값비싸고 특별한 음식으로 지킬 수 있다고 맹신하는 사람이 많지만 매일 밥상에서 무엇을 먹느냐가 중요합니다. 입은 즐겁지만 몸은 괴로운 갖은 양념을 빼고 제철에 나는 식재료로 본래의 맛을 살리는 것이야말로 평생의 건강을 좌우하는 중요한 포인트입니다.

최근 일본에서 '원시인 라이프'가 새로운 건강법으로 주목을 받고 있습니다. 원시인처럼 야생에서 온 재료를 최소한의 조리법으로, 양보다는 질을 우선시하여 잘못된 입맛과 생활습관을 개선하자는 주장입니다. 자연식을 꾸준히 섭취하게 되면 우리 몸은 저절로 해독이 잘 되어 질병으로부터 자유로워지고 마음의 안정도 누릴 수 있습니다. 자연식에 포함된 기능성 영양소는 우리 몸의 해독 최일선에서 일하는 간을 깨끗하고 건강하게 하여 원활한 해독 작용을 수행하도록 합니다. 그렇기 때문에 자연식이야말로 가장 좋은 해독 방법이라고 할 수 있습니다.

현대인들은 더 달고 더 짜고 더 매운맛을 느끼고 싶어 하는 욕구가 점점 더 강해지는 듯합니다. 마약 중독자들이 더 강하고 많은 양의 마약을 원하듯 단맛과 짠맛, 매운맛을 즐기는 사람들도 뇌수용체에 내성이 생겨 더 많은 자극을 갈망하게 된다고 합니다. 한국인은 김치나 된장찌개, 장아찌 등 소금이 많이 들어간 음식을 자주, 많이 섭취합니다. 짜게 먹으면 헬리코박터 파일로리균이 활성화되어 각종 위장 질환에 걸릴 위험이 높아지는데 우리나라는 헬리코박터 감염률이 높은 편에 속합니다. 양념이나 소스가 자극적이지 않아도 식재료 고유의 맛과 질감을 느낄 수 있어야 합니다. 바른 입맛을 되살려야 몸이 더 맑게 해독될 수 있습니다.

현대인 대부분은 영양 과잉과 과식 상태에 놓여 있습니다. 과식은 병을 부릅니다. 과식을 하면 위장에 혈액이 집중되어 근육이나 장기로 공급되는 혈액이 줄어들어 혈액 흐름이 원활하지 않은 곳에서 병이 발생하기 쉬워집니다. 또 혈액이 오염되고 흐름이 느려지면 몸이 차가워집니다. 체온이 1℃ 떨어지면 기초대사는 12% 정도 저하된다고 합니다. 이렇게 되면 면역력이 떨어져 병에 쉽게 걸리고 살도 찌기 쉽습니다. 과식은 노폐물과 체내에 침입한 세균을 청소하여 몸을 정화시키는 마이크로퍼지의 작용도 느리게 만듭니다.

해독에 있어 소식과 절식도 중요합니다. 흔히 병이 나거나 병을 앓고 난 후에 영양가가 높은 음식을 먹어야 빨리 회복할 수 있다고 생각합니다. 그러나 고칼로리의 음식을 먹으면 림프액이 탁해지고 백혈구의 활동을 저해하여 면역체의 형성을 방해하게 되어 질병 회복이 더뎌진다는 연구 논문도 있습니다. 영양분의 소화를 위한 몸의 작용이 면역과 해독 기능에 부담을 주기 때문이라고 합니다. 몸에 독소가 쌓였다고 느껴 정화를 해야겠다고 다짐했다면 가장 먼저 할 일은 식사량을 줄여 해독 작용을 활성화시키는 방법입니다.

사람의 에너지는 한정되어 있어 소화계와 해독계로 에너지가 분산되기 때문입니다. 섭취량을 줄이면 소화계에서 쓰일 에너지가 해독계로 와서 해독 작용이 높아집니다. 또한 소화계는 낮에, 해독계는 밤에 활발하게 작용한다고 하니 수면을 충분히 취해야 해독 효과를 증대시킬 수 있습니다.

절식은 인류가 오래 전부터 행해온 자연치유법 중 하나였습니다. 의학적인 치료법으로 시행한 것은 2,000년 전. 《동의보감 디톡스》를 쓴 방성혜 한의사는 '하버드 의대의 한 연구에 따르면 절식을 하면 미토콘드리아 내의 특정 효소의 작용이 증가하여 세포의 힘과 능률이 향상되어 결과적으로 세포의 수명이 연장된다는 연구 결과를 발표하기도 했다'고 밝혔습니다. 따라서 평소 야식이나 폭식이 잦고, 식습관이 불규칙 하며 육식을 즐기는 사람, 복부비만이 심한 사람, 살이 찐 후 혈압이 상승한 사람 등은 절식이 필요하다고 합니다.

PART 02

우리 식재료로 즐기는
세계의 디톡스 푸드

'먹는다'는 것은 여러 의미를 가집니다.
생명을 유지하기 위해 영양을 보급하기도 하고
병에 걸리면 약으로 몸을 치료하기도 합니다.
현대인에게 먹는다는 것은 더 다양한 의미를 가집니다.
다이어트나 피부 미용 등 음식을 통해 스트레스를 해소하거나
타인과의 소통을 위한 매개체가 되기도 합니다.
신토불이를 권하는 마크로비오틱에서는 향토 음식이 자신의 몸에
가장 맞는다고 보지만 현대인의 생활 스타일이나 다양한 가치관을 고려하면
이제 다양한 요리를 맛 보는 것이 오히려 자연스럽고 인생을 풍요롭게 하는 것 같습니다.
이번 파트에서는 신토불이×세계의 음식×마크로비오틱=세계의 디톡스 푸드를 소개합니다.
한국의 식재료를 주재료로 해독 효과를 얻을 수 있는
특별한 세계 요리를 소개합니다.

거리를 걷다 보면 파스타나 피자, 햄버그, 스테이크, 돈가스, 라면 등 다양한 장르의 음식점이
눈에 띕니다. 여행을 가지 않더라도 여러 나라의 요리를
간편하게 즐길 수 있게 되었고 각국의 식재료도 쉽게 구할 수 있게 되었습니다.
자연 에너지의 혜택을 받는 마크로비오틱에서도 '신토불이'와 마찬가지로 살고 있는 땅에서
제철에 수확한 식재료가 몸에 가장 적합하며 계절에 맞는 에너지를 준다고 생각합니다.
한국에 사는 우리는 한국산의 제철 음식을 먹는 것이 가장 건강에 이롭습니다.
그리고 한국의 전통 음식과 향토 음식이 입과 몸에 가장 잘 맞습니다.

각국의 전통 음식이나 향토 음식은 신토불이라는 지리, 기후, 풍토, 관습 등의
라이프스타일의 영향을 많이 받고 생겨난 것입니다. 한국의 김치나 일본의 낫토,
그리스의 요구르트 등 각국의 전통 음식을 보더라도 그곳에서 난 식재료를 발효시켜 만든
건강식품입니다. 전통 음식은 그 민족의 건강과 장수에 대한 욕구가 담겨져 몸에 좋은 것이
많습니다. 전통 음식은 토지나 기후, 풍토, 민족의 생활에 맞게 태어난 것이지만 현대인들은 다른
나라의 뛰어난 전통식과 향토 음식을 미용과 건강, 다이어트를 위해 국경이나 민족, 식습관이란
벽을 넘어 적극적으로 받아들이게 됐습니다. 건강에 대한 욕구가 강한 미국과 유럽의 부유층들에게
마크로비오틱이 지지를 받는 것도 그 때문일 것입니다.
수입 냉동식품이 대부분이었던 낫토도 한국 식품회사가 독자적으로 생산하여 판매하고 있습니다.
일본에서는 한국산 김치 소비량이 일본 전통식품인 채소절임의 양을 웃돈다는 보고까지 있습니다.
다른 나라의 식생활의 지혜에서 태어난 전통식품은 때로는 우리의 건강 증진과 건강 유지,
그리고 치유에 필요합니다.
그러나 제대로 그 음식의 제조법이나 맛, 품질을 모르면 유행과 유통하는 대로 휩쓸려
가짜와 잘못된 음식을 전통식으로 인식해 버리게 되는 함정도 있습니다.
일본산 김치는 화학첨가물을 넣어 인공적으로 발효시키기도 하고 한국에 유통되는
일본 식재료를 봐도 제조사와 품질이 그다지 신뢰할 수 있는 것이 아닐 때도 있습니다.
다른 나라의 전통 음식을 받아들이는 과정에서 자국의 기호에 맞추는 것을 우선시하거나
순수한 전통식품을 쉽게 구하기 어려운 것도 사실입니다.
이번 파트에서 소개하는 일본, 서양, 중국이라는 세계의 요리는 마크로비오틱 스타일로 바꾸었거나
한국에서 구할 수 있는 식재료로 쉽게 따라해 먹을 수 있는 것들입니다. 각국의 색다른 음식을
우리 땅에서 나는 재료로 보다 안전하고 건강하게 만들어 먹기 위한 시도입니다.

한눈에 보는 세계의 디톡스 푸드

Section 01
일본의 가정식 해독 요리

가키아게 우동
마른 다시마와 표고버섯으로 우린 국물은 담백한 맛으로 깊은 맛을 더하고 곁들인 채소의 섬유질의 작용으로 우동의 당분이 천천히 흡수되어 소화 기관에 부담을 주지 않는다. 또 대파와 미역을 곁들이면 기름이 잘 소화된다. P.144

베지니기리 초밥
식물성 재료로 만든 초밥이다. 유해 물질을 배출시키는 현미를 비롯하여 식이섬유와 칼륨 등 해독 작용을 하는 성분이 풍부한 파프리카, 버섯, 무순, 김을 사용하였다. P.146

타코야키
타코야키는 밀가루 반죽에 문어 썬 것을 하나씩 넣어 동글게 구운 오사카의 향토 음식이다. 이 레시피에는 밀가루의 양을 줄이기 위해 반죽에 감자를 갈아 넣었다. 또 자극적인 소스 대신 집에서도 쉽게 만들 수 있는 간단한 수제 소스를 곁들였다. P.148

두부 가바야키 덮밥
가바야키는 원래 장어로 만드는 요리인데, 장어 대신 소화 흡수가 잘 되는 단백질의 보고인 두부, 해독 식품 현미 스낵, 식이섬유가 풍부한 연근으로 만들었다. 엽산을 함유한 김이 더해지며 해독 효과를 상승시킨다. P.150

니쿠자가
감자와 고기로 만드는 일본의 전통 가정식으로 이 레시피에는 고기 대신 감자 껍질을 활용한 껍질고기를 넣었다. 감자처럼 녹말이 많은 재료는 혈당을 급상승시켜 대사에 부담을 주지만 실곤약과 같은 섬유질이 풍부한 재료와 함께 섭취하면 몸에 부담이 적다. P.152

달걀말이풍 두부와 김
달걀말이처럼 생긴 두부 요리다. 달걀 대신 사용한 두부에는 혈압을 낮추고 콜레스테롤을 잘 배출시키는 리놀레산이 풍부하다. 김에는 두부에 많은 칼슘의 흡수를 돕는 마그네슘이 풍부하여 뼈 건강에 좋다. 또 김의 칼슘은 두부의 단백질 흡수를 촉진한다. P.154

Section 02
서양의 가정식 해독 요리

오뎅
두부의 단백질, 감자와 떡의 탄수화물, 다시마의 미네랄, 무와 당근의 비타민, 곤약의 섬유질을 한꺼번에 섭취할 수 있는 채식 오뎅이다. P.156

두부 난반절임
난반이란 일본에서 아주 옛날에 무역국이었던 동남아의 사람을 말하거나, 또는 그 시대에 건너온 서양 문화를 말한다. 당시 전래된 식재료 중에 고추가 있어서 고추를 사용한 요리는 남반 요리라 부르게 됐다. 작은 생선으로 만드는 경우가 많지만 동물성 단백질의 과잉 섭취는 해독 효과를 저하시키므로 이 레시피에는 두부를 사용했다. P.158

두유 치즈 피자
시판 피자는 기름기가 많고 토핑 재료에 가공식품을 즐겨 쓴다. 이 레시피에는 치즈 대신 두유에 마를 갈아 넣었다. 마에는 도우의 소화를 돕는 효소가 있고 두유의 칼륨은 염분을 배출시킨다. P.162

현미 파에야
파에야는 스페인의 요리로 쌀, 채소, 해산물이나 고기 등에 향신료인 사프란을 넣어 노랗게 색을 내는 경우가 일반적이다. 오렌지로 유명한 발렌시아 지방의 요리라서 오렌지 주스를 사용하여 색과 맛을 내보았다. 오렌지의 산뜻한 맛과 카레 파우더의 매운맛이 현미에 배어 절묘한 맛의 조화를 이룬다. P.164

순두부 화이트 소스 그라탱
'치즈나 크림, 버터로 가득한 그라탱 대신 몸에 부담이 적은 그라탱은 없을까'라는 생각에서 개발한 요리다. 순두부를 주재료로 소스를 만드는데, 순두부에는 칼륨이나 비타민 B_1이 많아서 소화를 돕는다. 순두부 소스는 그라탱 외에 도리아나 스파게티 등 여러 요리에 응용할 수 있다. P.166

두부 오믈렛
소화가 잘 되고 해독 작용도 있는 두부를 오믈렛처럼 만들었다. 옥수수를 넣어 달걀과 같은 노란색과 단맛을 냈고 폭신폭신한 촉감을 살리기 위해 현미튀밥을 넣었다. 옥수수와 현미튀밥의 탄수화물을 대사시키는 비타민 B_1은 두부에 풍부하니 탄수화물이 많은 여러 재료를 넣었어도 소화에 부담이 적다. P.168

Section 02
서양의 가정식 해독 요리

수제 드라이 토마토와 두부 크림치즈 카나페
혈액을 맑게 하는 토마토, 두부, 마늘은 해독에 효과적인 식재료들이다. 이 요리는 해독은 물론 고지혈증이나 동맥경화, 암 예방에 좋다. 크림치즈 대신 만든 두부 크림치즈는 콩 비린내를 마늘 향으로 중화시켰다. P.170

콜리플라워 샌드위치
샌드위치에는 흔히 동물성 단백질이나 치즈 등을 듬뿍 넣어 먹는데 이 샌드위치는 가볍게 먹을 수 있다. 면역력 강화 채소인 콜리플라워는 흰색, 만성피로에 좋고 맛이 산뜻한 적채는 보라색, 맛이 달콤한 당근은 주황색, 빈혈을 예방하고 매운맛을 담당한 겨자잎의 녹색이 어우러져 식욕을 자극한다. P.172

라타투이
탁월한 해독 능력을 지닌 여름 채소를 마늘과 올리브오일을 넣고 볶은 다음 허브를 넣어 조렸다. 토마토의 항암 성분은 기름에 쉽게 녹아 조리면 흡수율이 높아진다. 체온이 낮으면 효소의 기능이 떨어져 몸의 해독 능력도 떨어지는데 토마토를 가열해 먹음으로써 체온 저하를 막을 수 있다. 이 요리를 추운 계절에 먹을 때에는 뿌리채소를 넣거나 양념에 약간의 된장을 넣어 만들면 계절과의 궁합이 잘 맞는다. P.174

Section 03
중국의 가정식 해독 요리

연근 버섯 미트로프
미트로프는 고기를 주재료로 만드는 미국의 가정 요리이다. 이 요리는 고기 대신 고기 맛이 나는 버섯으로 만들어 소화가 잘 되고 대장에도 좋아 해독 능력을 높일 수 있다. 소스를 찍어 먹어도 좋고 샌드위치에 넣어 먹어도 맛있다. P.176

중화냉면
된장은 장내 환경을 개선시키고 참깨의 항산화물질은 간장으로 흡수되어 기능을 강화시킨다. 토핑 재료에 칼륨이 풍부한 채소를 곁들이면 해독의 주요 장기인 대장, 간장, 신장 기능을 동시에 개선시킬 수 있다. 또 소스에 넣은 식초는 된장이나 깨에 많은 마그네슘이나 칼슘의 흡수를 돕고 양파는 독소를 중화시키는 작용을 한다. P.180

현미 슈마이
원래 다진 고기를 소로 사용하지만 이 요리에는 강한 해독력을 가진 현미를 넣었다. 맛의 포인트는 무말랭이. 현미가 과다 배출시킨 미네랄을 대신 보급하면서 장에 들어가 포만감을 주고 대장을 청소한다. P.182

Section 03

중국의 가정식 해독 요리

볶지 않은 양배추 된장볶음
원래는 기름기가 아주 많은 요리로 소화에 부담을 주고 비만을 불렀다. 그러나 이 요리는 기름으로 볶지 않고 만든다. 볶지 않아도 맛을 내는 포인트는 재료가 섞이지 않도록 켜켜이 넣고 천천히 익히는 것. 당도와 식감이 좋은 채소를 모으면 궁합이 좋다. **P.184**

마파가지
칼륨이 많은 가지는 몸을 차갑게 하는 음성의 기운이 강한 식품이다. 가지의 음성 에너지는 된장과 간장으로 만든 소스로 중화시켰다. 가지의 색소, 양파와 쪽파의 매운 향은 혈관을 튼튼하게 하고 혈액을 맑게 하는 해독 작용을 한다. **P.186**

두부 유린기
두부와 파의 궁합은 아주 좋다. 파의 비타민 B_1이 두부의 당질을 에너지로 바꿔주기 때문이다. 콩을 먹으면 소화가 잘 되지 않거나 가스가 생긴다면 파를 곁들여 먹는 습관을 가지면 좋다. **P.188**

니라타마
부추와 달걀을 볶아 소스를 뿌린 중국 요리다. 부추는 혈액순환을 활발하게 하며 두부는 질 좋은 단백질 외에 면역력을 향상시키고 신진대사를 촉진시키는 효능이 있는 비타민 B가 풍부하다. **P.190**

군만두
얼렸다가 해동을 시킨 언두부를 다진 고기 대신 넣은 채식 만두다. 부재료로 넣은 채소는 두부의 대사를 돕는다. 배추에 함유되어 있는 비타민 B_6는 단백질의 대사에 작용을 한다. 비타민 B_2가 부족을 하면 그 기능을 못하게 되는데 비타민 B_2는 부추에 함유되어 있다. 또 마른 표고버섯에 풍부한 비타민 D는 두부의 칼슘 흡수를 높인다. **P.192**

무 오이 생강절임
오이와 무를 초간장에 절인 이 요리의 포인트는 칼집이다. 재료에 칼집을 많이 넣으면 뱀처럼 구부러지는데 이렇게 하면 속까지 양념이 잘 스며든다. 오이에는 무에 많은 비타민 C를 파괴하는 효소가 있는데 이렇게 손질하여 속까지 양념이 스며들면 효소의 작용은 없어진다고 한다. **P.194**

Section 01

일본 요리

일본의 가정식 해독 요리

일본 요리는 '재료의 요리'라고 말합니다. 재료의 특색을 살리기 위해서 공을 들여 맛국물을 우려내어 요리에 활용합니다. 지역이나 요리에 따라 약간씩 차이가 나기는 하지만 대부분은 가다랑어포와 마른 다시마로 맛국물을 우려내는 것이 기본입니다. 그러나 최근 일본의 가정에서는 제대로 국물을 우려내지 않고 인스턴트로 된 과립 육수나 화학조미료를 사용하는 일이 많아졌습니다.

이번 섹션에서는 마른 다시마와 마른 표고버섯을 물에 담가 두기만 하면 맛있는 육수를 얻을 수 있는 조리법을 기본으로 일본 가정식을 소개합니다. 인스턴트 육수보다 훨씬 몸에 좋고 안전하며 가다랑어포를 사용하는 육수보다 간편하며 맑고 개운하여 재료의 맛을 잘 살릴 수 있습니다. 또 해독 효과를 높이기 위해 고기나 어패류, 달걀 등의 동물성식품을 자제하였습니다.

가키아게 우동

DETOX FOOD

맛국물 Macrobiotic Soup 마크로비오틱에서 사용하는 맛국물은 장과 혈액을 맑게 하는 다시마와 마른 표고버섯을 우린 국물을 기본으로 사용한다. 동물성 육수보다 염분이나 지방이 낮고 몸의 부담이 적을 뿐만 아니라 비린내도 없어서 요리의 맛을 잘 살린다. 마른 다시마의 국물은 표고버섯보다 양성, 마른 표고버섯의 국물은 다시마보다 약간 음성이다. 계절이나 먹는 사람의 체질에 따라 다시마와 표고버섯의 비율을 달리 하여 우린 국물로 요리를 하면 멸치나 새우, 뼈 등 동물성 육수가 아니어도 맛있게 느껴진다.

TIME 30분(맛국물 우리는 시간 제외)

YIELD 2인분

INGREDIENTS

주재료
생우동 420g
대파 약간
마른 미역 약간
튀김기름 적당량

가키아게 재료
양파 20g
참나물 5g
우엉 20g
고구마 25g
당근 15g
통밀가루 2큰술
물 2큰술

국물 재료
맛국물 500㎖
맛술 2큰술
간장 1+1/2큰술
소금 1/2작은술

How to Make

1 가키아게를 만든다. 양파는 얇게 썰고 참나물은 4cm 길이로 썰고 나머지 채소는 채 썬다.
골고루 익도록 비슷한 굵기로 썬다.

2 볼에 통밀가루와 ①의 양파, 참나물, 우엉, 고구마, 당근을 넣어 골고루 섞은 다음 물 2큰술을 넣고 섞어 튀김옷을 입힌다.
먼저 통밀가루를 채소에 입힌 다음 물을 넣어야 적은 양으로 튀김옷을 골고루 묻힐 수 있다.

3 튀김기름에 반죽을 약간 넣어 바로 올라오면(185℃ 정도) ②를 넣어 튀긴다.
팬에 기름을 넉넉하게 넣고 지져도 된다.

4 냄비에 맛국물 재료를 모두 넣고 끓인다. 다시마는 물이 끓으면 바로 꺼내고 표고버섯은 그대로 10분 정도 더 끓인다.

5 우동은 봉지에 표기된 시간대로 삶는다.

6 대파는 얇게 썰고 마른 미역은 물에 살짝 불려 물기를 짠다. 그릇에 우동을 담고 육수를 부은 다음 가키아게와 대파, 미역을 얹는다.
취향에 따라 고춧가루를 뿌려도 좋다.

COOK'S NOTE

맛국물은 물 3컵에 다시마(5×5cm) 1장과 마른 표고버섯 1개를 넣어 하룻밤 두었다가 물째 냄비에 넣어 끓인다. 물이 끓으면 다시마는 바로 건져내고 10분 정도 더 끓인다.

베지니기리 초밥

DETOX FOOD

식초 Vinegar 단촛물을 넣어 만든 밥이 기본이 되는 초밥. 식초의 약효는 소화를 촉진하고 탁한 혈액을 맑게 해 혈액순환을 개선하며 동물성 독을 해독시키는 효과가 있다. 식초의 초산은 체내에서 구연산으로 변하는데 구연산은 짜증과 몸의 피로를 풀어주며 몸속 독소를 제거한다. 또 구연산은 혈중 노폐물을 배출시키는 작용은 물론 산성화된 혈액을 알칼리성으로 바꿔 혈액이 맑아진다.

TIME 45분

YIELD 2인분

INGREDIENTS

주재료
밥 300g(약 2공기)
빨강 파프리카 적당량
새송이버섯 적당량
노랑 파프리카 적당량
무순 적당량
김밥용 김 적당량
간장·고추냉이 약간씩

초밥초 재료
현미식초 1/2컵
조청 100g
소금 1/3작은술

How to Make

1 작은 냄비에 초밥초 재료를 넣고 끓여 분량이 반으로 줄어들 때까지 졸인다.
당도를 높이려고 졸이므로 조청보다 당도가 높은 아가베시럽(50g)을 사용하면 졸이는 시간을 줄일 수 있다.

2 따끈한 밥에 초밥초를 넣고 주걱을 세워 칼로 자르듯 재빨리 섞는다.
밥이 식으면 잘 섞이지 않는다.

3 초밥초의 수분이 밥에 흡수되거나 증발되어 촉촉한 느낌이 없어지면 한입 크기의 초밥 모양을 만든다. 김밥용 김은 직화로 살짝 구워 반은 그대로 두고 나머지 반은 가위로 1cm 너비로 자른다.

4 빨강 파프리카는 껍질 부분을 직화로 완전히 구워 껍질을 벗긴다.

5 새송이버섯은 갓 부분을 자르고 소금(분량 외)을 뿌려 표면에 물기가 생길 때까지 팬에 굽는다. 줄기는 얇게 썰어 살짝 데친다.

6 노랑 파프리카는 0.8cm 너비로 자른다. 김밥용 김 1/2장에 밥을 깔고 자른 파프리카를 얹어 돌돌 만다.

7 초밥을 빚어 무순에 얹고 김으로 묶은 다음 끝부분을 가위로 자른다.

8 껍질을 벗긴 파프리카와 구운 새송이버섯의 갓은 각각 초밥에 얹는다. 데친 새송이버섯은 초밥에 얹은 다음 김으로 묶는다. 노랑 파프리카말이는 2cm 길이로 자른다. 접시에 초밥을 담고 간장과 고추냉이를 곁들인다.

COOK'S NOTE

- 밥은 현미 100%보다 5분도나 7분도 쌀이 초밥초를 잘 흡수한다.
- 초밥 모양이 아닌 재료 모두를 적당히 썰어 밥 위에 얹어 장식하는 지라시즈시로 즐겨도 좋다.

타코야키

DETOX FOOD

감자 Potato 감자는 땅속에서 성장하니 뿌리채소의 한 종류라고 생각하기 쉽지만 사실은 땅속줄기가 비대한 식물로 마크로비오틱에서는 몸을 데워주는 작용을 하는 뿌리채소와는 반대의 작용을 하는 음성 식품으로 본다. 그래서 양성 식품인 고기와 궁합이 좋다. '땅속에서 나는 사과'라는 별명도 지녔는데 감자의 풍부한 비타민은 항산화 작용을 하여 산화를 방지하고 콜레스테롤 수치를 떨어뜨린다.

TIME 25분

YIELD 16개분

INGREDIENTS

반죽 재료
감자 400g(큰 것 3개분)
쪽파 60g
통밀가루 100g
물 4큰술
간 생강 1/2작은술
소금 약간
기름 약간
간장 약간

소 재료
곤약·옥수수(통조림) 약간씩

소스 재료
토마토 퓌레 1큰술
오렌지 주스 1큰술
간장 1큰술
조청 2/3큰술
메이플시럽 1작은술

장식 재료
파래김 적당량
두부 마요네즈 적당량

How to Make

1 감자는 새싹이 있다면 도려내고 껍질째 강판으로 갈고 쪽파는 다진다.
감자의 싹에는 독소가 있으니 꼭 도려낸다. 껍질이 녹색으로 변해도 독소를 품고 있으니 주의한다.

2 ①의 감자와 쪽파를 반죽 재료와 합쳐서 잘 섞는다.

3 타코야키팬이나 프라이팬에 기름을 바르고 반죽을 부은 다음 간장을 한 방울씩 떨어뜨린다. 취향에 따라 0.8cm 크기로 자른 곤약이나 옥수수 등을 넣는다.
간장을 한 방울 정도 넣으면 맛이 고소해지고 색감도 좋아진다.

4 겉이 잘 익으면 뒤집어서 동글게 될 때까지 돌려가며 굽는다.

5 소스 재료를 모두 합쳐서 걸쭉해질 때까지 조린다.

6 반죽이 고루 익으면 소스를 바르고 파래김과 두부 마요네즈를 뿌린다.
파래김은 기름을 두르지 않은 팬이나 전자레인지에 살짝 굽는다.

COOK'S NOTE
- 곤약 손질법은 31쪽을 참조한다.
- 두부 마요네즈 만드는 방법은 255쪽을 참조한다.

두부 가바야키 덮밥

DETOX FOOD
현미 스낵 Brown Rice Snack 현미 스낵은 특수한 압력 기계에 현미를 넣어 쌀을 팽화시켜 만든다. 가공 과정에 일체의 기름이나 첨가물을 넣지 않아 현미의 풍부한 영양소를 그대로 섭취할 수 있다. 현미의 껍질 부분도 포함되어 있어 소화를 돕는다. 바삭바삭 가벼운 식감과 현미 본래의 단맛이 나서 간식은 물론 요리에 응용하기 좋다.

TIME 30분

YIELD 2인분

INGREDIENTS

주재료
두부(부침용) 1/4모
현미 스낵 10g
연근 80g
소금 약간
김밥용 김 1장
녹말 1큰술
기름 1큰술
현미밥 300g(2공기)

소스 재료
간장 1+1/2큰술
조청 2큰술
물 1+1/2큰술
간 생강 1작은술

장식 재료
생강 약간

How to Make

1 물기를 잘 뺀 두부와 현미 스낵은 푸드 프로세서에 넣어 으깬다.
   푸드 프로세서가 없을 때에는 두부는 체에 내리고 현미 스낵은 봉지에 넣어 나무공이로 잘게 부순다. 현미 스낵은 간이 되지 않은 것을 사용한다.

2 연근은 강판에 갈아 ①에 넣고 소금으로 간을 하여 반죽을 만든다.

3 김은 4등분하여 반죽을 1/4정도씩 얹고 펴서 칼로 모양을 낸다.
   김은 가열하면 수축하기 때문에 김보다 약간 작게 반죽을 얹는다.

4 ③에 녹말을 얇게 묻힌다.

5 팬을 달구어 기름을 두르고 김쪽이 바닥으로 가도록 넣고 고소하게 굽는다. 한 면이 익으면 뒤집어 마저 굽는다.

6 소스 재료를 섞어 팬에 넣고 걸쭉해질 때까지 끓여 ⑤에 바르고 현미밥 위에 얹는다. 장식용 생강은 아주 가늘게 썰어 물에 담갔다가 장식한다.

COOK'S NOTE

현미 스낵을 넣으면 곡물이 가진 단맛을 이용할 수 있고 또 연근의 수분을 흡수시켜 되기가 적당한 반죽을 만들 수 있다. 현미 스낵은 생협 등에서 파는데 없으면 연근에서 나온 수분을 적당히 짜서 만들어도 된다.

니쿠자가

DETOX FOOD

감자 Potato 감자의 주성분은 녹말로 각국에서 재배되는 식재료이다. 당분을 에너지로 바꿔주는 비타민 B_1을 함유하여 대사력이 좋다. 감자의 비타민 C는 열에 약하지만 풍부한 녹말의 보호를 받아 비교적 파괴가 적다는 점도 특징이다. 나트륨의 배출을 도와 혈압 조절에 도움이 된다. 감자에는 트레이스미네랄이나 비타민 B 등 영양의 20% 정도가 껍질에 있다고 한다. 또 식이섬유도 많아 껍질째 먹으면 해독 효과를 높일 수 있다. 감자의 싹이나 녹색으로 변한 껍질에는 솔라닌이라는 독소가 있으니 제거하고 조리한다.

TIME 35분

YIELD 2~4인분

INGREDIENTS

주재료
감자 300g
양파 100g
당근 50g
실곤약 100g
소금 약간
기름 2작은술
물 1컵~1+1/2컵
조청 3큰술
간장 2+1/2큰술

껍질 고기 재료
감자녹말 적당량
물 약간
기름 적당량

장식 재료
롱빈 20g

How to Make

1 감자는 껍질을 깎아 4~6등분한다. 양파는 1cm 크기로 자르고 당근은 마구썰기를 한다.
  감자 껍질은 버리지 말고 둔다.

2 실곤약은 물기를 빼고 적당히 자른다. 소금을 뿌려 잘 비빈 다음 깨끗이 헹군다.
  소금을 뿌려서 비비면 곤약의 비린내를 줄일 수 있다.

3 냄비에 기름을 두르지 않고 실곤약을 넣어 볶는다. 수분이 거의 없어지면 기름과 ①을 넣어 윤이 나도록 살짝 볶는다.

4 ③에 물을 1~1+1/2컵을 붓고 뚜껑을 덮고 끓인다. 끓어오르면 롱빈을 넣고 익혀 접시에 롱빈만 담아둔다.
  롱빈은 색이 선명해지면 바로 건진다.

5 먼저 조청을 넣고 3~5분 정도 조린 다음 간장을 넣어 채소가 익어 양념이 스며들 때까지 계속 조린다.
  동시에 같이 넣는 것보다 단맛 다음에 짠맛의 양념을 넣으면 맛이 잘 밴다.

6 감자 껍질에 녹말을 묻혀 3~4장씩 겹쳐 물에 적셔 밀착시킨다.

7 팬을 달구어 기름을 넉넉히 넣어 ⑥을 넣고 튀긴다.

8 ⑦의 껍질 고기를 ⑤에 넣어 살짝 조려 그릇에 담고 롱빈을 장식한다.
  채소가 익으면 불에서 내려 식혔다가 다시 데우면 맛이 더 잘 밴다.

COOK'S NOTE
- 실곤약이 없으면 숟가락으로 찢은 곤약이나 불린 당면을 넣어도 좋다. 당면은 ⑧의 껍질 고기를 넣을 때 함께 넣는다.
- 더 깔끔한 맛을 원하면 마른 고추를 반 개 정도 넣고 같이 조려도 맛있다.

달걀말이풍 두부와 김

DETOX FOOD

강황 Turmeric 터메릭이라고도 한다. 생강과 비슷한 모양의 뿌리채소를 건조시켜서 가루 상태로 만든 스파이스의 한 종류이다. 주로 카레의 색깔을 내기 위해 사용한다. 해독을 담당하는 간장의 기능을 촉진시켜 일본에서는 술을 마시기 전에 복용하면 숙취가 생기지 않는다고 하여 인기가 있다. 강황의 쿠르쿠민은 수은을 체외로 배출시킨다고 하니 생선이나 조개류를 즐겨 먹는 사람에게 추천할 만하다. 또 미세먼지에 포함된 수은으로부터 몸을 지킬 수 있다.

마치 달걀말이처럼 생긴 두부 요리다. 콜레스테롤을 높이는 달걀과 달리 두부에 많은 리놀레산은 혈압을 낮추고 콜레스테롤을 잘 배출시키는 성분이다. 이 요리는 두부에 많은 칼슘의 흡수를 돕는 마그네슘이 김에 풍부하여 뼈 건강에 좋다.

TIME 15분(굳히는 시간 제외)

YIELD 2~4인분

INGREDIENTS
두부(부침용) 1모
강황 1~2뿌리
한천가루 2/3작은술
소금 1/2작은술
김밥용 김 1장

How to Make

1 두부는 팩의 물만 따라버리고 손으로 으깨어 팬에 넣는다.
   두부는 보통 키친타월 등으로 물기를 제거하고 요리하지만 이 요리에서는 두부의 수분으로 한천을 녹여야 하므로 팩의 물만 따라버리고 그대로 이용한다.

2 ①에 강황, 한천가루, 소금을 넣어 볶으면서 잘 섞는다.
   강황은 식으면 색이 선명해지니 쌀알 정도 크기로 아주 약간만 넣고 골고루 섞는다.

3 김발에 종이포일을 깔고 두부를 펴서 간 다음 김을 얹어 돌돌 말아 고무줄로 고정시킨다.
   두부는 말면서 옆으로 늘어나기 때문에 김은 펼친 두부보다 크게 준비한다.

4 팬에 1cm 정도 높이의 물을 붓고 식힘망을 깐 다음 ③을 얹고 뚜껑을 덮고 중간 불로 10분 정도 찐다. 6시간 이상 그대로 식혀 단단해지면 김발에서 빼내어 적당한 크기로 썬다.
   자를 때 칼에 김이 묻을 수 있으니 물에 적신 면포나 키친타월로 칼을 닦아내면서 자른다.

COOK'S NOTE
- 강황은 색을 내기 위해서 사용하니 없으면 단호박가루나 페이스트로 대체해도 좋다.
- 한천가루는 해초가 원재료이며 녹여서 가열하면 잘 굳는다. 젤라틴과 달리 실온에서도 굳는다.

오뎅

DETOX FOOD

다시마와 표고버섯 Kelp&Shiitake 마른 다시마와 마른 표고버섯으로 만드는 맛국물은 7대 3으로 섞는 것이 기본이나 체질이나 식습관, 기후를 고려하여 비율을 바꾸면 더욱 음식이 맛있게 느껴지고 건강에도 도움을 준다. 주로 채식을 하거나 냉증이 있는 사람은 다시마의 비율을 높이고 동물성식품을 주로 먹거나 고혈압이 있는 사람은 마른 표고버섯 국물의 비율을 높인다. 또 추운 날에는 다시마의 비율을 높이고 더운 날에는 버섯의 비율을 높이는 것이 좋다. 다시마에는 혈액 정화 성분이 함유되어 있고 표고버섯은 나트륨을 배출시킨다.

TIME 60분

YIELD 4인분

INGREDIENTS
물 1.5ℓ
다시마(20×10cm) 1장
간장 1큰술
맛술 2큰술
소금 1+2/3작은술~
2작은술
곤약 1/2모
소금 약간
튀긴 두부 1/2모
유부 4장
떡볶이 떡 4개
당근 70g
감자 200g
무 350g
겨자 약간

How to Make

1 물에 다시마를 넣어 불린 다음 2~3분 정도 끓인다. 물이 끓어오르면 다시마는 꺼내고 간장, 맛술, 소금으로 간을 한다.
  다시마는 맛의 성분을 빠지지 않도록 물로 씻지 말고 키친타월로 닦아 사용한다.

2 건져낸 다시마는 2cm 폭으로 길쭉하게 잘라 묶는다.

3 곤약은 소금으로 비벼 끓는 물에 3~5분 정도 삶아 손질하여 삼각형 모양으로 자르고 튀긴 두부도 삼각형 모양으로 반으로 자른다.

4 유부는 끓는 물에 데쳐 기름기를 뺀 다음 주머니를 만들어서 떡을 넣고 이쑤시개를 꽂아 아물린다.

5 당근은 1cm 두께로 썰고 감자는 껍질을 벗긴다. 무는 2.5cm 두께로 잘라 팬에 양면을 굽는다.
  무는 그대로 조리면 떫은맛이 나오니 굽거나 쌀뜨물에 한 번 삶아서 사용한다.

6 ①에 유부 주머니 외의 모든 재료를 넣어 30분 정도 푹 끓인다. 채소가 부드럽게 익으면 유부 주머니를 넣어 떡이 익을 때까지 5분 정도 더 끓인다.
  끓였다가 식혀서 맛을 흡수시킨 다음 다시 끓여 식히기를 반복하면 맛이 잘 배어 더 맛있다. 떡을 채소와 함께 끓이면 풀리면서 녹아버려 국물이 탁해지니 따로 끓인다.

COOK'S NOTE
- 튀긴 두부가 없을 때에는 물기를 뺀 부침용 두부를 쓴다.
- 유부는 간이 되지 않은 냉동 유부를 사용한다.

두부 난반절임

DETOX FOOD

가니시 Garnish 파슬리나 파, 무순 등 요리에 토핑하거나 곁들여서 내놓는 채소를 가니시라고 한다. 가니시는 요리를 시각적으로 맛있게 보여주기 위해 곁들이기도 하지만 요리의 소화나 흡수, 해독을 위해 쓰기도 한다. 그래서 일본에서는 가니시를 야쿠미(藥味)라 한다. 특히 무순과 같이 씨앗이 발아한 새싹채소의 영양가는 아주 풍부하다. 비타민과 미네랄 외에 항암에 효과적인 성분도 있다. 무순에는 두부의 단백질을 소화, 흡수시키는 비타민 B_1이 풍부하고 피로회복에도 좋다.

TIME 30분

YIELD 2인분

INGREDIENTS

주재료
두부(부침용) 1모
소금·후춧가루 약간씩
통밀가루 약간
기름 약간
양파 100g
당근 20g
마른 표고버섯 1개
팽이버섯 30g
느타리버섯 50g

절임액 재료
생강 3톨
홍고추 1개
간장 1/4컵
현미식초 1/4컵
조청 1/4컵

장식 재료
무순 적당량

How to Make

1 물기를 잘 뺀 두부는 1cm 두께로 12등분하고 소금과 후춧가루를 뿌린 다음 통밀가루를 얇게 묻힌다.
통밀가루를 입힐 때에는 비닐봉투에 가루와 두부를 넣어 가볍게 흔들고 남은 가루는 그대로 냉동 보관하면 다시 사용할 수 있다.

2 팬을 달구어 기름을 두르고 두부를 넣어 양면을 노릇노릇하게 구워 내열용기에 담는다.

3 양파는 가로로 얇게 썰고 당근은 채 썰어 구운 두부 위에 골고루 얹는다.

4 물에 불린 표고버섯은 물기를 짜서 기둥과 갓으로 나누어 갓은 얇게 썰고 기둥은 손으로 찢는다. 팽이버섯은 3등분하고 느타리버섯은 손으로 찢는다.

5 홍고추는 어슷하게 썰고 생강은 채 썰어 냄비에 절임액 재료와 같이 넣고 끓인다.

6 끓으면 손질한 버섯을 넣고 살짝 익힌다.
오래 끓이면 맛이 진해지니 버섯의 숨이 죽을 정도로만 익힌다.

7 절임액이 뜨거울 때 ③에 붓고 한 김 식으면 냉장고에 넣어 차갑게 식혀 먹기 직전에 무순을 얹는다.
따끈해도 맛있지만 차갑게 식히면 두부에서 수분이 빠지면서 단단해져 더욱 맛있다.

COOK'S NOTE
- 버섯은 여러 종류를 사용하면 더 맛있는 국물을 우릴 수 있다.
- 홍고추 대신 마른 고추나 청양고추를 사용해도 맛있다.
- 두부는 물기를 잘 빼두고 말린 표고버섯은 물에 불려 둔다.

Section 02

서
양
요
리

서양의 가정식 해독 요리

서양 요리는 '소스의 요리'라고 합니다. 서양 요리는 토마토 소스, 화이트 소스, 베사멜 소스, 데미글라스 소스 등 여러 가지 소스를 개발해 오면서 새로운 역사를 써왔습니다. 그러나 서양의 소스는 이것저것 준비해야 할 재료도 많고 만들기도 복잡하며 경험이나 기술이 필요합니다. 버터나 생크림 등의 지방분이 많은 유제품이나 기름을 대량으로 사용하니 더부룩하거나 속이 쓰리기도 합니다. 이번 섹션에서는 고기나 뼈를 삶아 우려낸 국물이나 유제품 등은 일절 사용하지 않았습니다. 우리 입에 맞고 만들기 쉽고 또 소화도 잘 되며 뒷맛도 깔끔한 소스로 즐기는 서양 가정식 스타일의 해독 요리를 소개합니다.

두유 치즈 피자

DETOX FOOD
심플 푸드 Simple Food 가공식품보다 심플한 요리가 깨끗한 몸을 만들기에는 좋다. 가공을 많이 한 음식은 소화나 대사가 어려워지고 노폐물도 많이 생겨서 몸에 쌓인다. 평소 즐겨 먹는 피자도 시판품은 도우, 치즈, 소스, 건더기 등 여러 첨가물과 같이 가공이 된 것이다. 가능한 심플한 과정으로 만든 수제 피자를 즐기면 몸이 받는 부담도 적어진다.

TIME 30분

YIELD 지름 20cm 크기 2장분

INGREDIENTS

피자 도우 A 재료
통밀가루 120g
베이킹파우더 1/2작은술

피자 도우 B 재료
물 1/3컵 정도
올리브오일 1큰술
소금 1/4작은술

두유 치즈 재료
마 150g
두유 1/2컵
통밀가루 1+1/3큰술
소금 1/2작은술
카놀라유 1+1/3큰술
레몬즙 1작은술

부재료
양파 50g
비타민 40g
느타리버섯 40g
간 마늘 약간
소금 약간
기름 약간
토마토케첩 적당량
올리브오일 · 소금 · 후춧가루 약간씩

How to Make

1 피자 도우를 만든다. 볼에 피자 도우 A의 재료를 넣어 잘 섞는다. 다른 볼에 피자 도우 B의 재료를 섞어 소금을 잘 녹인 다음 피자 도우 A에 조금씩 넣어 젓가락으로 섞는다.
통밀가루의 상태에 따라 물의 분량은 약간 달라질 수 있으므로 양은 조절한다.

2 반죽이 손에 들러붙지 않을 때까지 잘 치댄다.
비닐에 넣어 잠깐 숙성시키면 반죽이 부드러워져 밀대로 밀기 쉽고 모양을 잡기도 좋다.

3 반죽을 밀대로 0.2cm 두께로 민다.

4 도우를 오븐팬에 올리고 포크로 구멍을 내어 반죽 속의 공기를 빼서 220℃로 예열한 오븐에서 5분 정도 굽는다.

5 두유 치즈를 만든다. 마는 껍질을 벗겨 강판에 갈고 작은 팬에 나머지 재료와 같이 넣어 골고루 섞으면서 가열한다.
통밀가루는 충분히 불려 가열한다. 농도는 두유로 조절한다.

6 양파는 얇게 썰고 비타민은 한 잎씩 떼어낸다. 느타리버섯은 적당한 크기로 찢어 간 마늘, 소금, 기름을 넣어 가볍게 무친다.

7 구운 도우에 토마토케첩을 바르고 ⑥의 재료를 얹은 다음 두유 치즈를 뿌린다.

8 200℃로 예열한 오븐에서 도우가 노릇노릇해질 때까지 15~20분 정도 굽는다. 다 구워지면 올리브오일, 소금, 후춧가루를 뿌린다.

COOK'S NOTE

- 베이킹파우더는 알루미늄이 들어가지 않은 것을 사용한다.
- 수제 토마토케첩 만드는 법은 177쪽을 참조한다.

현미 파에야

DETOX FOOD

오렌지 Orange 오렌지의 풍부한 비타민 C는 주스로 만들거나 요리에 이용하면 좋다. 비타민 C 외에 구연산의 함유량도 높기 때문에 감기 예방, 피부 미용, 피로 회복에 효과가 있다. 동물성식품, 특히 생선의 해독 작용이 높기 때문에 예부터 해산물을 즐겨 먹는 바닷가에 오렌지 생산지가 많은 이유는 그 때문이다. 또 오렌지에 풍부한 펙틴은 수용성 식이섬유의 일종으로, 장내의 유산균을 늘리고 유해 물질의 배출을 촉진시켜 방사능 물질인 세슘 방출에 효과적이다.

TIME 90분

YIELD 지름 26cm 팬 1개분

INGREDIENTS
현미 1컵
마늘 2쪽
양파 50g
새송이버섯 100g
당근 40g
롱빈 6개
파슬리 약간
올리브오일 1큰술
물 1컵
오렌지 주스 1+1/2컵
카레파우더 1/2작은술
소금 약간
레몬즙 약간
레몬(장식용) 1/8개분

How to Make

1 마늘은 얇게 썰고 양파는 다진다. 새송이버섯은 반은 굵직하게 다지고 나머지는 세로로 6등분한다. 당근은 0.5cm 두께로 새송이버섯의 길이에 맞춰 길쭉하게 자른다. 롱빈은 꼭지를 잘라내고, 파슬리는 잘게 다진다.

2 팬에 올리브오일을 두르고 마늘, 양파, 새송이버섯을 넣어 볶는다.

3 ②에 물기를 뺀 현미를 넣어 중약불로 10분 정도 잘 볶는다.

4 현미가 투명해지면 물 1컵, 카레파우더, 소금을 섞은 오렌지 주스를 넣고 뚜껑을 덮어서 약한 불로 15~20분 정도 익힌다.

5 불을 아주 약하게 줄이고 40분 정도 더 익히다가 불을 끄고 15~20분 정도 뜸을 들인다.

6 파슬리 외의 장식용 채소를 얹고 다시 뚜껑을 덮어 2~3분 정도 쪄서 파슬리를 뿌리고 취향에 따라 레몬즙을 뿌린다.
팬에 물기가 남아 있으면 뚜껑을 열고 중간 불로 익혀 물기를 없앤다.

COOK'S NOTE
- 오렌지 주스는 희석하지 않은 원액과즙 주스가 가장 좋다.
- 카레파우더는 밀가루나 채소가 들어가지 않은 순수한 스파이스를 말한다.
- 현미는 깨끗이 씻어 하룻밤 정도 물에 담가 둔다.

순두부 화이트 소스 그라탱

DETOX FOOD

케일 Kale 마크로비오틱에서는 결석의 원인이 되는 옥살산을 함유한 시금치보다 케일이나 유채나물, 쑥갓, 열무 등을 즐겨 먹는다. 케일은 녹황색 채소 중 베타카로틴을 가장 많이 함유한 채소로 항암 작용과 항산화 작용도 뛰어나다. 또 케일의 클로로필(Chlorophyll)은 몸속에 축적된 다이옥신과 결합하여 장에서 변으로 배출시키는 작용을 한다. 간 기능을 정상화시키는 효과도 있어 해독에 좋다.

볼륨감 넘치는 크리미한 그라탱은 누구나 좋아하는 요리다. 그러나 치즈나 크림, 버터가 가득한 소스는 살을 찌게 할뿐더러 소화에 부담을 준다. '몸에 부담을 주지 않고 그라탱을 즐길 수 없을까?'라는 생각으로 개발한 레시피로 순두부를 주재료로 소스를 만든다.

TIME 30분

YIELD
22×13cm 그라탱 용기 2개분

INGREDIENTS
주재료
쇼트 파스타 50g
소금 약간
올리브오일 적당량
케일 120g
간장 1작은술
옥수수(통조림) 50g
후춧가루 약간
빵가루 2큰술
간 마늘 1/2작은술
다진 파슬리 약간
올리브오일 1/2작은술
순두부 화이트 소스 재료
순두부 1/2모(170g)
찹쌀가루 4큰술
카놀라유 2큰술
조청 2큰술
소금 1작은술
머스터드 1/4작은술
레몬즙 1/2큰술

How to Make

1 끓는 물에 소금과 올리브오일을 넣고 파스타를 삶는다. 파스타를 삶은 물에 케일을 살짝 데쳐 체에 밭친다.

2 케일은 뜨거울 때 간장을 뿌려 식으면 물기를 짜서 3cm 길이로 자른다.
뜨거울 때 간장으로 밑간을 하면 맛이 잘 밴다.

3 내열용기에 파스타와 케일, 옥수수를 섞어 넣고 후춧가루를 뿌린다.

4 볼에 순두부 화이트 소스 재료 중 레몬즙을 제외한 모든 재료를 넣어서 거품기로 잘 섞어 팬이나 냄비에 넣어 끈기가 생길 때까지 잘 섞으면서 익힌다. 어느 정도 익으면 레몬즙을 넣어 섞는다. 빵가루에 간 마늘과 잘게 다진 파슬리, 올리브오일을 넣어 골고루 잘 섞는다. ③에 소스를 덮고 빵가루를 뿌려 250℃로 예열한 오븐에 1~3분 정도 굽는다.
소스의 농도가 너무 되직하면 물을 더 넣고 너무 연하면 찹쌀가루를 넣는다.

COOK'S NOTE
• 옥수수 통조림은 설탕을 첨가하지 않은 것을 선택하면 옥수수의 자연 단맛이 나서 더 맛있다.
• 쇼트 파스타는 펜네, 푸질리 등을 선택하여 통밀 파스타와 백밀 파스타를 섞어서 사용하면 영양적으로도 좋고 식감도 좋다.
• 케일 대신 유채나물이나 브로콜리 잎, 시금치를 써도 된다.

두부 오믈렛

DETOX FOOD

주키니 Zucchini 주키니는 애호박보다 과실이 단단하고 껍질의 녹색이 선명하다. 애호박에 비해 오래 가열해도 모양이 망가지지 않으며 당도도 있고 맛이 순해서 여러 요리에 잘 어울린다. 면역력을 높이는 비타민 C나 감기 예방에 좋은 카로틴 등 영양소가 풍부하면서 칼로리는 낮아 다이어트에도 좋다. 또 대사를 돕는 비타민 B와 대장을 청소하는 식이섬유도 풍부하다.

TIME 35분

YIELD 지름 18cm 원형틀 1개분

INGREDIENTS

주재료

감자 120g
주키니 60g
당근 20g
마늘 1쪽
기름 1큰술
소금 1/2작은술
후춧가루 약간
기름 적당량

반죽 재료

두부(부침용) 300g(1모)
옥수수(통조림) 100g
현미튀밥 10g
통밀가루 3큰술
카놀라유 1큰술
소금 약간

How to Make

1 두부는 물기를 뺀다. 푸드 프로세서에 옥수수와 현미튀밥을 넣어 간다.
푸드 프로세서가 없을 때에는 두부는 가는 체에 으깨고 옥수수는 잘게 다지고 현미튀밥은 비닐봉지에 넣어 으깬다. 현미튀밥은 설탕을 넣지 않은 것으로 준비한다.

2 볼에 반죽 재료를 모두 넣어 잘 섞는다.

3 감자, 주키니, 당근, 마늘은 얇게 썬다.
감자의 싹에는 유해독소가 있어서 꼭 제거해야 한다.

4 팬에 기름을 1큰술 정도 두르고 채소를 넣어 볶다가 소금과 후춧가루로 간을 한다.

5 반죽에 볶은 채소를 넣어 가볍게 섞어 기름을 바른 원형틀에 붓는다.
오븐 시트를 깔아서 사용해도 된다. 표면에 재료가 나오게 얹으면 완성했을 때 더욱 먹음직스럽다.

6 표면을 평평하게 하여 기름을 바르고 190℃로 예열한 오븐에 15~20분 정도 굽는다.
기름을 얇게 바르면 고소하게 구울 수 있다.

COOK'S NOTE

- 현미튀밥은 두부의 물기를 흡수시켜 폭신폭신한 느낌을 내기 위해서 넣는다. 생협 등에서 판매한다.
- 소는 양파, 시금치, 애호박, 토마토 등 다양한 재료로 대체 가능하다.

수제 드라이 토마토와 두부 크림치즈 카나페

DETOX FOOD

드라이 토마토 Dry Tomato 채소를 말리면 수분이 빠져서 맛이나 영양이 풍부해진다. 특히 토마토는 채소 중에도 맛의 성분인 글루탐산의 함유량이 매우 높다. 건조를 시키면 당도뿐만 아니라 맛의 성분을 응축시킬 수 있어서 같이 요리하는 음식의 맛을 살려준다. 단, 글루탐산이 많은 토마토는 완숙토마토나 방울토마토 등 진한 빨강색이 나니 색을 꼼꼼히 살펴 고른다. 토마토의 글루타티온(Glutathione)은 간장 내의 유해 물질을 해독하는 작용을 한다.

카나페는 한입 크기로 썬 바게트에 다양한 음식을 얹어서 먹는 요리다. 수제 드라이 토마토는 많이 만들어서 장기간 보관할 수 있고 다양한 요리에 사용할 수 있는데 파스타에 섞어 먹어도 되고 볶음 요리에 넣어 먹어도 맛있다.

TIME 80분

YIELD 15~20개

INGREDIENTS

주재료
테이블 크래커 적당량
후춧가루 약간
이탈리안 파슬리 약간

드라이 토마토 재료
방울토마토 적당량
소금 약간

두부 크림치즈 재료
두부(부침용) 1/2모
간 마늘 1/4작은술
레몬즙 1작은술
소금 약간
올리브오일 1/2큰술

How to Make

1. 드라이 토마토를 만든다. 방울토마토는 세로로 반으로 자르고 오븐시트를 깐 오븐팬에 자른 면이 위로 가도록 얹고 소금을 약간씩 뿌린다.
   소금은 굵은 천일염을 한두 개씩 얹으면 적당하다.

2. 130℃로 예열한 오븐에서 1시간 정도 굽는다.
   굽는 시간은 원하는 토마토의 상태나 크기에 따라 조절한다. 세미 드라이면 1시간, 좀 더 말린다면 90분 정도 타지 않도록 상태를 보면서 건조시킨다.

3. 두부 크림치즈를 만든다. 푸드 프로세서에 물기를 잘 뺀 두부와 나머지 재료를 넣어 잘 간다.
   두부의 크기가 반 정도로 줄어들 때까지 물기를 잘 빼면 오래 보관할 수 있고 크림치즈와 같은 식감이 난다.

4. 테이블 크래커에 두부 크림치즈와 드라이 토마토를 얹는다. 후춧가루를 뿌리고 이탈리안 파슬리를 장식한다.
   후춧가루는 파우더가 아닌 통후추를 갈아서 뿌리면 훨씬 맛있다.

COOK'S NOTE
- 테이블 크래커는 가능한 유화제 등의 첨가물이 없는 것으로 준비한다. 또는 하드 브레드를 사용해도 좋다.
- 이탈리안 파슬리 대신 다진 파슬리나 셀러리 잎으로 대체해도 좋다.
- 두부는 하룻밤 이상 물기를 빼두고 오븐은 130℃로 예열한다.
- 남은 드라이 토마토는 토마토가 잠길 정도의 올리브오일에 담가 보관하면 장기 보관이 가능하다. 또는 밀폐시켜 냉동 보관한다.

콜리플라워 샌드위치

DETOX FOOD

콜리플라워 Cauliflower 양배추의 종류인 콜리플라워가 가진 아이소싸이오사이아네이트(Isothiocyanate)라는 성분에는 면역력을 높여 암의 발생을 막아주는 효과가 있다. 또 피부 미용과 피로 회복에도 좋다. 콜리플라워의 비타민 C는 열에 강하며 콜라겐 형성에 관여하여 세포를 튼튼하게 한다. 잎에도 비타민 C가 풍부하니 잎도 함께 섭취한다.

TIME 25분

YIELD 2인분

INGREDIENTS
콜리플라워 100g
소금 약간
현미식초 약간
두부 마요네즈 2큰술
레몬즙 약간
소금 약간
적양배추 120g
소금 1/2작은술
현미식초 1/2작은술
당근 50g
소금 1/4작은술
올리브오일 1작은술
양파 25g
겨자잎·로메인 적당량씩
바게트(1cm 두께로 썬 것) 4개
머스터드 약간
후춧가루 약간

How to Make

1 콜리플라워는 한입 크기로 자르고 끓는 물에 소금과 현미식초를 넣어 삶는다.
삶을 때 식초를 넣으면 흰색을 살릴 수 있다.

2 삶은 콜리플라워는 두부 마요네즈 2큰술에 무쳐 레몬즙과 소금으로 간을 한다.

3 적양배추는 채 썰어 소금과 현미식초로 무친다.
약간의 식초를 넣으면 색과 맛이 산다.

4 당근은 가늘게 채 썰어 소금과 올리브오일을 넣어 무친다.

5 양파는 얇게 썰고 겨자잎과 로메인은 살살 씻어 물기를 제거한다. 바게트에 머스터드와 두부 마요네즈를 적당히(분량 외) 바른다.
빵에 머스터드를 바르면 채소의 수분이 빵에 스며드는 것을 막아준다.

6 바게트에 쌈채소를 깔고 콜리플라워, 적양배추, 당근을 얹는다. 양파 슬라이스를 토핑하고 후춧가루를 뿌린다.
채소의 물기를 꼭 짜서 넣으면 빵이 촉촉해지지 않고 쉽게 상하지도 않는다.

COOK'S NOTE
- 두부 마요네즈 만드는 방법은 255쪽을 참조한다.
- 바게트는 천연 효모로 발효시킨 것이 좋다.

라타투이

DETOX FOOD
토마토 Tomato 토마토의 주목할 만한 영양 성분으로는 라이코펜이 있다. 활성산소를 제거해주는 항산화물질의 하나로 암이나 노화를 예방하고 해독에도 효과가 있다. 또한 몸속 방사능을 배출하는 데도 도움이 된다고 한다. 라이코펜은 가열하면 세포벽이 파괴되며 기름에 녹는 성질이 있어서 흡수력이 3~4배로 높아진다. 토마토는 가열하면 비타민 C는 줄어들지만 맛이나 당도, 라이코펜 흡수력은 높아진다.

TIME 30분

YIELD 2인분

INGREDIENTS

마늘 1쪽
마른 고추 약간
양파 80g
노랑 파프리카 30g
가지 40g
주키니 60g
방울토마토 150g
올리브오일 2큰술
소금 약간
간장 1/4작은술
소금 1/4작은술
후춧가루 약간
바질·오레가노 약간씩

How to Make

1 마늘과 마른 고추는 얇게 썬다. 양파와 노랑 파프리카는 가로, 세로 1cm 크기로 자른다. 가지와 주키니는 1cm 너비로 자른 다음 4등분한다. 방울토마토는 꼭지를 떼어내고 반으로 자른다.

2 냄비에 올리브오일을 두르고 마늘과 마른 고추를 볶다가 가지를 볶는다.

3 가지가 익으면 접시에 담아 두고 양파, 노랑 파프리카, 주키니를 넣어 볶는다.

4 마지막에 방울토마토를 넣어 살짝 볶는다.
토마토를 처음부터 넣으면 즙이 많이 생기므로 마지막에 넣는다.

5 소금을 약간 뿌리고 뚜껑을 덮어 주키니가 익을 때까지 2분 정도 조린다.

6 가지를 다시 넣고 간장, 소금, 후춧가루로 간을 한다. 취향에 따라 바질이나 오레가노를 넣는다.

COOK'S NOTE
- 마른 고추 대신 청양고추를 사용해도 좋다.
- 파프리카 대신 피망이나 완숙 토마토를 써도 된다.
- 가을과 겨울에는 가지나 주키니 대신 연근이나 우엉 등을 넣으면 더욱 좋다.

연근 버섯 미트로프

DETOX FOOD

파슬리 Parsley 파슬리에는 특유의 향이 있는데 정유 성분의 하나로 탈취 작용이 있다. 또 항산화력과 식중독을 예방하는 효과, 스트레스를 해소시키는 효과도 있다. 고기 요리에 파슬리를 자주 곁들이는 것은 이 때문이다. 파슬리는 소량만 섭취해도 다른 영양소의 흡수를 도와주거나 대사 해독을 촉진시키는 역할을 한다. 또 파슬리는 입냄새를 없애준다. 입냄새는 위장의 부진으로 나타나는 것으로 해독이 필요하다는 몸에서 보내는 사인이다.

TIME 50분

YIELD 16×8×6cm 파운드틀 1개분

INGREDIENTS

주재료

마늘 2쪽
양송이버섯 200g
양파 200g
파슬리 8g
연근 200g
기름 1큰술
소금 약간
빵가루 60g
너트메그 약간
소금 1/2작은술
후춧가루 약간

소스 재료

토마토 퓌레 3큰술
조청 1큰술
간장 1/2작은술

How to Make

1 마늘은 곱게 다지고 양송이버섯과 양파는 굵직하게 다지고 파슬리도 다진다. 연근은 강판에 간다.
  양송이버섯은 물로 씻으면 향이 떨어지므로 붓이나 키친타월로 가볍게 닦는다.

2 팬에 기름을 두르고 마늘, 양송이버섯, 양파를 넣고 볶다가 소금을 약간 넣어 수분이 없어질 때까지 볶는다.
  약간의 소금을 뿌려 볶으면 채소의 수분이 나와 재료의 당도가 높아진다.

3 볼에 ②와 나머지 재료를 모두 넣고 잘 섞어서 반죽을 만든 다음 너트메그, 소금, 후춧가루로 간을 한다.
  연근의 수분이 많이 나오면 손으로 살짝 짠다.

4 파운드 틀에 기름(분량 외)을 바르고 반죽을 채우고 표면은 평평하게 정리한다. 200℃로 예열한 오븐에서 30분 정도 굽는다.

5 팬에 분량의 소스 재료를 모두 넣고 끈기가 생길 때까지 끓인다.

6 미트로프가 구워지면 틀에서 꺼내 식힌 후 적당한 크기로 자르고 소스를 곁들인다.
  틀에 넣고 식히면 수증기로 촉촉해지므로 틀에서 꺼내서 식힌다.

COOK'S NOTE

맛이 순하고 육질이 부드러운 양송이버섯을 사용했는데 없다면 새송이버섯이나 느타리버섯을 사용해도 된다.

Section 03

중
국
요
리

중국의 가정식 해독 요리

중국 요리는 '불의 요리'라고 합니다. 강한 화력으로 단번에 가열하여 재료의 식감이나 특색을 살려 완성합니다. 그래서 중국 요리에는 열전도를 높이기 위해 가열할 때에 기름을 많이 사용하거나 튀기는 요리가 많고 재료에 맛이 스며들게 하기보다는 진한 소스로 맛을 내어 진하고 짠 요리가 많습니다. 기름이 많은 요리는 포만감과 만족감을 주지만 소화에는 큰 부담을 줍니다. 또 짜고 진한 간은 염분이 높아서 심장이나 신장에 해를 줍니다.

이번 섹션에서는 보다 건강하게 중국 요리를 즐길 수 있도록 채소를 듬뿍 사용하였으며 가능한 기름을 사용하지 않고 찌거나 구워 담백하고 건강하게 만들었습니다.

중화냉면

DETOX FOOD

깨 Sesame 옛날부터 '불로장수의 명약'이라고도 불리는 영양덩어리 깨는 지질이 약 50%, 단백질이 약 20%로 고칼로리 식품이지만 몸에 좋은 성분이다. 특히 지질에 가장 많은 세사민(Sesamin)은 강한 항산화 작용을 하여 노화를 예방하고 체내 독소를 없애 간장 기능을 강화시키고 혈액의 질을 개선한다. 흡수력을 높이기 위해서는 통깨보다 갈아서 섭취하는 것이 좋다.

TIME 25분

YIELD 2인분

INGREDIENTS

주재료
쫄면 400g
소스 재료
양파 70g
된장 1큰술
참기름 2작은술
간 마늘 1+1/2작은술
간 생강 1+1/2작은술
조청 4큰술
간장 1작은술
현미식초 3큰술 정도
물 1/4컵
깨소금 3큰술
부재료
오이 60g
당근 30g
숙주나물 100g
치커리 20g
참깨 약간

How to Make

1 쫄면은 표시된 시간대로 끓는 물에 삶아서 체에 밭쳐 차가운 물로 잘 헹궈 물기를 뺀다.

2 소스 재료의 양파는 다지고 된장은 으깬다.
된장은 알갱이가 있으므로 부드럽게 으깬다.

3 팬에 참기름을 두르고 양파를 볶다가 나머지 소스 재료를 넣고 잘 섞어서 살짝 끓인 다음 식힌다.
양파를 잘 볶아서 단맛을 끌어내는 것이 맛의 포인트이다.

4 오이와 당근은 채 썰고 숙주나물은 살짝 데친다. 치커리는 먹기 좋게 찢는다.

5 물기를 뺀 쫄면을 접시에 담고 부재료를 얹는다.

6 먹기 직전에 소스와 참깨를 뿌린다.

COOK'S NOTE

- 면은 쫄면 외에 칼국수나 우동, 소면, 메밀국수 등으로 만들어도 맛있다.
- 부재료는 취향에 따라 미역, 파프리카, 무순, 유부 등을 곁들인다.

현미 슈마이

DETOX FOOD

현미 Brown Rice 현미는 여러 식재료 중 해독의 대표선수라 할 수 있다. 몸속의 중금속이나 농약, 방사능까지 해독시키며 유독 물질을 체외에 배출시키는 작용도 뛰어나다. 현미의 탁월한 해독 작용은 팔미트산(Palmitic acid)이 담당한다. 또 식이 섬유는 대장에 작용하여 변비를 개선시키고 비타민 B군은 영양 성분의 대사를 높인다. 이 성분들은 백미에는 거의 없다.

TIME 30분

YIELD 7~8개분

INGREDIENTS

주재료
마른 표고버섯 1개
무말랭이 5g
옥수수(통조림) 적당량
마늘 1쪽
생강 3g
쪽파 25g
현미밥 150g
찹쌀가루 1큰술
소금 1/4작은술
만두피(작은 것) 8장
기름 약간

소스 재료
풋고추 적당량
간장 2작은술
현미식초 1작은술

How to Make

1 마른 표고버섯과 무말랭이는 물에 불려 다지고 옥수수는 체에 밭쳐 물기를 뺀다.

2 마늘과 생강은 잘게 다지고 쪽파는 송송 썬다.

3 볼에 현미밥, 다진 표고버섯, 다진 무말랭이, 마늘, 생강, 쪽파, 찹쌀가루, 소금을 넣고 잘 섞는다.

4 만두피에 ③을 적당히 얹고 싸서 찹쌀가루(분량 외)를 묻힌 옥수수를 한두 알씩 얹어 장식한다.

만두피의 겹친 부분이 크면 찔 때 벌어지므로 겹친 부분에는 물을 바르고 붙인다. 또 만두피는 생만두피를 사용해야 모양과 식감이 좋다. 옥수수에 찹쌀가루를 묻히면 떨어지지 않는다.

5 찜기에 김이 오르면 찜기 바닥에 기름을 얇게 바르고 슈마이를 얹고 뚜껑을 덮은 다음 중간 불로 10~15분 정도 찐다.

6 풋고추는 송송 썰어 간장과 현미식초와 섞어 소스를 만들어 슈마이에 곁들인다.

COOK'S NOTE

무말랭이는 식감과 깊은 맛을 내려고 넣었다. 무말랭이채(299쪽)를 만든 후 남은 것을 사용해도 좋다.

볶지 않은 양배추 된장볶음

DETOX FOOD

된장 Doenjang 살아있는 좋은 균을 가진 된장은 체내의 밸런스를 좋게 하며 체액인 림프액을 맑게 해 방사능이나 농약, 화학첨가물로 오염된 몸을 정화시킨다. 대두로 만든 된장은 방사능 물질인 스트론튬(Strontium)이 몸속으로 들어오는 것을 막는 칼슘, 세슘을 막는 칼륨, 방사성 요오드가 갑상선에 들어오는 것을 막는 요오드를 함유하고 있다.

양배추를 주재료로
돼지고기와 볶아서 만든
중국 요리가 있다.
원래는 기름기가 아주
많은 요리이지만
기름이 많으면
소화에 부담을 주고
비만을 부르니
이 레시피는 볶지 않고
만들었다.

TIME 25분

YIELD 2~4인분

INGREDIENTS

주재료
유부 3장
양배추 120g
양파 50g
당근 20g
피망 85g

된장 소스 재료
된장 1큰술
간 마늘 1/2작은술
간 생강 1/2작은술
간장 1/2큰술
메이플시럽 1/2큰술
참기름 1/2큰술

How to Make

1 유부는 끓는 물에 데쳐 기름기를 뺀 다음 1cm 너비로 자른다. 양배추는 한입 크기로 찢고 양파는 가로, 세로 1cm 크기로 썬다. 당근은 1cm 너비로 비스듬히 자른 다음 얇게 썰고 피망은 마구썰기한다.
유부는 간이 되지 않은 냉동 유부를 사용한다. 없을 때에는 물기를 잘 뺀 두부를 미리 볶아 두었다가 넣어도 좋다.

2 된장 소스를 만든다. 된장은 으깨어 알갱이를 없애고 나머지 재료를 모두 넣고 골고루 섞는다.
된장의 알갱이는 짜서 부드러운 소스를 만들려면 반드시 으깨야 한다.

3 냄비에 피망, 양파, 양배추, 당근의 순서로 켜켜이 넣고 맨 위에 된장 소스를 얹는다. 물 1큰술을 넣고 뚜껑을 덮어서 약한 불에 5~8분 정도 익힌다.
된장 소스를 맨 위에 얹는 것이 포인트. 채소에서 나오는 물로 익히는 요리이니 타지 않도록 약한 불로 천천히 익힌다.

4 채소가 익으면 채소와 소스를 가볍게 섞는다.
이때 참기름을 뿌리면 윤기도 돌고 향도 좋아져 더욱 맛깔스럽다.

COOK'S NOTE
- 짠맛이 강한 된장에는 메이플시럽이 잘 어울린다. 메이플시럽이 없을 때에는 조청 1큰술을 넣어도 된다.
- 숙주나물, 가지, 대파 등 다양한 채소로 만들 수 있다.

마파가지

DETOX FOOD

가지 Eggplant 가지의 껍질은 가열을 하거나 말리면 쉽게 색이 변하는데, 이는 안토시아닌 때문이다. 안토시아닌은 폴리페놀의 일종으로 혈관을 깨끗하게 하고 동맥경화나 고혈압을 예방하는 효과가 있다. 노화를 막고 면역력이 생겨 활력 넘치는 몸을 유지하는 데 도움이 된다. 또 흡연과 스트레스 등으로 발생한 활성산소를 억제하는 효과가 있는데, 그 파워는 브로콜리나 시금치보다 강하다고 한다.

TIME 30분

YIELD 2~4인분

INGREDIENTS

주재료
가지 250g
언두부 1/4모
양파 50g
쪽파 20g
기름 2큰술
간장 1작은술

양념 재료
된장 1+1/2큰술
간장 1큰술
물 1컵
다진 생강 1작은술
다진 마늘 1작은술
홍고추 약간
감자녹말 1작은술

How to Make

1 가지는 4cm 길이로 잘라 4등분한다. 언두부는 물기를 꼭 짜서 손으로 으깬다. 양파와 쪽파는 다진다.

2 된장은 으깨어 나머지 양념 재료를 넣고 골고루 섞는다.

3 팬을 달구어 기름을 두르고 가지를 굽는다. 껍질이 부드러워지면 접시에 담는다.
오래 구우면 가지의 색이 변하니 가지부터 구워낸다.

4 가지를 구운 팬에 언두부를 넣어 살짝 볶다가 간장을 넣고 3~5분 정도 더 볶아 간장의 물기를 없앤다.
언두부에 간장으로 간을 하면 맛이 더 좋다.

5 언두부가 고소하게 익으면 양념과 양파를 넣는다.

6 걸쭉해지면 미리 볶아 놓은 가지를 넣어 섞어 접시에 담고 쪽파를 뿌린다.

COOK'S NOTE
언두부는 하룻밤 이상 냉동고에서 얼렸다가 해동을 시킨 두부를 말한다.

두부 유린기

DETOX FOOD

대파 Green Onion 예로부터 약용 채소로 이용해 온 대파. 흰 부분에는 비타민 C가, 녹색 부분에는 활성산소로부터 몸을 지켜주는 카로틴, 신경을 안정시키는 칼슘, 칼슘이 뼈에 참착하는 것을 돕는 비타민 K가 풍부하다. 파의 향 성분은 '알리신'으로 항산화 작용, 항균 작용이 있으며, 피로회복에도 효과적이다. 또 비타민 B_1의 흡수를 촉진하고 강한 살균 작용으로 혈전을 녹이고 혈액순환을 원활하게 하지만 생으로 먹으면 위장 점막이 상할 수 있으니 주의한다.

TIME 25분

YIELD 2인분

INGREDIENTS

주재료
두부(부침용) 1모
소금·후춧가루 약간씩
통밀가루 적당량
기름 1큰술
실고추 약간

소스 재료
마늘 1쪽
생강 3톨
마른 표고버섯 1개
대파 60g
마른 표고버섯 불린 물 1/4컵
레몬즙 1큰술
조청 3큰술
간장 1큰술
감자녹말 1작은술

How to Make

1 물기를 잘 뺀 두부는 엄지손가락 크기로 손으로 찢어서 소금과 후춧가루를 뿌린다. 비닐봉지에 통밀가루와 손질한 두부를 넣고 가볍게 흔들어 두부에 통밀가루를 얇게 입힌다.
두부에 밑간을 제대로 해야 맛있다.

2 팬을 달구어 기름을 두르고 두부를 넣어 고소하게 굽는다.

3 소스 재료인 마늘과 생강은 곱게 다지고 물에 불려둔 표고버섯은 갓과 기둥을 각각 다진다. 대파는 흰 부분은 다지고 녹색 부분은 채 썬다.
대파 뿌리가 있으면 함께 다져 넣는다.

4 작은 냄비에 대파의 녹색 부분을 제외한 소스 재료를 모두 넣고 섞으면서 가열을 한다.
대파의 녹색 부분은 색이 변하므로 넣지 않는다. 대파 뿌리도 버리지 말고 소스 재료를 넣을 때 같이 넣는다.

5 구운 두부에 대파의 녹색 부분을 뿌린다.

6 소스가 걸쭉해지면 ⑤의 구운 두부에 끼얹고 실고추로 장식한다.
여열로 대파의 녹색 부분이 익도록 소스가 뜨거울 때 끼얹는다.

COOK'S NOTE

- 두부는 물기를 빼두고 마른 표고버섯은 물에 불려 둔다.
- 생강은 엄지손가락 크기로 얇게 썬 것을 준비한다.
- 레몬즙 대신 현미식초를 사용해도 좋다.

니라타마

DETOX FOOD

부추 Chives 부추는 동양의학에서 몸을 데워주는 식재료로 사용된다. 대사가 좋지 않은 사람이나 허약체질의 사람에게 좋은 음식이다. 위장과 대장이 제대로 활동할 수 있도록 도와주는 효과도 있으며 숙취에도 효과적이다. 또한 혈액 속의 독소를 잡는 작용을 하는 셀레늄(Selenium)이 많은 해독 채소이다. 알레르기에도 효력이 있으니 면역력을 높이려면 가까이 하는 것이 좋다.

TIME 25분

YIELD 2인분

INGREDIENTS

주재료

두부 1모
부추 20g
기름 1+1/2큰술
강황 약간
한천가루 1/4작은술

소스 재료

홍고추 약간
토마토 퓌레 1큰술
현미식초 2큰술
조청 2큰술
간장 1작은술
소금 1/4작은술
생강즙 약간
감자녹말 1/2작은술

How to Make

1 두부는 물기를 빼고 부추는 3cm 길이로 썬다.

2 팬을 달구어 기름을 두르고 두부를 으깨 넣고 강황과 한천가루를 넣어 볶으면서 잘 섞는다.
강황은 '터메릭'이라고도 부르는 향신료의 일종으로 이 레시피에서는 노란색을 내기 위해서 사용한다. 강황은 식으면 색이 선명해지니 아주 약간만 넣는다. 한천가루는 두부에서 나오는 수분으로 충분히 불도록 가열해야 응고력이 생긴다.

3 ②에 부추를 넣어 골고루 볶는다.

4 뜨거울 때 둥그런 그릇에 담는다.
그릇 안쪽 면에 물을 칠해 놓으면 음식이 잘 빠진다.

5 소스를 만든다. 홍고추는 어슷하게 썰어 나머지 소스 재료와 함께 팬에 넣고 걸쭉해질 때까지 끓인다.

6 두부를 접시에 옮겨 담고 소스를 붓는다.

COOK'S NOTE

한천가루는 해초로 만든 식물성 응고제이다. 이 요리에 한천가루를 넣으면 모양을 만들기 쉽고 두부에서 물이 나오는 것을 막아준다. 모양을 내지 않는 경우나 만들어서 바로 먹는 경우에는 넣지 않아도 된다.

군만두

DETOX FOOD

배추 Napa Cabbage 배추의 심 부분에는 알레르기 개선에 탁월한 비타민 B_6와 발암 물질의 합성을 저해하는 몰리브덴(Molybdenum)이라는 성분이 매우 많다. 배추는 심까지 얇게 썰거나 다져 먹어야 면역력 강화나 항암에 좋다.

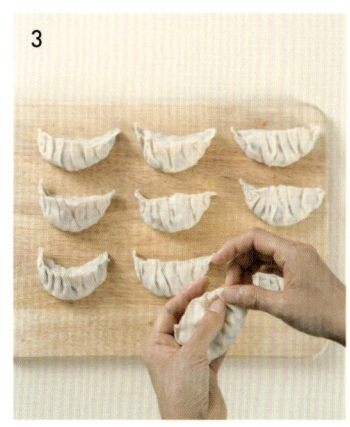
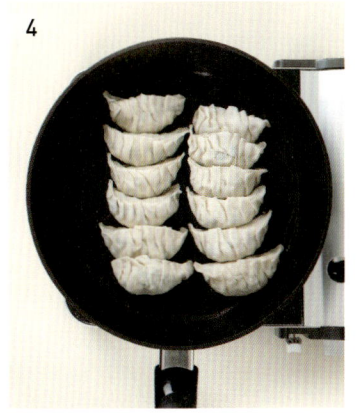

TIME 40분

YIELD 10~12개분

INGREDIENTS

주재료
만두피 적당량
기름 적당량

소 재료
언두부 1/2모
부추 30g
배추 30g
소금 약간
마른 표고버섯 1개
간장 1작은술
마늘 1쪽
생강 5g
참기름 약간
물 약간

초간장 재료
간장 2작은술
현미식초 1작은술

How to Make

1 해동을 한 언두부는 물기를 짜서 손으로 잘게 으깬다. 부추는 0.5cm 길이로 썰고 배추는 다져 소금을 뿌린다. 마른 표고버섯은 물에 불렸다가 물기를 짜서 기둥은 손으로 찢은 다음 다지고 갓도 다져 간장으로 밑간을 한다. 마늘과 생강은 곱게 다진다.
배추는 수분이 많으니 소금을 뿌려 미리 숨을 죽인다.

2 볼에 모든 재료를 넣고 잘 섞는다.
참기름을 약간 넣으면 향이 고소해지고 촉촉해져 맛있다.

3 만두피 가장자리에 물을 바르고 소를 한 숟가락씩 얹어 주름을 만들어 가면서 빚는다.

4 팬을 달구어 기름을 두르고 만두를 얹어 중약불로 밑면만 굽는다.

5 밑면이 살짝 구워지면 뜨거운 물을 1/4~1/3컵 정도 붓고 바로 뚜껑을 덮는다.
뜨거운 물을 부어야 만두끼리 들러붙지 않는다.

6 물이 거의 없어지면 뚜껑을 열어 완전히 물기를 없애고 밑면을 바삭바삭하게 굽는다. 초간장 재료를 잘 섞어 곁들인다.
취향에 따라 다진 파나 참깨, 고추, 고추기름 등을 섞어도 맛있다.

COOK'S NOTE
- 만두피는 쫄깃쫄깃하고 맛도 좋은 생만두피로 준비한다.
- 마른 표고버섯은 물에 불려 둔다.
- 언두부란 두부를 하룻밤 이상 냉동시켰다가 해동한 것을 말한다.

무 오이 생강절임

DETOX FOOD

생강 Ginger 생강은 예로부터 약효가 뛰어난 재료로 알려졌으며 민간요법에도 많이 쓰였다. 생강은 혈액순환을 촉진하여 몸을 데워주는 작용이 있는 진저론(Zingerone)과 항산화 작용이 뛰어나며 항암성을 가진 쇼가올(Shogaol)이 함유되어 독특한 매운맛을 낸다. 살균작용과 신진대사를 높이니 감기 예방이나 냉증, 생리통에 도움이 된다. 또 황화아릴은 장과 간장 내에서 유해 금속과 결합하여 몸밖으로 배출시키는 해독 작용을 한다.

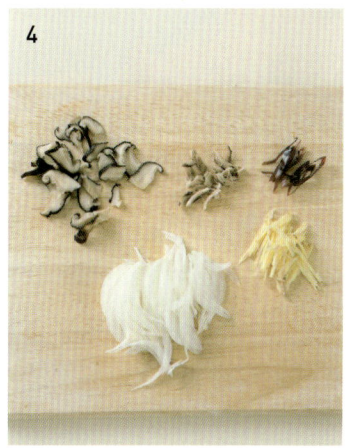

TIME 25분

YIELD 2인분

INGREDIENTS

주재료

무 120g

오이 180g

물 1컵

소금 2작은술

마른 표고버섯 1개

양파 40g

생강 5g

마른 고추 1/3개

참기름 1큰술

양념 재료

현미식초 2큰술

조청 2큰술

간장 1/2큰술

참깨 1작은술

How to Make

1 무는 오이와 비슷한 굵기로 자른다. 무와 오이에 잔 칼집을 넣는다.
  잘라지지 않을 정도로 비스듬히, 깊게 칼집을 넣는다. 처음에는 나무젓가락으로 고정시켜 자르면 자르기 쉽다.

2 뒤집어서 다시 같은 방향으로 칼집을 넣는다.

3 물 1컵에 소금 2작은술을 녹여 무와 오이를 절인다. 숨이 죽으면 물기를 짜서 한입 크기로 잘라 유리용기에 담는다.

4 마른 표고버섯은 물에 불려 갓은 얇게 썰고 기둥은 손으로 찢는다. 양파는 얇게 썰고 생강은 가늘게 채 썬다. 마른 고추는 씨를 털어내고 가늘게 썬다.

5 팬을 달구어 기름을 두르고 마른 고추와 생강을 넣어 볶은 다음 표고버섯과 양파를 넣어 살짝 볶는다.

6 ⑤에 양념 재료를 넣어 바글바글 끓인다. 양념이 뜨거울 때 ③에 부어 절인다.
  양념이 뜨거울 때 재료를 부어야 양념이 잘 스며든다.

COOK'S NOTE

- 무의 윗부분은 달콤하고 뿌리 쪽은 맵다.
- 오이는 청오이나 다다기 오이로 만들어도 된다.
- 마른 표고버섯은 물에 불려 둔다.

DETOX COLUMN ❷

동물성식품, 국물 요리, 연한 음식은 가라!
3無 해독 건강법

다양한 해독법이 유행하고 있습니다. 이 책에서는 마크로비오틱을 기본으로 하여 해독 효과가 있는 요리를 소개하고 있습니다. '장수식'이라고도 불리는 마크로비오틱 요리는 사람과 환경의 바람직한 모습을 추구한, 모두의 건강을 배려한 사고에 의거해서 구성되어 있습니다. 사람이 제 모습을 되찾는 일은 정화가 된 상태 즉, 해독을 의미하며 마크로비오틱 요리=해독 요리라고 할 수 있습니다.

마크로비오틱의 토털 푸드 밸런스 차트를 보면 동물성식품은 보이지 않습니다. 마크로비오틱은 때에 따라 고기나 생선, 달걀, 유제품과 같은 동물성식품도 섭취합니다. 실제로 마크로비오틱의 권위자인 쿠시 미치오 씨의 '마크로비오틱의 가이드 라인'에도 옵션으로 고기나 생선, 달걀 등의 섭취가 기재되어 있습니다. 그러나 해독이 필요할 때에는 동물성식품은 피하는 게 좋습니다. 왜냐하면 동물성단백질은 많은 지방을 함유하여 소화와 흡수 과정에서 막대한 에너지를 필요로 하여 위와 장에 부담을 주고 동시에 대량의 효소를 소모시킵니다.

게다가 소화되지 않고 대장에 남은 동물성단백질은 체내에 노폐물로 남습니다. 그렇게 되면 유해균이 늘어나서 장내 환경은 악화되어 황화수소, 히스타민 같은 독소나 발암 물질이 생성됩니다. 또한 단백질을 소화시키는 과정에서 대량의 아미노산 분해가 일어나면 본래 약알칼리성인 체액이나 혈액이 산성화됩니다. 이렇게 되면 세포 기능은 둔화되고 장기의 기능은 저하됩니다. 특히 해독을 담당하는 간 기능이 떨어져 몸의 해독 효과가 저하되면서 면역력이 약화되어 각종 질병에 걸리기 쉬워집니다.

마크로비오틱의 4대 원리의 하나인 '일물전체(통째로 먹기)'는 정제된 음식이나 가공된 것은 피해 가능한 통째로 먹자는 것입니다. 통째로 먹기 어려운 고기나 유제품은 균형이 결여되어 있고 대사 등 효율이 나쁘며 편향된 에너지를 섭취하기 쉬운 '하이 스트레스 푸드(High Stress Food)'입니다. 반대로 통째로 먹을 수 있는 조개류나 가까운 바다에서 잡힌 작은 물고기 등은 통째로 섭취할 수 있습니다. 그러나 해독의 관점에서는 생선과 조개는 중금속 등의 오염 물질이 쌓여 있을 위험성이 있습니다. 특히 일본 후쿠시마의 원전 사고로 인해 생선의 방사능 물질 축적에 대한 우려도 커지고 있습니다.

마크로비오틱의 4대 원리의 하나인 '자연생활'이라는 관점에서 보면 환경을 생각하여 동물성식품 섭취의 질과 양, 빈도에 대하여 고려할 필요가 있습니다. 일본 농림수산부의 보고서에 따르면 돼지고기 1kg을 얻는 데 필요한 사료는 약 7kg, 소는 11kg의 사료가 필요하다고 합니다. 대량의 사료에 포함된 항생제와 성장 호르몬제 등도 걱정입니다. 육류, 달걀, 유제품은 오염 물질이 축적되기 쉬운 식품이라는 점을 고려할 때 해독 요리에는 피하는 것이 좋다고 생각합니다. 만약 동물성식품을 먹는다면 '가끔씩, 질 좋은 것으로, 소량'을 염두에 두어야 합니다. 단칼에 동물성식품을 끊으려 하지 말고 일주일에 한 끼, 다음에는 하루에 한 끼식으로 동물성식품을 줄여가면서 해독을 시작하길 권합니다.

마크로비오틱 토털 푸드 밸런스에서는 하루에 한 그릇에서 두 그릇의 국물 섭취를 권하고 있습니다. 그 이상의 섭취는 염분 과잉 섭취의 우려가 있습니다. 국물 음식 문화가 발달한 한국에서는 매끼 국물을 먹는 습관이 있습니다. 평소 자각하지 못한 채 염분이 많은 국이나 찌개를 섭취해 버리게 되니 염분을 해독시키려면 국물 음식의 섭취에 주의해야 합니다. 싱거운 국물이라도 많이 먹으면 싱겁게 먹는 의미가 없습니다. 이 책에서는 국물 음식으로 채소 수프, 일본식 된장국, 오뎅을 소개하였습니다. 또 무말랭이차나 표고버섯차 등 음료 형태로 염분 배출에 효과가 높은 레시피를 중심으로 모았습니다. 만일 국물 요리를 끊을 자신이 없다면 숟가락 대신 젓가락으로 먹는 것도 방법입니다.

마지막으로 마크로비오틱에서는 곡물 채식을 중심으로 국산의 제철에 난 음식을 통째로 섭취하는 것이 기본입니다. 따라서 이 책에는 정제되거나 가공된 '연한 음식'도 없습니다. 연한 음식이란 가공을 거쳐 빨리 먹을 수 있는 음식을 뜻합니다. 패스트푸드와 가공식품이 대표적입니다. 연한 음식의 특징은 식재료는 아주 잘게 다져지고 연하게 조리하여 여러 번 씹지 않고도 술술 넘어간다는 것입니다. 조리하는 데 공을 들이지 않고도 간편하게, 저렴하게, 빨리 먹을 수 있으니 이보다 현대인에게 최적화된 음식도 없을 듯싶습니다. 그러나 입맛과 위에만 아부하는 나쁜 음식들은 이 책에는 없습니다. 공을 들여 씹어야 하는

현미밥에 대지와 태양, 바람, 바다, 산, 계절의 기운을 얻은 채소와 과일 등으로 만든 슬로 푸드 레시피를 소개하고 있습니다.

섬유질이 풍부한 채소와 배아가 살아 있는 곡류, 통째로 먹는 과일과 같은 거친 음식을 꼭꼭 씹어 먹으면 음식 고유의 풍미를 느낄 수 있습니다. 음식을 꼭꼭 씹어 먹으면 침이 분비되는데 침에는 소화 효소, 면역력 증강 물질, 살균 물질 등이 들어 있어 오래 씹을수록 건강해진다는 말이 있습니다. 사람은 씹는 행위를 함으로써 뇌의 시상하부를 자극해 도파민 분비를 촉진하므로 10~15분 이상 씹으면 즐거움과 쾌감을 느낄 수 있다고 합니다. 앞으로 밥을 먹을 때에는 최소 30회 이상 씹어야 합니다.

마크로비오틱식 해독 요리의 기본

해독력 높이기	독소 줄이기
통째로 먹기	식품첨가물(가공식품) 없애기
채소, 과일, 해초 먹기	오염 식품 막기
콩과 견과류 먹기	동물성식품 줄이기
생식 하기	지방 줄이기
발효식품 먹기	설탕 과다 줄이기
수분 섭취하기	

PART 03

내 몸을 위한 음식처방전
자연의 에너지 푸드

약에 의존하지 않고 자연의 약효로 건강을 유지해야 합니다.
마크로비오틱을 비롯하여 중국의 약선요리나 유럽의 호메오파시, 인도의 아유르베다,
한국의 한방 등 최근에는 현대 서양 의학에 의지하지 않고
자연이나 음식의 힘을 살린 대체 의학에 주목합니다.
과학적인 약제로 표면적인 증상을 억제하는 서양 의학과는 달리 대체 치료에 사용하는 것은
음식이나 식물 등 자연의 산물로 증상을 완화시킵니다.
물론 약제에 비해 부작용의 걱정도 적고 일상생활 속에서 자연스럽게 실천해갈 수 있습니다.
결과적으로 몸 전체의 밸런스가 개선되어 건강한 몸을 만들 수 있습니다.
이번 파트에서는 건강 개선과 유지에 도움이 되도록
각각의 증상별 식재료의 효능과 영양에 주목한 요리를 소개합니다.

마크로비오틱에는
사람에게 필요한 에너지와
영양소를 나타낸 표준식의
'토털 푸드 밸런스'가 있습니다.

컨디션 관리나 면역력 향상, 그리고 해독을 위해
아무리 좋은 식재료와 요리를 알고 있다 해도
그것들을 어떻게, 어느 정도 먹으면 좋을지를 고려하여
메뉴를 짜는 일은 꽤 중요하고 어려운 일입니다.

마크로비오틱에는 사람에게 필요한 에너지와
영양소를 나타낸 표준식의 '토털 푸드 밸런스(Total Food Balance)'가 있습니다.
이것은 서양의 영양학처럼 칼로리나 그램 등의 수치로 나타낸 것이 아니라
전체적인 비율로 표시한 것이라 간단하고 알기 쉽습니다.
단, 어디까지나 기본적인 표준식의 밸런스 차트이므로
개인의 체질이나 연령, 생활 스타일 등에 따라 약간의 조절은 필요합니다.
이 토털 푸드 밸런스를 참고하면 하루의 식사 메뉴를 쉽게 구성할 수 있습니다.

마크로비오틱 토털 푸드 밸런스

1. 통곡물과 통곡물 가공품 40~60% 이상

신체의 생명력, 기본 에너지가 된다

곡물 중에서도 현미를 중심으로 한 정제되지 않은 전립곡물(보리, 수수, 기장, 귀리, 퀴노아 등)이 적당합니다. 이 밖에 메밀국수나 우동, 국수, 파스타 등의 면류나 빵도 포함됩니다. 밀가루 제품으로는 가능한 한 백밀가루가 아닌 통밀가루를 사용한 것을, 빵은 이스트 발효가 아닌 천연 효모를 사용한 것을 섭취하면 좋습니다.

2. 국 5~10%(하루 1~2그릇)

체액이나 혈액의 질을 개선해 효소나 미네랄을 신속하게 보충할 수 있다

하루에 한 그릇을 먹어도 좋은 국은 된장국입니다. 이 밖에 맑은 국이나 계절의 채소나 곡물, 콩류 등을 사용한 수프도 좋습니다. 중요한 것은 된장이나 간장, 천일염 등 간을 할 때 사용하는 조미료의 질과 양입니다. 전통적인 제법으로 만들어진, 화학 성분을 넣지 않은 것을 사용하고 간은 싱겁게 하는 것이 좋습니다.

3. 온대산 채소 20~30%

계절의 에너지와 각종 비타민으로 신체를 정화한다

온대산 채소란 국내에서 수확된 제철 채소를 말합니다. 크게 세 가지로 분류할 수 있는데 배추, 파, 열무, 셀러리, 쑥갓 등 주로 잎 부분을 먹는 '리프 베지터블'과 단호박이나 브로콜리, 양배추, 양파 등 동그란 모양을 지닌 '라운드 베지터블', 마지막으로 무, 당근, 우엉, 연근 등 땅에서 생육하는 '루트 베지터블'이 있습니다. 이 세 가지의 채소를 가능한 껍질째, 골고루 섭취하면 좋습니다.

4. 콩과 콩 가공품, 해조류 5~10%

신체에 필요한 단백질과 미네랄을 공급한다

콩이나 콩 가공품은 주로 신체를 만드는 단백질 공급원이 됩니다. 두부나 낫토는 일상적으로 먹을 수 있고 소화도 잘 되는 콩 가공품입니다. 이 밖에 검은콩이나 팥 등을 익히거나 조려 먹어도 좋습니다.
해조류도 반드시 하루에 한 번은 먹는 게 좋습니다. 풍부한 미네랄과 효소는 면역력을 높여 해독에 효과적입니다. 일 년 내내 맛볼 수 있는 미역이나 김, 다시마 외에 매생이나 톳 등 겨울철에 등장하는 해조류도 추천합니다.

5. 이 밖에

- 양념 : 전통적인 제법으로 만든 화학첨가물이 없는 순한 양념을 사용합니다.
- 발효식품 : 하루에 한 번 꾸준히 섭취하면 대장에 좋습니다. 단, 발효식품은 염분이 높은 것이 많으니 과식은 금합니다.
- 음료 : 카페인이 들어가지 않은 옥수수차, 보리차, 현미차(녹차가 들어가지 않는 것)를 마시고, 과일 주스는 될 수 있으면 유기농으로 직접 짠 것이 좋습니다. 알코올은 건강 상태가 좋으면 첨가물이 없고 질이 좋은 것을 즐기는 정도로만 마십니다.

6. 가끔씩 먹어야 할 음식, 1주일에 수회

- 어패류 : 특히 남자나 어린이에게 필요한 영양소입니다. 먹을 때에는 신선하고 기름기가 적은 흰살 생선(도미, 가자미 등)이나 통째로 먹을 수 있는 멸치 등의 작은 생선이 적당합니다. 어패류를 먹을 때에는 소화를 도와주는 무즙, 숙주나물, 레몬, 파 등을 꼭 곁들여서 먹도록 합니다.
- 과일 : 열대 과일은 피하고 국내산 제철 과일을 먹습니다. 말린 과일은 기름이나 보존료가 첨가되지 않은 것을 선택합니다.
- 견과류 : 호두, 땅콩, 잣, 밤, 검은깨, 흰깨, 호박씨, 해바라기씨 등의 견과류에서 특수 지방산을 섭취할 수 있습니다. 가능한 한 아몬드나 캐슈너트 같이 지방이 많은 외국 견과류는 피하고 국산 제철 견과류를 즐깁니다.
- 디저트 : 설탕보다는 조청으로 만든 과자, 밀가루과자 보다는 쌀 과자, 과일이나 달콤한 채소(단호박, 고구마) 등으로 만든 것을 선택합니다.

컨디션 관리나 면역력 향상, 그리고 해독을 위해 아무리 좋은 식재료와 요리를 알고 있다 해도 그것들을 어떻게, 어느 정도 먹으면 좋을것인지를 고려하여 메뉴를 짜는 일은 꽤 중요하고 어려운 일입니다.

마크로비오틱에는 사람에게 필요한 에너지와 영양소를 나타낸 표준식의 '토털 푸드 밸런스(Total Food Balance)'가 있습니다. 이것은 서양의 영양학처럼 칼로리나 그램 등의 수치로 나타낸 것이 아니라 전체적인 비율(중량비)로 표시한 것이라 간단하고 알기 쉽습니다.

단, 어디까지나 기본적인 표준식의 밸런스 차트이므로 개인의 체질이나 연령, 생활 스타일 등에 따라 약간의 조절은 필요합니다. 이 토털 푸드 밸런스를 참고하면 하루의 식사 메뉴를 쉽게 구성할 수 있습니다.

한눈에 보는 자연의 에너지 푸드

Section 01
다이어트에 좋은 에너지 UP 해독 요리

우엉 곤약 덮밥
우엉×곤약×현미=DIET&DETOX! 덮밥에 식이섬유가 풍부한 우엉과 곤약의 유해 물질을 배출시키는 현미까지 넣었다. 식이섬유는 장에서 유익균의 먹이가 되며 소장에서 면역력에 중요한 역할을 하는 페이어판(Peyer's Patch)의 기능을 복원하는 데 도움이 된다. 간장만으로 맛을 낸 심플한 덮밥이지만 씹으면 씹을수록 깊은 맛이 난다. **P.214**

당근 소보로 덮밥
당근×된장×현미=면역력UP&DIET! 당근의 베타카로틴과 발효식품인 된장의 작용으로 면역력을 높일 수 있는 요리다. 당근 소보로에 기름을 약간 넣으면 당근의 베타카로틴 흡수율을 높일 수 있다. 또 비타민과 미네랄이 풍부한 김과 참나물을 곁들였다. **P.216**

수수로 만든 햄버그 스테이크
채식주의자에게 수수는 다진 고기의 대체 식재료로 사용된다. 이 요리는 소화나 대사에 부담이 적어 다이어트식에 활용하면 좋다. 수수의 풍부한 철분은 감자의 비타민 C가 흡수를 돕고, 감자의 소화는 양파와 수수의 비타민이 돕는다. **P.218**

오트밀 볼
식이섬유가 풍부한 오트밀을 활용하여 기름을 사용하지 않고 만든 요리라 다이어트와 변비 개선에 좋다. 지방 성분이 있는 오트밀은 끈기가 있어 반죽하기는 쉽지만 맛이 텁텁하여 양파, 당근, 피망, 홍고추를 섞어서 식감을 살리고 영양을 더했다. **P.220**

무 스테이크
'천연 소화제'라 불릴 정도로 소화가 잘 되는 무는 다이어트에 좋은 채소다. 무의 디아스타아제 성분은 소화를 촉진하고 식이섬유는 장내 노폐물을 청소하여 몸을 해독시킨다. 무 스테이크의 소스는 간장으로 깊은 맛과 짠맛을, 발사믹식초로 약간의 단맛과 신맛을 더해 무의 맛을 더욱 살렸다. **P.222**

튀기지 않은 크로켓
소화에 부담을 주는 튀김은 다이어트나 해독에는 피해야 할 음식이다. 이 크로켓은 튀기지 않고 오븐에 구워 담백하게 만들었다. 녹말이 많은 감자는 적은 양으로도 포만감을 느낄 수 있고 식이섬유가 많은 재료와 같이 먹으면 당의 흡수가 천천히 이루어져 쉽게 살이 찌지 않는다. **P.224**

Section 02
섬유질이 풍부한 변비 개선 요리

곤약 돈가스

수분과 식이섬유가 많은 곤약을 냉동시켰다가 해동하면 수분이 빠지면서 돼지 껍데기나 해파리 같은 아주 독특한 식감이 난다. 곤약의 곤약만난(Konjak Mannan)이란 성분은 유해 물질을 체외로 배출시켜 변비와 대장암을 예방한다. P.226

곤약 떡갈비

고기 대신 칼로리가 낮고 식이섬유가 풍부한 다진 곤약을 활용한 요리다. 반죽에 현미를 넣어 포만감과 해독 효과를 배가시켰다. 이 요리는 식어도 맛있고 경단이나 햄버그 모양으로 만들어 도시락에 넣어도 좋다. P.228

양배추구이

양배추처럼 둥글게 생긴 채소는 땅과 하늘의 파워를 골고루 받아 음양의 밸런스가 좋다. 양배추는 간이나 장의 해독에 우수한 채소이며, 곁들인 된장 소스는 대장의 해독력을 더욱 높인다. 봄부터 여름에 나오는 양배추는 수분이 많고 부드럽고 당도가 높아 맛있다. P.232

우엉 잡채

당면은 비교적 칼로리가 높아 우엉을 듬뿍 넣어 당면의 양을 줄였다. 또 부드러운 당면만으로 요리하면 과식을 하기 쉽지만 잘 씹어 먹어야 하는 우엉을 넣으면 과식을 걱정하지 않아도 된다. 우엉 껍질에는 강력한 항암 효과와 치유력을 향상시키는 알카로이드 성분이 있고, 사포닌과 리그닌 성분은 혈관에 쌓인 콜레스테롤을 효과적으로 배출시켜 혈액순환에 도움을 준다. P.234

구운 고구마 샐러드

고구마를 오븐에 구워 고구마의 단맛을 최대한 끌어냈다. 고구마의 껍질에는 녹말을 분해하는 효소가 있어 소화를 돕고 혈관을 튼튼하게 하며, 암과 노화를 억제하는 플라보노이드 성분도 많다. 드레싱에 넣은 두유의 정장 작용으로 해독력이 상승한다. P.236

셀러리볶음

이 요리는 셀러리 잎 부분을 많이 사용하고 뿌리채소인 당근과 같이 볶아서 간장으로 간을 하였다. 셀러리의 나트륨과 칼슘은 인체에 해로운 이산화탄소를 체외로 배출시키며 혈액을 맑게 한다. P.238

Section 02
섬유질이 풍부한 변비 개선 요리

콜라비 피클

단맛이 강한 콜라비는 비타민과 칼슘, 비타민 C가 풍부하다. 콜라비를 껍질째 생으로 먹을 수 있는 피클은 면역력 강화와 피부미용에 좋다. 또 무처럼 소화 효소를 많이 함유하여 변비 개선과 숙변 제거에 탁월한 효과가 있다고 한다. 전문가들은 장 건강이 나빠지면 면역계가 혼란을 일으켜 피부질환이나 자가면역질환이 생기고 몸의 여러 곳에 질병을 일으킬 수 있다고 경고한다. P.240

무수분 콩나물무침

이 요리는 콩나물을 찌듯이 삶아 생강으로 매운맛과 풍미를 냈다. 생강은 위액의 분비를 촉진시켜 콩나물의 소화를 돕는다. 생강의 진저롤 성분은 항균작용과 DNA의 손상을 억제하는 기능을 한다. P.242

적채 코울슬로 샐러드

양배추와 적채에 기름을 넣지 않은 두유 드레싱을 곁들인 색다른 샐러드다. 드레싱에 기름을 넣지 않고 샐러드 재료에 견과류를 넣으면 신선하고 질이 좋은 지방을 섭취할 수 있다. 견과류의 지방은 변비 개선을 돕는다. P.244

Section 03
고기 생각 안 나는 해독 요리

볼로네이즈 스파게티

볼로네이즈는 다진 고기를 양파나 셀러리 등과 볶아서 토마토 소스로 맛을 낸 이탈리아와 프랑스 요리다. 다진 고기 대신 식이섬유가 풍부한 뿌리채소를 넣으면 칼로리도 낮추면서 충분한 포만감을 느낄 수 있다. 또 장 내 환경을 개선시키는 섬유질을 비롯하여 대사를 이루어지게 하는 미네랄이 풍부한 통밀 파스타를 썼다. P.248

소면 누룽지 낫토 소스

평소 삶아서 국수로 먹는 소면을 팬에 바삭하게 구웠다. 고소하게 구운 소면과 무즙을 넣은 낫토 소스를 곁들여 소화도 잘 된다. 무즙은 낫토 특유의 끈기를 완화시키면서 강한 효소로 소면과 낫토의 소화를 돕는다. 약간의 발사믹식초를 넣어 낫토의 칼슘 흡수를 도왔다. 밥에 얹어 먹거나 파스타를 삶아 섞어 먹어도 맛있다. P.250

톳을 채운 유부구이

미네랄 성분이 풍부한 톳은 방사능 물질로부터 몸을 지켜주는 고마운 식재료다. 철분이 풍부한 톳은 단백질이 많은 유부나 두부와 함께 섭취하면 혈액 생성을 촉진시켜서 빈혈에 효과적이다. 톳의 미네랄 성분은 물에 쉽게 녹아버리므로 살짝 삶고 국물을 남기지 않게 조린다. P.252

아츠아게 파르스

일본에서는 튀긴 두부를 '아츠아게'라 한다. 표면이 단단한 튀긴 두부에 두부 마요네즈로 버무린 새싹채소를 채운 별미 요리다. 몸을 방어하는 효소의 생성을 촉진하여 체내의 유해 물질은 제거하고 발암물질은 무독화시키거나 체외로 배출시키는 작용을 하는 새싹채소의 해독 효과를 기대할 수 있다. P.254

마 두부 경단튀김

두부의 소화를 돕고 영양가도 높으며 해독 효과도 얻기 위해 효소가 풍부한 마와 미네랄이 풍부한 미역, 해독력이 강한 당근을 섞어 만들었다. 이 요리는 두부의 물기를 잘 빼는 것이 포인트다. P.256

두부 카레 마리네이드

가열에 강한 비타민 C를 함유한 콜리플라워는 피망과 같이 섭취하면 비타민 C의 흡수가 좋아진다. 비타민 C는 노화 예방이나 면역력 강화에 좋다. 양파와 파프리카에도 비타민 C가 풍부하다. P.258

검은콩 너깃

검은콩에는 당을 에너지로 바꾸는데 꼭 필요한 비타민 B₁이 많다. 또 면역력을 유지하는데 필수적인 비타민 E도 풍부한데, 기름과 같이 섭취하면 흡수가 잘 된다. 또 위와 장에 좋은 양배추, 미네랄이 풍부한 다시마와 미역까지 함께 섭취할 수 있는 해독 건강식이다. P.260

콩튀김

영양 만점인 대두를 튀긴 간단한 간식거리다. 대두의 레시틴은 해독이나 알코올 분해에 중요한 역할을 하는 간장을 지켜주는 영양 성분이다. 레시틴이 결핍되면 영양소의 흡수나 노폐물의 배출이 어려워져 세포 활동이 저하된다. P.262

Section 04
대장과 혈액을 정화시키는 해독 요리

낫토 현미 덮밥
영양, 해독, 소화의 삼박자를 갖춘 요리로 해독 작용이 뛰어난 현미밥의 소화를 낫토가 돕는다. 낫토는 몸에 필요한 필수아미노산을 균형적으로 함유한 식품으로 세포를 산화시키는 활성산소를 제거하는 효소를 생성하여 각종 성인병과 노화 방지에 효과적이다. P.266

검은 낫토 월남쌈
대장에 좋은 낫토를 먹기 좋게 월남쌈에 넣었다. 낫토는 삶은 대두를 낫토균으로 발효시킨 식품이다. 낫토균은 위산에도 죽지 않고 살아남아 장까지 도달하여 대장의 유익균을 증가시켜 장을 깨끗이 청소하여 변비를 개선시킨다. 또 부패물의 생성을 억제시키고 유해 물질을 흡착하며 배설을 촉진하므로 몸의 정화나 해독에 큰 효과가 있다. P.266

낫토 토마토 컵샐러드
양파의 매운맛과 셀러리의 향으로 부담 없이 낫토를 먹을 수 있는 요리다. 낫토의 효소는 혈액의 응고를 막고 혈액을 맑게 하며 혈액순환을 원활하게 하여 동맥경화나 뇌졸중, 성인병의 예방에 도움이 된다. 그리고 양파는 낫토와 두부의 소화를 돕고 혈액도 맑게 해준다. P.270

비트 사과 샐러드
비트는 '먹는 수혈 채소'라고 부를 정도로 철분과 칼륨 등 영양이 풍부하다. 빨강 색소는 베타시아닌으로 강력한 항산화작용을 하여 암을 예방한다. 비트에는 단맛이 많아 레몬의 신맛과 궁합이 잘 맞는다. 고기나 생선 요리에 곁들이면 좋은 샐러드다. P.272

비트 오븐 마리네이드
딱딱한 비트를 부드럽게 익히려면 식초나 소금을 뿌리면 되는데 이 요리는 오븐을 사용하여 영양 성분의 소실을 최소화시켰다. 먹기 직전에 양파와 파슬리를 가득 뿌리면 양파의 혈액 정화 효과와 함께 파슬리의 빈혈과 혈액 질환의 예방 효과를 볼 수 있다. P.274

비트 수프
비트의 엔오 성분은 혈액량을 증가시켜서 체내의 산소가 효율적으로 쓰이도록 하여 피로 회복이나 근육 증강, 다이어트에 효과적이다. 이 요리는 위와 장의 해독에 좋은 당근과 혈중 콜레스테롤을 낮추는 양파, 식이섬유가 풍부한 셀러리 등 부재료의 해독 효과도 주목할 만하다. P.276

Section 05

면역력을 높이는 효소 충전 요리와 음료

두부 토마토 깻잎 카프레제

카프레제는 토마토와 모차렐라 치즈에 바질이나 오레가노 등을 곁들인 이탈리아 요리이다. 이 요리는 치즈 대신 두부, 허브 대신 깻잎을 사용해 한국식으로 만들었다. 차가운 성질을 가진 두부는 소금으로 이를 완화시켰고 비타민 E가 많은 깻잎 소스로 냉증을 방지했다. 깻잎에는 베타카로틴이 풍부한데 올리브오일을 곁들이면 흡수력이 좋아진다. P.280

단호박 로우 샐러드

단호박은 생으로 먹어도 맛있는데 고구마나 밤보다 소화 흡수력이 높아 몸에 부담이 적다. 이 샐러드는 단호박의 맛을 살리면서 생으로 먹어 몸이 차가워지지 않도록 혈액순환을 돕는 생강을 넣었다. 또 올리브오일을 넣어 단호박에 풍부한 베타카로틴의 흡수율을 높인 면역력 강화에 좋은 요리다. P.282

무 미나리 태국식무침

태국의 초록 파파야로 만든 샐러드와 무를 보고 만들게 된 요리다. 무의 녹색 부분은 뿌리쪽보다 더 달고 생으로 먹으면 풍부한 효소도 섭취할 수 있으니 샐러드에 적당하다. 드레싱에는 기름의 소화를 돕는 레몬즙을 넣어 대사가 잘 되도록 했다. P.284

파프리카 이탈리안 나물

파프리카는 피망보다 육질이 두껍고 즙이 많으며 더 달고 식감도 아삭아삭하여 나물로 만들어 보았다. 올리브오일에 무치면 카로틴의 흡수를 높일 수 있다. 또 비타민 P는 항산화 효과와 간 해독에 도움을 주는 비타민 C의 흡수를 돕는다. P.286

마늘종절임

맛있는 매운맛이 나는 마늘종으로 색이 예쁜 피클을 만들었다. 기름진 음식을 먹을 때 곁들이면 느끼함을 완화시키고 기름의 소화를 돕는다. 마늘종을 비롯하여 풍부한 비타민 C를 함유하여 해독 채소라 불리는 무와 당근을 생으로 먹을 수 있다. P.288

Section 01

다
이
어
트

다이어트에 좋은 에너지 UP 해독 요리

한국에서는 식사를 '밥'이라 하고 미국에서는 '밀(meal)', 일본에서는 '고항(御飯)'이라고 말하듯 대부분의 나라에서 '식사'라는 말 자체가 곡물을 가리킵니다. '곡물=식사' 즉 한 끼, 식사의 중심으로서 제대로 먹어야 하는 음식은 밥, 바로 곡물입니다. 그러나 최근 곡물을 섭취하는 경향은 백미나 분식 등 정제 가공된 것이 대부분입니다. 이렇게 섭취하면 당질의 섭취만 높아져 밸런스가 깨져 오히려 몸에 부담을 줍니다. 곡물을 섭취하는 데 있어서 중요한 것은 현미와 통밀처럼 정제되지 않은 곡물을 선택하는 것입니다.

이번 섹션에서는 다이어트에 좋은 식재료로 탁월한 해독 작용을 가진 현미를 맛있게 먹을 수 있는 요리와 영양 밸런스가 좋고 건강한 다이어트에 적당한 통곡물 요리, 그리고 열량이 낮아도 포만감을 얻을 수 있는 식재료나 조리법으로 만든 메인 요리 등 다이어트에 도움이 되는 다양한 요리를 소개합니다.

해독을 돕는 미라클 푸드

살아 있는 곡물 현미

정제되지 않은 통곡물을 대표하는 것은 현미입니다. 현미에는 탄수화물 이외에도 배아나 외피 부분에 실로 여러 가지 영양소를 함유하고 있습니다. 특히 비타민 B_1이 풍부합니다. 육류에 많다고 알려져 있지만 곡물인 현미에도 포함되어 있습니다. 비타민 B_1은 당질(탄수화물)을 에너지로 바꾸는 기능을 합니다. 비타민 B_1없이는 당질을 에너지로 제대로 사용하지 못하여 결과적으로 대사 불량이나 과잉 영양을 초래합니다. 이는 곧 다이어트의 적입니다. 현미가 다이어트에 좋은 이유는 비타민 B_1에 의해 당질의 대사가 원활해지기 때문입니다. 또 현미는 '피드산'이라는 해독 효과가 높은 영양소도 함유하고 있습니다. 피드산은 암이나 방사성 물질, 해독에 탁월한 효과를 갖고 있는 것으로 알려져 있습니다.

현미는 살아 있는 곡물입니다. 현미를 물에 담가 두면 발아합니다. 그 살아 있는 에너지를 많이 먹는 것이 마크로비오틱, 즉 우리의 생명을 활성화시키는 것입니다. 현미를 보다 건강하고 맛있게 먹으려면 반드시 물에 담갔다가 조리해야 합니다. 현미의 생명력을 높여 소화가 잘 되고 영양소도 늘어나며 단맛도 강해진다고 합니다. 또 해독에 뛰어난 피드산은 너무 강한 해독 효과로 인하여 칼슘 등 신체에 필요한 미네랄까지 배출시키기도 하는데, 현미를 물에 담갔다가 조리하면 그 작용을 완화시킬 수 있습니다.

곡물의 어머니 퀴노아

요즘 주목을 받고 있는 것은 미라클 푸드나 슈퍼 푸드로 불리는 퀴노아입니다. 퀴노아(Quinoa)는 잉카어로 '곡물의 어머니'를 의미하는데, 예부터 안데스 지방에 살던 사람들의 주식이었습니다. 미국항공우주국(NASA)은 장시간의 우주 비행에 적합하며 뛰어난 영양 성분을 지닌 퀴노아를 우주식에도 채용했습니다. 글루텐 프리인 퀴노아는 서구의 건강에 관심이 높은 사람들 사이에서 이미 사랑을 받고 있는 곡물로 단백질, 식이섬유, 칼륨, 칼슘, 마그네슘, 인, 철, 아연 등이 다른 곡물보다 많은 데도 칼로리는 낮습니다. 따라서 다이어트에 매우 좋은 식품입니다. 다이어트 중이라면 칼로리를 억제하는 일에만 너무 신경을 써서 자칫 전체적인 영양의 밸런스가 깨지지 않도록 고려해야 합니다.

퀴노아는 쌀보다 작고 둥글둥글합니다. 너트와 같이 고소하고 씹는 맛이 좋습니다. 처음 퀴노아를 맛본다면 독특한 향기와 씹는 맛에 익숙해져야 하는데, 이 책에서 소개한 우엉 곤약 덮밥을 만들 때 현미에 퀴노아를 섞어 밥을 지으면 좋습니다. 우엉과 퀴노아는 궁합이 잘 맞습니다. 또 수수로 만드는 햄버그 스테이크에 퀴노아를 섞어 조리하면 좋습니다. 부드러운 수수의 식감에 씹는 맛이 있는 퀴노아를 넣으면 씹는 맛이 훨씬 좋아집니다.

퀴노아를 조리할 때에는 밥을 지을 때와 같은 요령으로 압력솥이나 냄비를 이용합니다. 압력솥을 이용할 때는 백미와 같이 물과 퀴노아를 1:1로 잡고, 냄비밥을 지을 때에는 퀴노아 양의 2배의 물을 넣고 중간 불로 끓입니다. 퀴노아의 향기와 씹는 맛에 익숙해지면 샐러드나 수프 등 여러 요리에 활용 수 있습니다.

다이어트 곡물 귀리

다이어트에 좋은 통곡물로 귀리도 빼놓을 수 없습니다. 밀, 벼, 옥수수, 보리에 이어 세계 제5위의 생산량을 자랑하는 작물입니다. 귀리는 '오트(Oat)'라고도 하는데 가열하여 롤러로 눌러 가공한 것이 쿠키나 시리얼에 사용하는 오트밀(Oatmeal)입니다.

귀리는 현미처럼 당질과 지방질의 대사를 촉진하는 비타민 B_1, B_2 등의 비타민, 철분이나 칼슘 등의 미네랄, 아미노산의 공급원이 되는 단백질이나 지방도 균형 있게 함유하고 있습니다. 특히 다이어트나 해독에 필수적인 식이섬유가 풍부하여 다이어트 최대의 적인 변비를 해소시킵니다. 또 오트밀은 소화가 천천히 이루어집니다.

영국인들은 오트밀을 우유나 물에 넣고 끓여 만드는 포리지(Porridge)를 아침밥으로 즐겨 먹습니다. 아침밥으로도 좋고 늦은 저녁 식사나 야식으로도 추천하고 싶은 다이어트식입니다. 이 책에서는 오트밀을 넣은 오트밀 경단찜을 소개하였습니다.

우엉 곤약 덮밥

DETOX FOOD

곤약 Devil's Tongue Jelly 곤약은 구약나물의 가루를 추출하여 물과 수산화칼슘으로 응고시켜 물에 삶아서 만든 일본의 전통식품이다. 위장에서 부풀기 때문에 포만감이 생겨 과식을 막아주고, 풍부한 식이섬유가 위장과 대장을 활성화시키며 독소를 흡착하여 해독에 좋다.

TIME 30분

YIELD 2인분

INGREDIENTS

주재료
팽이버섯 50g
양파 50g
우엉 50g
생강 5g
실곤약 100g
소금 약간
참기름 2작은술
소금 1/3작은술
물 1/2컵
간장 2큰술
현미밥 300g
장식 재료
비트 약간
생강 약간
소금 약간

How to Make

1 팽이버섯은 밑동을 잘라내고 3등분한다. 양파는 얇게 썰고 우엉은 연필을 깎듯이 자른다. 생강은 가늘게 채 썬다.

2 실곤약은 물기를 빼고 소금을 뿌려 잘 비빈 다음 물에 깨끗이 헹군다. 기름을 두르지 않은 냄비에 실곤약을 넣고 볶아 잡냄새를 없앤다.
이렇게 하면 곤약의 비린내를 없앨 수 있고 간도 잘 밴다.

3 곤약의 윤기가 없어지면 참기름을 두르고 생강, 버섯, 양파를 넣어 볶다가 양파가 익으면 소금을 골고루 뿌린다.

4 ③에 우엉을 넣어 볶는다.

5 우엉의 달콤한 냄새가 나기 시작하면 물 1/2컵을 붓고 끓인다. 끓어오르면 간장을 넣고 중간중간 위와 아래를 뒤집으면서 물기가 없어질 때까지 조린다.
조청 등 단맛을 따로 추가하지 않기 때문에 재료를 잘 볶아서 채소의 단맛을 끌어내는 게 중요하다.

6 장식용 비트와 생강은 가늘게 썰어 소금에 살짝 절인다. 그릇에 현미밥을 담고 실곤약 우엉볶음을 얹은 다음 생강과 비트로 장식한다.

COOK'S NOTE

김을 뿌려 먹어도 맛있다.

당근 소보로 덮밥

DETOX FOOD

당근 Carrot 녹황색 채소를 대표하는 당근은 베타카로틴이 풍부하다. 베타카로틴은 면역력을 높이고 피부나 점막을 강화시켜 미세먼지나 황사에 강한 몸을 만들어준다. 또 간과 장, 혈액 등 독소가 쌓이기 쉬운 곳에서 활성산소를 제거하고 내장을 튼튼하게 하여 해독이 잘 되는 몸을 만들어준다. 변비나 설사에도 효과가 있는데, 베타카로틴은 껍질 부분에 많기 때문에 통째로 사용하는 것이 좋다.

TIME 30분

YIELD 1인분

INGREDIENTS

주재료
현미밥 300g

당근 소보로 재료
당근 75g
소금 약간
된장 1/2큰술
기름 1작은술

곁들임 재료
김밥용 김 적당량
참나물 약간

How to Make

1 당근 소보로를 만든다. 깨끗이 씻은 당근은 껍질을 벗기지 않고 반으로 잘라 당근은 반은 잘게 다지고 나머지는 강판에 간다.

2 된장은 칼등으로 곱게 으깬다.

3 냄비에 ①의 당근을 넣고 소금을 뿌린 다음 뚜껑을 덮어 소금이 녹을 때까지 둔다.
이렇게 하면 당근 특유의 냄새를 없앨 수 있다.

4 소금이 녹으면 달콤한 냄새가 날 때까지 중간 불로 볶는다.
수분을 없애는 동시에 맛을 응축시킬 수 있다.

5 기름과 된장을 넣어 다시 볶으면서 잘 섞어 당근 소보로를 완성한다.

6 김밥용 김은 가위로 가늘게 자르고 참나물은 3cm 길이로 썬다. 그릇에 현미밥을 담고 당근 소보로, 김, 참나물을 얹는다.

COOK'S NOTE

참나물 대신 실파나 참깨를 뿌려도 좋다.

수수로 만든
햄버그 스테이크

DETOX FOOD

수수 Sorghum 수수는 식이섬유나 마그네슘, 철분 등의 미네랄이 많아 변비와 빈혈, 피부 미용에 효과적이다. 수수에 함유된 비타민 B_1은 당질이나 지질의 대사를 도와 다이어트에 좋고 다이어트로 인한 빈혈이나 피부 트러블 예방에도 효과가 있다. 또 니아신(Niacin)은 위와 내장 기능을 활성화시키고 피부 증상의 개선에도 도움을 줘 아토피성 피부염이나 알레르기에도 효과적이다. 체내에 철분이 부족하면 방사성 원소의 하나인 플루토늄이 쌓이기 쉬워지므로 철분이 풍부한 음식을 충분히 먹는다.

TIME 45분

YIELD 4인분

INGREDIENTS

주재료
수수 50g(1/4컵)
감자 120g(중간 것 1개)
물 1컵
소금 약간
느타리버섯 50g
마늘 1쪽
생강 1톨
양파 30g
기름 1작은술
간장 1/2큰술
통밀가루 4큰술

소스 재료
간장 2+1/2큰술
조청 1+1/2큰술
후춧가루 약간

How to Make

1 수수는 깨끗이 씻어 물기를 빼고 감자는 깨끗이 씻는다. 압력솥에 수수, 물 1컵, 소금 약간을 넣고 가운데에 감자를 넣은 다음 뚜껑을 덮고 센 불로 가열한다. 압력추가 돌아가면 약한 불로 줄이고 10분 정도 더 익힌다.

2 뜸을 들인 다음 뜨거울 때 수수와 감자를 으깨면서 섞는다.
이때 수수에 수분이 남아 있을 정도로 물기가 많으면 뚜껑을 연 상태로 계속 가열하여 물기를 없앤다.

3 느타리버섯은 비닐봉지에 넣어 공이로 때려 으깬다. 마늘과 생강은 곱게 다지고 양파는 적당한 크기로 다진다.

4 팬을 달구어 기름을 두르고 ③을 넣어 볶다가 간장을 넣고 물기가 없어질 때까지 볶는다.

5 ②의 으깬 수수에 ③의 볶은 채소와 통밀가루를 넣고 잘 섞어서 반죽을 만든다.

6 반죽을 4등분하여 햄버그 모양으로 빚는다.

7 팬에 기름을 넉넉히 두르고(분량 외) 표면이 노릇노릇해질 때까지 굽는다.

8 팬에 분량의 소스 재료를 넣고 걸쭉해질 때까지 조려 햄버그에 곁들인다.

COOK'S NOTE
- 수수는 냉동 보관이 가능하다.
- 가을이나 겨울에는 감자 대신 연근을 사용하면 기후에 맞는 에너지를 얻을 수 있다.

오트밀 볼

DETOX FOOD

오트밀 Oatmeal 오트밀은 비타민과 미네랄이 풍부하며 특히 식이섬유가 많다. 혈당의 급상승을 막아주며 콜레스테롤의 흡수를 억제하거나 혈압을 낮추는 작용을 하는 수용성 식이섬유와 내장을 자극하고 변을 부드럽게 해서 변비나 대장 질환에 효과가 있는 불용성 식이섬유를 모두 갖고 있기 때문에 몸의 정화에 좋다.

TIME 30분

YIELD 5~6개분

INGREDIENTS

주재료
오트밀 60g
뜨거운 물 40~50㎖(1/4컵 정도)
양파 40g
느타리버섯 30g
마늘 1쪽
기름 1작은술
간장 1작은술

소스 재료
양파·당근·피망·홍고추 약간씩
간 생강 1/2작은술
간장 1큰술
조청 1큰술
현미식초 1/2큰술
물 1/4컵
감자녹말 1작은술
기름 약간

How to Make

1 오트밀에 따끈한 물을 부어 불린다. 양파와 느타리버섯은 적당한 크기로 다지고 마늘은 곱게 다진다.
오트밀은 알맹이 모양 그대로인 것과 부수어진 상태의 두 가지로 판매된다. 반죽으로 쓰기에는 부수어진 것이 수분의 흡수가 잘 된다. 알맹이 상태의 오트밀은 푸드 프로세서에 갈아 쓴다.

2 팬을 달구어 기름을 두르고 마늘을 넣어 마늘향이 나면 양파와 느타리버섯을 넣어 볶는다. 양파가 부드러워지면 간장으로 간을 한다.
간장을 넣고 나서 물기가 완전히 없어질 때까지 잘 볶는다.

3 물에 불린 오트밀에 볶은 채소를 넣어 잘 반죽하고 5~6등분하여 동그랗게 빚는다.
손에 기름을 바르고 모양을 빚으면 쉽게 빚을 수 있다. 반죽이 잘 되어야 가열할 때 터지지 않는다.

4 찜기의 바닥에 기름(분량 외)을 바르고 볼을 얹고 김이 오른 찜통에서 12분 정도 쪄서 접시에 담는다.

5 소스를 만든다. 생강을 제외한 소스의 채소는 가로, 세로 1cm 크기로 썬다. ②의 팬에 기름을 두르고 채소를 살짝 볶다가 나머지 소스 재료를 넣어 섞으면서 끓여 오트밀 볼에 곁들인다.

무 스테이크

DETOX FOOD

무 Daikon 무의 흰색 뿌리 부분은 95%가 수분이지만 '만능 소화제'라고 부를 정도로 전분의 소화효소인 디아스타아제 (Diastase)를 비롯하여 여러 소화 효소를 갖고 있다. 무의 효소는 소화를 돕고 가슴앓이를 없애며 위장과 대장을 활성화시킨다. 또 독소를 분해하는 작용도 있어 일본에서는 예부터 해독에 활용해 왔다. 효소는 특히 무의 껍질 부분에 많다.

아주 심플한 요리이지만 구운 무의 달콤하고 진한 맛에 놀라게 된다. 소화를 돕고 칼로리도 낮은 무는 다이어트에 적당하다.

TIME 35분

YIELD 2인분

INGREDIENTS

주재료
무 300g
마늘 1쪽
올리브오일 2작은술
소금 약간
소스 재료
발사믹식초 2큰술
간장 1큰술

How to Make

1 무는 2cm 두께로 썰어 양면에 격자 모양으로 칼집을 넣는다. 마늘은 얇게 썬다.
   표면에 칼집을 넣으면 속까지 잘 익고 소스가 잘 밴다.

2 팬에 올리브오일을 두르고 마늘을 노릇노릇하게 구워 접시에 담는다.
   기름에 마늘향을 낸 다음 그 기름으로 무를 굽는다.

3 마늘을 구운 팬에 무를 넣고 소금을 뿌린 다음 뚜껑을 덮고 15~20분 정도 약한 불로 굽다가 뒤집어서 15분 정도 더 굽는다.
   소금을 뿌리면 무에서 물이 생기고 맛이 농축된다. 무는 취향에 따라 아삭아삭하거나 부드럽게 익힌다.

4 무를 구운 팬에 소스 재료를 넣어 2~3분 정도 적당한 끈기가 생길 때까지 끓이고 구운 마늘과 구운 무에 곁들인다.
   무를 구워 생긴 즙은 소스에 활용한다.

COOK'S NOTE
- 무는 봄과 여름에는 매운맛이 강하고 가을과 겨울에는 단맛이 난다.
- 무의 윗부분을 사용하면 더욱 달콤한 스테이크가 되고 뿌리 부분을 사용하면 깔끔한 맛을 즐길 수 있다.
- 발사믹식초가 없으면 현미식초를 넣어도 되는데, 잘 익은 무는 소금과 올리브오일만 뿌려도 맛있다.

튀기지 않은
크로켓

DETOX FOOD

기름 Oil 기름은 몸의 신진대사를 낮춰 습관적으로 섭취하면 다른 노폐물이나 유해 물질이 쌓인다. 그러나 지방은 미각을 자극하고 포만감을 준다. 또 만족감을 얻을 수 있어서 끊기 어렵다. 튀김을 건강하게 먹으려면 평소에는 되도록 기름을 사용하지 않은 음식을 먹고, 기름진 음식을 먹을 때는 소화를 돕는 무나 생강, 사과, 감귤류 등을 함께 섭취하는 것이 좋다. 또 잘 씹어 먹고 좋은 기름을 사용한다.

TIME 60분

YIELD 4개분

INGREDIENTS

빵가루 50g
기름(카놀라유) 2큰술
느타리버섯 50g
양파 50g
당근 15g
마늘 1쪽
기름 1작은술
소금 1/4작은술
감자 300g
옥수수(통조림) 30g
소금 약간
통밀가루 3큰술
물 4~5큰술

How to Make

1 빵가루는 기름을 두르지 않은 팬에 나무주걱으로 고루 섞으면서 노릇노릇해질 때까지 볶아 기름을 넣어 섞는다.
빵가루 크기에 차이가 있으면 푸드 프로세서로 갈아서 사용한다. 빵가루의 분량은 건조된 빵가루 기준이며 볶아서 남은 빵가루는 냉동 보관한다.

2 느타리버섯, 양파, 당근은 다지고 마늘은 곱게 다진다.

3 팬을 달구어 기름을 두르고 느타리버섯, 양파, 당근, 마늘을 넣어 볶다가 버섯의 숨이 죽으면 소금으로 간을 한다.

4 감자는 4등분하고 압력솥에 넣어 3분 정도 익혀 뜨거울 때 껍질째 으깬다. 으깬 감자에 볶은 채소와 버섯, 옥수수, 소금을 넣어 잘 섞어 반죽을 만든다.
감자는 뜨거울 때 으깨야 파근파근하고 맛도 좋다.

5 반죽을 4등분하고 크로켓 모양을 만든다. 통밀가루에 물 4~5큰술을 잘 섞어 크로켓을 적신 다음 미리 볶은 빵가루를 입힌다.

6 오븐팬에 오븐 시트를 깔고 크로켓을 얹어 250℃로 예열한 오븐에서 먼저 7분, 뒤집어서 3분 정도 표면이 바삭바삭해질 때까지 굽는다.

COOK'S NOTE

- 빵가루는 쇼트닝 등을 넣지 않은 것으로 고른다.
- 감자 대신 고구마, 단호박, 현미밥 등 수분이 적고 녹말이 많은 재료로 만들어도 맛있다.
- 옥수수 통조림은 설탕이 들어가지 않은 것이 건강에 좋다.

곤약 돈가스

DETOX FOOD
곤약 Devil's Tongue Jelly 곤약 성분의 97%는 수분이다. 그러나 칼슘과 곤약만난(Konjak Mannan)을 많이 함유하고 있다. 곤약만난은 수분을 흡수하면 팽창하여 장내를 자극하여 유해 물질을 체외로 배출시킨다. 그 작용으로 변비와 대장암을 예방한다. 또 혈당이나 콜레스테롤을 낮추는 효과도 있다. 곤약은 위에서 소화되지 않고 머물면서 위액 분비를 촉진하여 위를 활성화시켜 적당한 포만감을 준다.

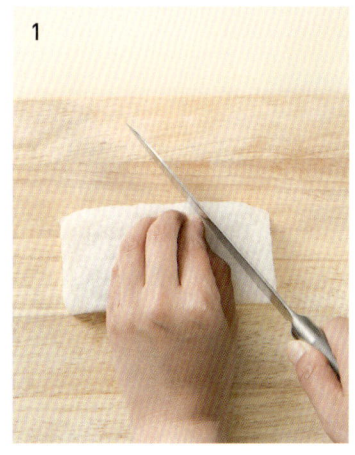

TIME 30분

YIELD 1인분

INGREDIENTS

주재료
냉동 곤약 250g
빵가루 40g
통밀가루 3큰술
물 4큰술~
카놀라유 2큰술

밑간 재료
물 1/2컵
간장 1큰술
조청 1큰술
간 생강 1/2작은술
간 마늘 1작은술

소스 재료
토마토 퓌레 1/4컵
조청 1+1/2큰술
간장 1+1/2큰술
현미식초 1작은술

How to Make

1 언 곤약에 칼집을 넣어 5등분하고 끓는 물에 삶는다.
곤약은 튀김옷이 떨어지기 쉬우므로 칼집을 넣는다. 튀긴 후에 칼로 자르면 옷과 분리되어버리므로 삶기 전에 한입 크기로 자른다.

2 팬에 곤약과 밑간 재료를 모두 넣고 물기가 거의 없어질 때까지 조린다.
곤약 자체에는 특별한 맛이 없으니 원하는 밑간으로 맛을 낸다.

3 기름을 두르지 않은 팬에 빵가루를 넣어 노릇해질 때까지 볶는다.
빵가루에 미리 색을 내고 짧은 시간과 적은 기름으로 구울 수 있게 하는 것도 다이어트 요리의 포인트이다. 빵가루는 쇼트닝 등을 넣지 않은 것으로 고른다.

4 통밀가루와 물 4큰술을 잘 섞어 곤약에 묻힌 다음 빵가루를 입힌다.

5 팬을 달구어 기름을 두르고 ④의 곤약을 넣어 양면을 골고루 굽는다.
기름 분량은 팬 크기에 따라 달라지므로 가능한 작은 팬을 사용하여 소량의 기름으로 굽는 것이 좋다.

6 곤약을 조린 팬에 소스 재료를 모두 넣고 끈기가 생길 때까지 조려 곤약에 곁들인다.

COOK'S NOTE
곤약은 하룻밤 정도 냉동고에서 얼렸다가 해동한다.

곤약 떡갈비

DETOX FOOD

곤약 Devil's Tongue Jelly 마크로비오틱에서는 수분이 많고 매끄러우며 냄새도 강한 곤약은 음성의 기운이 강한 음식으로 본다. 음성의 기운을 양성의 손질법으로 완화시키는데, 그 방법은 양성의 소금을 뿌려 잘 비비거나 밀대 등으로 때려 압력(양성)을 준다. 또 삶거나 기름을 두르지 않고 볶는 방법도 있다. 이렇게 손질하면 음성을 완화시킬 수 있을 뿐만 아니라 비린내가 제거되고 간도 잘 밴다.

TIME 50분

YIELD 6개분

INGREDIENTS

주재료
곤약 250g
소금 적당량
느타리버섯 100g
현미밥 60g
멥쌀가루 1+1/2큰술
후춧가루 약간
가래떡 6개
기름 2작은술

밑간 재료
간 생강 1작은술
간장 1+1/3큰술
조청 1+1/2큰술
물 1/4컵

How to Make

1 곤약은 소금을 뿌려 잘 비벼 물에 헹군 다음 끓는 물에 데친다.

2 곤약은 푸드 프로세서로 간다. 느타리버섯은 2cm 길이로 찢어 비닐봉지에 넣어 나무공이로 부순다.
느타리버섯은 섬유질이 분리될 정도로 부순다.

3 곤약은 기름을 두르지 않은 냄비에 넣어 수분이 거의 없어질 때까지 잘 볶는다.
이렇게 하면 곤약의 식감도 좋아지고 잡내도 없어진다.

4 곤약의 윤기가 없어지면 느타리버섯과 밑간 재료를 넣어 포슬포슬해지고 물기가 없어질 때까지 볶아가며 조린다.
물기가 남으면 모양을 만들기 어렵다. 밑간 재료인 생강은 강판에 갈아 넣어야 맛이 부드럽다.

5 볼에 곤약, 현미밥, 멥쌀가루, 후춧가루를 넣어 끈기가 생길 때까지 잘 반죽한다.
현미밥에서 끈기가 생길 정도로 잘 으깨는 것이 포인트.

6 가래떡에 반죽을 붙여 떡갈비 모양을 만든다.
가래떡이 딱딱하면 삶아서 사용한다.

7 팬을 달구어 기름을 두르고 떡갈비를 넣어 약한 불로 굽는다. 중간에 뒤집어 표면을 노릇노릇하게 굽는다.

COOK'S NOTE
- 멥쌀가루 대신 통밀가루를 사용해도 된다.
- 가래떡은 가는 것으로 준비하고 굵은 것은 세로로 4등분한다.

Section 02

변
비
개
선

섬유질이 풍부한 변비 개선 요리

대변은 몸속의 노폐물이나 유해 물질을 몸 밖으로 배출하는 역할을 합니다. 변비로 인해 변이 장에 머물러 있으면 몸 밖으로 배출되어야 할 대변 속의 독소가 몸속으로 재흡수됩니다. 또 방사성 물질에 오염이 된 음식을 먹었을 때에는 대장에 정체된 노폐물에서 계속 방사성 물질을 뿜어낸다고 합니다. 몸에 해가 되는 노폐물이나 유해 물질은 재빨리 배출시키는 것이 중요합니다. 그러한 역할을 수행하는 것이 섬유질입니다. 장 속의 유해 물질이나 노폐물을 잡아 대변과 같이 몸 밖으로 배출시키는 기능을 합니다. 특히 우엉이나 연근, 곤약이나 해조류의 섬유질은 발암성 물질인 다이옥신의 배출에도 효과적입니다. 또 섬유질에는 여분의 지방을 배출시키는 기능이 있으므로 해독뿐만 아니라 다이어트를 위해서도 하루 20g 이상은 섭취하는 게 좋다고 합니다.

이번 섹션에서는 메인 요리부터 샐러드, 밑반찬까지 딱딱한 섬유질도 먹기 편하도록 조리한 다양한 요리를 소개합니다.

양배추구이

DETOX FOOD

양배추 Cabbage 양배추는 오장육부와 모든 장기의 기능을 조율하고 회복시키는 작용을 한다. 특히 점막의 재생을 돕는 비타민 U를 함유하여 위염이나 궤양 회복에 효과적이다. 또 방사능으로 손상된 조직을 회복하는데 도움을 주는 채소로 알려져 있는데 토양에서 세슘을 흡수할 수 있으니 반드시 흐르는 물에 깨끗이 씻어 조리해야 한다. 양배추에는 섬유질도 풍부하여 변비 예방이나 정장 작용도 기대할 수 있다. 딱딱한 심에 섬유질이 많으니 심도 함께 먹도록 한다.

TIME 25분

YIELD 2인분

INGREDIENTS

주재료
양배추 300g
백일송이버섯 50g
마늘 1쪽
기름 2작은술
소금 1/4작은술

소스 재료
된장 1큰술
조청 1큰술
간장 1작은술
물 1큰술

How to Make

1 양배추는 흐르는 물에 깨끗이 씻어 심을 남기고 5cm 너비로 자른다. 백일송이버섯은 손으로 찢고 마늘은 얇게 썬다.
양배추의 심을 빼버리면 잎이 분리되니 심 부분을 살려 부채꼴로 자른다.

2 팬을 달구어 기름을 두르고 마늘과 버섯을 넣고 버섯의 숨이 죽을 때까지 볶는다.

3 팬에서 마늘과 버섯을 꺼내고 그 팬에 양배추를 얹고 소금을 뿌린다.

4 뚜껑을 덮어 약한 불로 5분 정도 굽다가 뒤집어서 다시 뚜껑을 덮고 굽는다.
소금을 뿌리면 양배추의 수분이 나오는데 꼭 뚜껑을 덮어 찌듯이 익힌다.

5 된장은 칼을 눕혀서 으깨어 알갱이를 없애고 나머지 소스 재료와 섞는다.
된장은 꼭 으깨어 사용한다.

6 양배추를 구워낸 팬에 소스 재료를 모두 넣고 조려 익힌 양배추에 곁들인다.
양배추에서 나오는 즙을 소스에 살린다.

COOK'S NOTE
양배추는 늦겨울에서 초봄에 나오는 수분이 많고 부드러운 것을 사용하면 단맛이 강해 맛있다.

우엉 잡채

DETOX FOOD

당면 Cellophane Noodles 국수는 밀가루로, 당면은 고구마 녹말을 주원료로 만든다. 감자나 고구마 등의 녹말로 만드는 당면은 탱탱한 탄력이 있어 쫄깃한 맛을 즐길 수 있다. 당면은 물을 흡수하여 포만감을 주지만 소화가 잘 된다. 당면에 채소를 넣고 요리하면 영양적으로 더욱 좋다.

TIME 30분

YIELD 2인분

INGREDIENTS
마른 표고버섯 1개
당면 50g
우엉 50g
양파 35g
무순 15g
기름 1작은술
간장 1큰술
조청 1/2큰술
물 2큰술
마른 표고버섯 불린 물 1/2컵
간장 1/2작은술
참기름 2작은술
후춧가루 약간
참깨 약간

How to Make

1. 마른 표고버섯과 당면은 각각 물에 담가 불린다.
   마른 표고버섯 불린 물은 버리지 말고 따로 둔다.

2. 우엉은 가늘게 채 썬다. 물에 불린 표고버섯의 갓은 채 썰고 기둥은 손으로 찢는다. 양파는 채 썰고 무순은 씻어 물기를 뺀다.
   우엉은 연필을 깎듯이 얇게 썰어도 먹기 좋다.

3. 팬을 달구어 기름을 두르고 우엉을 볶다가 표고버섯을 넣어 볶는다. 간장과 조청, 물 2큰술을 넣고 물기가 없어질 때까지 볶아 접시에 담는다.

4. ③의 팬에 표고버섯을 불린 물 1/2컵과 물기를 뺀 당면을 넣어 삶는다.

5. 당면을 삶은 물이 거의 없어지면 양파를 넣어 살짝 볶다가 물기가 완전히 없어지면 ③을 넣는다.

6. 간장, 참기름, 후춧가루를 넣고 먹기 직전에 무순을 넣어 섞은 다음 참깨를 뿌린다.

COOK'S NOTE
- 메인 요리로 만들 때에는 재료의 분량을 두 배로 한다.
- 우엉은 굵은 것보다 가는 것이 부드럽고 단맛도 많아 당면과 잘 어울린다.
- 무순 대신 삶은 시금치나 겨자 잎을 넣어도 맛있다.

구운 고구마 샐러드

DETOX FOOD

고구마 Sweet Potato 고구마는 주성분이 녹말로, 가열을 하면 녹말이 당질로 바뀌어 당도가 높아진다. 달콤한 맛으로 만족감을 주지만 칼로리는 밀가루보다 낮고 식이섬유나 비타민 C도 풍부하여 대장이나 피부 등 몸을 깨끗하게 하는 고마운 식재료이다. 항산화물질이 풍부하여 노화와 질병 예방에도 효과적이며 알칼리성식품으로 몸을 중화시킨다. 고구마를 먹으면 가스가 나온다고 하지만 껍질에는 소화 효소가 함유되어 있으니 껍질째 먹는 것이 좋다.

TIME 50분

YIELD 2~3인분

INGREDIENTS

주재료
고구마 200g
양파 50g
현미식초 1/3작은술
소금 1/4작은술
검은깨 1작은술

두유 크림 재료
두유 1/2컵
레몬즙 1작은술
소금 1/4작은술

How to Make

1 두유 크림을 만든다. 두유에 레몬즙과 소금을 넣어 잘 섞은 다음 잠시 둔다.
대두 단백질은 레몬의 산으로 응고시킨다.

2 체에 키친타월을 4~6장 겹쳐서 깔고 두유를 붓고 두유가 굳을 때까지 30~45분 정도 둔다.
키친타월은 물기를 잘 흡수하고 조직이 단단한 것이 좋다.

3 고구마는 깨끗이 씻어 한입 크기로 썰고 물에 살짝 헹궈 물을 적신 키친타월로 싼다. 쿠킹포일로 한 번 더 싸서 220℃로 예열한 오븐에서 20분 정도 굽는다.
키친타월이 보이지 않도록 쿠킹포일로 잘 싼다.

4 양파는 얇게 썰어서 현미식초와 소금을 뿌려 조물조물 하여 물기를 뺀다. 검은깨는 볶아 칼로 대강 다진다.
깨는 절구에 찧는 것보다 칼로 다져야 모양도 좋고 향도 살릴 수 있다.

5 볼에 익은 고구마와 물기를 뺀 양파를 넣어 포크로 고구마를 살살 으깨면서 섞는다.
고구마는 뜨거울 때 으깨야 끈기가 생기지 않는다. 또 고구마의 여열로 양파를 살짝 익힐 수 있다.

6 두유 크림과 ⑤를 가볍게 섞고 다진 검은깨를 뿌린다.

COOK'S NOTE

· 고구마는 수분이 적은 밤고구마와 당도가 높고 색이 선명한 호박고구마를 섞어서 사용하면 맛도 좋고 먹음직스럽다.

· 두유는 설탕이나 비타민제 등의 첨가물을 넣지 않은 것으로 사용해야 응고가 된다. 없으면 콩즙이나 콩국물을 사용하고 물기를 잘 뺀 연두부를 넣어도 된다.

셀러리볶음

DETOX FOOD

셀러리 Celery 셀러리는 비타민 C와 B군, 미네랄, 섬유질이 많다. 특히 잎 부분에는 눈 건강에 꼭 필요하며 피부와 점막에도 좋은 카로틴이 풍부하니 가능하면 잎까지 섭취하는 것이 좋다. 독특한 향은 아피올란이라는 정유(精油)성분이다. 불면증의 개선이나 정신을 안정을 시키는데 효과가 있다. 따라서 스트레스가 쌓이기 쉬운 다이어트 중에 섭취하면 좋은 채소다. 또 미네랄 성분에는 철분이 포함되어 있고 철분 흡수를 돕는 비타민 C도 함유되어 있다. 철분이 부족하면 방사능 성분이 몸에 쌓이기 쉽다.

주로 생으로 먹는
셀러리를 익혀서 먹으면
많은 양을 섭취할 수
있고 고유의 향이
식욕을 돋운다.
섬유질이라 단단하고
향이 강해서 남기기 쉬운
셀러리의 잎을 이렇게
볶아 먹으면 좋다.
밑반찬으로 적당한
셀러리볶음이다.

TIME 20분

YIELD 2인분

INGREDIENTS
셀러리 100g
당근 20g
참기름 1작은술
간장 1큰술
조청 1큰술
참깨 약간

How to Make

1 셀러리는 줄기와 잎으로 나누어 줄기는 얇게 썬다.
  줄기 부분의 단단한 섬유질은 따로 벗기지 말고 얇게 썬다.

2 당근은 채 썬다.

3 팬을 달구어 참기름을 두르고 셀러리 줄기와 당근을 넣어 볶는다.

4 간장과 조청을 넣어 간을 하고 마지막에 셀러리 잎을 넣어 가볍게 섞는다.
  셀러리 잎은 마지막에 넣어 색을 살리는 게 좋은데 셀러리의 향이 강하면 처음부터 넣어 볶는다.

COOK'S NOTE

셀러리는 가는 쌈채소용 셀러리를 사용하면 줄기가 부드럽고 향이 강하다. 굵은 줄기의 샐러드용 셀러리를 사용하면 식감이 좋다.

콜라비 피클

DETOX FOOD

콜라비 Kohlrabi 콜라비는 양배추의 하나로, 아삭아삭한 식감과 달콤한 맛이 난다. 콜라비를 비롯한 브로콜리, 콜리플라워, 양배추, 무 등은 이소시안산염(isocyanate)이라는 성분을 함유하고 있다. 이 성분은 간에서 유해 물질을 무독화시켜 해독작용을 높인다. 또 활성산소에 대하여 항산화작용을 하여 식품첨가물 등으로 세포가 손상되지 않도록 막아준다. 단단한 섬유질로 구성된 껍질은 원래 벗겨서 먹지만 얇게 썰어서 요리하면 껍질째 먹을 수 있다. 특히 적콜라비의 껍질은 항산화작용을 하여 스트레스 해소나 면역력 강화, 노화 및 암 예방을 기대한다면 껍질째 먹는 것이 더욱 효과적이다.

콜라비를 껍질째 통으로 먹을 수 있는 피클이다. 적콜라비를 통채로 사용하면 껍질의 천연색소로 예쁜 색으로 절일 수 있다. 절여지는 시간에 따라 달라지는 색의 변화도 즐겁다.

TIME 20분(절이는 시간 제외)

YIELD 500㎖ 1병분

INGREDIENTS

주재료
적콜라비 400g(1개)

절임액 재료
마른 고추 약간
현미식초 1컵
조청 200g(3/4컵)
소금 1작은술
생강(얇게 썬 것) 3조각
월계수 잎 1장

Special Tip
이 요리책에는 검은 낫토 월남쌈(268쪽)에 콜라비 피클을 활용했다. 또는 김밥에 넣거나 고기 요리를 먹을 때 쌈채소로 먹어도 좋다.

How to Make

1 적콜라비는 꼭지와 밑동의 딱딱한 부분은 손질하고 슬라이서로 가로로 얇게 썬다.
   잎은 따로 준비한다.

2 마른 고추는 얇게 썰어 냄비에 절임액 재료와 함께 넣고 조청이 녹을 때까지 끓인다.

3 적콜라비를 밀폐용기에 담고 뜨거운 절임액을 붓는다.
   뜨거울 때 부으면 빨리 익는다.

4 4~8시간 정도 절인다.
   처음에는 테두리만 보라색으로 변하다가 조금씩 전체적으로 분홍색을 띤다. 냉장 보관하면 5~7일은 먹을 수 있다.

COOK'S NOTE
- 콜라비 외에 무, 양파, 양배추, 파프리카 등 다양한 채소로 만들 수 있다.
- 생강은 엄지손가락만한 크기로 얇게 썬 것을 준비한다.
- 마른 고추 대신 청양고추를 사용해도 좋다.

무수분
콩나물무침

DETOX FOOD
콩나물 Bean Sprouts 콩나물은 대두가 발아한 것이다. 발아 과정에서 대두에는 없는 비타민 C가 생겨 콩과는 다른 효능을 갖는다. 비타민 C는 면역력을 높이고 해독을 담당하는 간 기능을 활성화시킨다. 뿌리에는 피로회복에 좋은 아스파라긴산(Aspartic Acid)이 많으니 손질하지 말고 뿌리째 먹는다. 대사에 필요한 비타민 B군도 함유하고 있으며 칼로리가 낮아 다이어트식으로도 좋다.

콩나물을 물에 넣고 삶으면 물 속으로 영양 성분이 빠져 나가버린다. 맛이 좋은 콩나물무침을 만들 때에는 맛이 밖으로 빠지지 않도록 응축시키는 것이 중요하다.

TIME 30분

YIELD 2~4인분

INGREDIENTS

주재료
콩나물 380g
소금 3/4작은술
부추 20g
참깨 약간

양념 재료
생강(얇게 썬 것) 2조각
간 마늘 1작은술
소금 1/3~1/2작은술
참기름 2작은술
고춧가루 1작은술

How to Make

1 콩나물은 씻어 두툼한 냄비에 넣어 소금을 뿌리고 뚜껑을 덮어서 약한 불로 20분 정도 익힌다.
  콩나물은 씻은 물과 소금의 삼투압으로 물을 따로 넣지 않아도 수분이 생겨 아삭하게 찔 수 있다.

2 부추는 4cm 길이로 썬다.

3 생강은 가늘게 채 썰어 나머지 양념 재료와 잘 섞는다.

4 콩나물이 익으면 뜨거울 때 부추, 양념, 참깨를 넣고 무친다.
  뜨거울 때 양념을 해야 맛이 빨리 배어 식감이 부드러워진다.

COOK'S NOTE

- 부추 대신 쪽파를 넣어도 잘 어울린다.
- 생강은 엄지손가락만한 크기로 얇게 썬 것으로 준비한다
- 고춧가루의 매운맛은 취향에 따라 선택한다.

적채 코울슬로 샐러드

DETOX FOOD

적채 Red Cabbage 적채의 빨강색은 안토시아닌(Anthocyanin)이다. 안토시아닌은 폴리페놀의 일종으로 노화나 암 예방을 하는 강한 항산화작용을 기대할 수 있다. 적채는 생으로 먹어야 살아 있는 효소까지 섭취할 수 있다. 효소는 방사성으로 손상된 세포를 회복시킬 때 소모되는 성분이므로 충분히 섭취하는 것이 좋다. 만성피로나 시력 회복에도 효과적이다. 이 외에도 궤양이나 염증을 억제한다.

코울슬로는 다지거나
채 썬 양배추에 프렌치
드레싱이나 마요네즈로
무친 샐러드다.
이 레시피는 양배추의
영양에 폴리페놀
성분까지 더해진
적채를 기름 한 방울
사용하지 않은
두유 드레싱을 곁들였다.

TIME 20분

YIELD 2인분

INGREDIENTS

주재료
적채 180g
양파 20g
소금 1/2작은술
호두 15g
파슬리 5g

두유 드레싱 재료
마늘(작은 것) 1쪽
두유 4큰술
조청 2큰술
소금 1/2작은술
레몬즙 4작은술

How to Make

1 적채는 0.5cm 두께로 채 썰고 양파는 얇게 썰어 소금을 뿌려 숨을 죽인다. 호두는 살짝 볶아 다지고 파슬리도 잘게 다진다.
 양파에 소금을 뿌려 숨을 죽이면 매운맛이 빠진다. 볶은 호두도 한 번 더 볶으면 맛과 향이 더 좋아진다.

2 두유 드레싱을 만든다. 마늘을 갈아서 나머지 재료와 잘 섞는다.

3 양파의 물기를 짜서 적채, 호두, 파슬리와 섞어 먹기 직전에 두유 드레싱을 뿌린다.

COOK'S NOTE
• 적채 대신 일반 양배추를 사용해도 맛있다.
• 두유는 설탕이나 비타민제가 들어가지 않은 것을 사용하고 없으면 콩즙이나 콩국물을 사용한다.

Section 03

식
물
성 단
   백
   질

고기 생각 안 나는 해독 요리

마크로비오틱은 채식주의를 실천하라고 이야기하지 않습니다. 그러나 육류를 과식하는 경향이 있는 현대인의 일반적인 식생활을 고려할 때 일부러 고기를 먹지 않는 날을 정하는 등 의식적으로 육류의 섭취량을 조절할 필요가 있다고 봅니다. 그래도 육류에 익숙한 사람에게는 고기가 없는 요리는 부족감을 줄 수가 있고 또 채소 중심의 식생활은 단백질의 부족이 문제가 될 수도 있습니다. 단백질은 건강한 피부나 윤기가 흐르는 머리카락을 비롯하여 몸을 만드는 기본 재료가 됩니다. 그리고 해독을 위해 대사를 높이고 열량을 연소하기 쉬운 몸으로 만들기 위해서는 몸의 근육량을 늘려야 하는데 근육의 재료가 되는 것도 단백질입니다.

단백질 식품으로는 고기나 생선, 달걀, 유제품이 대표적이나 중금속이나 방사성 물질 등의 유해 물질이 응축되어 축적되기 쉬우므로 오염의 가능성이 있는 것이라면 피하는 것이 상책입니다. 또 동물성 단백질은 단백질 성분 외에도 지방이나 콜레스테롤이 많습니다. 또 대량의 소화 효소를 소모하여 소화에도 시간이 걸리고 대사의 마지막 과정에서 발암물질을 남겨버린다는 점도 우려스럽습니다.

이번 섹션에서는 식물성 단백질을 대표하는 콩이나 두부, 유부, 낫토 등 소화가 잘 되는 콩 가공품을 활용한 요리를 소개합니다. 몸을 만드는 단백질을 몸의 부담이 적은 재료로 효율적으로 섭취할 수 있는 진정한 해독 요리들입니다.

볼로네이즈 스파게티

DETOX FOOD

통밀 파스타 Wholemeal Pasta 통째로 먹는 것을 권하는 마크로비오틱에서는 스파게티를 포함한 파스타를 사용할 때도 통밀가루로 만든 통밀 파스타를 사용하는 것이 기본이다. 밀가루 음식은 몸에 쌓이기 쉽고 해독을 방해하는 경우가 있는데 통밀은 백밀에 비해서 장내 환경을 개선해주는 섬유질을 비롯하여 대사에 관여하는 미네랄도 풍부하다. 특히 통밀 파스타는 잘 씹어 먹게 되니 혈당이 천천히 올라가 과식을 막고 소화기관에 주는 부담도 적어 다이어트나 해독 작용을 높인다.

TIME 35분

YIELD 2인분

INGREDIENTS

주재료
느타리버섯 60g
우엉 20g
당근 15g
양파 40g
연근 20g
풋고추 1/2개
다진 마늘 1작은술
기름 1큰술
스파게티 180g
기름·소금 약간씩
물 1/2컵
다진 파슬리 약간

소스 재료
된장 1큰술
토마토 퓌레 65㎖
간장 1큰술
조청 50㎖(60g)
소금 1/4작은술

How to Make

1 느타리버섯, 우엉, 당근, 양파, 연근, 풋고추는 잘게 다지고 다진 마늘도 준비한다.
   푸드 프로세서를 사용하면 간편한데 푸드 프로세서를 이용할 때는 각각의 재료를 따로 따로 간다.

2 팬을 달구어 기름을 두르고 ①을 넣고 볶는다.

3 된장은 칼을 눕혀 곱게 으깨어 나머지 소스 재료와 잘 섞는다.
   된장은 알갱이가 짜니 꼭 으깨어 부드러운 맛을 낸다.

4 냄비에 넉넉한 양의 물을 넣고 끓여 기름과 소금을 넣고 스파게티를 넣는다. 스파게티 봉지에 표시된 시간보다 1분 정도 덜 삶는다.
   소스와 같이 조리는 과정이 있으니 파스타 삶는 시간을 약간 짧게 한다.

5 ②에 물 1/2컵과 소스를 넣고 섞어가며 조린다.
   물 대신 파스타를 삶은 물을 넣으면 맛이 좋다.

6 삶은 파스타는 물기를 빼고 ⑤에 넣어 소스에 끈기가 생길 때까지 섞으면서 면과 소스가 잘 어우러지면 접시에 담고 다진 파슬리를 뿌린다.

COOK'S NOTE

스파게티는 통밀가루로 만든 파스타와 일반 파스타를 반씩 섞어 사용하면 통밀 파스타의 고슬고슬한 식감을 즐길 수 있고 영양적으로도 좋다.

소면 누룽지
낫토 소스

DETOX FOOD

무 Daikon 무즙에는 해열작용이나 변비 해소, 가려움을 완화시키는 등 많은 효능이 있다. 고단백질로 인한 알레르기 증상을 진정시키는 작용도 있는데 이는 무가 가진 소화 효소와 깊은 관계가 있다. 효소는 오염물질의 해독이나 오염된 환경으로부터 타격을 받은 세포, 감기나 격렬한 운동시 많이 소비되므로 필요량을 꾸준히 섭취해야 독이 쌓이지 않고 몸도 건강해진다. 효과는 무의 뿌리 쪽과 껍질에 더 많다. 단 뿌리 쪽은 매워 먹기 힘들 수 있으니 낫토 등과 같이 섞어 매운맛을 중화시킨다. 레몬즙이나 식초를 넣으면 매운맛이 덜하고 해독과 정장 작용도 높아진다.

TIME 20분

YIELD 2인분

INGREDIENTS

주재료
통밀국수 60g
기름 2작은술

낫토 소스 재료
낫토 1팩(50g 정도)
무 20g
간장 2작은술
발사믹식초 1작은술

장식 재료
참나물 20g
김밥용 김 약간

How to Make

1 김밥용 김은 살짝 구워 가위로 가늘게 자르고 참나물은 3cm 길이로 썬다.

2 팬에 물을 넣고 끓여 끓으면 통밀국수를 넣고 삶아 체에 받쳐 물기를 뺀다.
프라이팬에 면을 삶으면 물도 빨리 끓고 면이 한 번에 물에 잠겨 쉽게 삶을 수 있다.

3 팬에 기름을 두르지 않고 삶은 면을 얇게 깐 다음 둥근 모양을 만들어가며 굽는다. 면이 살짝 굳으면 기름을 두르고 양면을 바삭바삭하게 지진다.
처음부터 기름을 넣으면 모양을 낼 수가 없고 바삭하게 구워지지도 않는다.

4 낫토 소스를 만든다. 무는 강판으로 갈고 볼에 낫토, 간장, 발사믹식초와 함께 넣고 섞는다.

5 지진 면에 참나물을 얹고 낫토 소스를 뿌린 다음 김을 얹는다.
소스의 농도는 무즙의 분량으로 조절한다.

COOK'S NOTE
• 통밀국수 대신 메밀국수로 만들어도 맛있다.
• 참나물 대신 쪽파를 넣어도 된다.
• 면 삶을 물은 미리 준비한다.

톳을 채운 유부구이

DETOX FOOD

톳 Hijiki 요오드는 갑상선 호르몬의 주원료이며 신진대사를 촉진하고 성장호르몬과 같이 성장을 촉진하는 몸에 불가결한 미네랄이다. 그러나 평소 만성적인 요오드 부족의 경우나 성장기 아이가 갑상선 호르몬을 많이 필요로 할 경우에는 방사능 요오드가 갑상선에 섭취되어 발암 등의 위험성이 생긴다. 단, 평소 다시마나 톳과 같은 해초를 꾸준히 먹으면 정상적인 요오드가 포화 상태가 되어 방사능 요오드가 몸에 쌓이지 않는다고 한다. 또 방사능 세슘도 수용성 식이섬유를 섭취하면 배출을 촉진시킬 수 있다.

TIME 35분

YIELD 4개분

INGREDIENTS

주재료
유부 4장
생톳 30g
마른 표고버섯 1개
당근 5g
표고버섯 불린 물 1/2컵
간장 1/2큰술
쪽파 5g
생강 약간
두부(부침용) 1/2모
소금 약간

소스 재료
간장 적당량
머스터드 적당량

How to Make

1 유부는 끓는 물에 데쳐 체에 밭쳐 기름기를 뺀다. 밀대로 밀어 한 쪽을 찢어 주머니를 만든다.
  유부는 데쳐서 뜨거울 때 밀대로 밀면 속에 공간이 생겨 주머니 만들기가 쉽다.

2 생톳은 깨끗이 씻고 줄기와 잎 부분으로 나누고 줄기는 먹기 좋게 자른다. 마른 표고버섯은 기둥과 갓으로 나누어 기둥은 손으로 찢고 갓은 얇게 썬다. 당근은 채 썬다.
  톳은 다지거나 여러 번 자르면 끈기 성분이 나오고 비린내도 생긴다. 잎 부분은 훑듯이 줄기에서 분리시켜 줄기만 적당히 자른다.

3 생톳을 조린다. 작은 냄비에 생톳, 표고버섯, 당근, 표고버섯 불린 물, 간장을 붓고 물기가 완전히 없어질 때까지 조린다.
  두부와 섞을 때 물기가 남아 있으면 색이 곱지 않고 맛도 싱거워진다.

4 쪽파는 잘게 썰고 생강은 가늘게 채 썬다.

5 볼에 물기를 뺀 두부를 으깨 넣고 ③, 쪽파, 생강, 소금을 넣어 잘 섞는다.

6 유부에 ⑤를 채우고 기름을 두르지 않은 팬에 바삭하게 굽는다. 간장과 머스터드를 섞어 곁들인다.

COOK'S NOTE

- 유부는 간이 되지 않은 냉동 유부를 사용한다.
- 생톳은 염장이 되지 않은 것으로 준비한다. 염장 톳은 충분히 염분을 빼고 간장의 양도 줄인다. 마른 톳은 1큰술 정도 불려서 사용한다.

아츠아게 파르스

DETOX FOOD

새싹채소 Sprout 싹이 갓 튼 새싹채소는 항산화작용이 뛰어나고 안티에이징에 효과적이다. 새싹에서 느껴지는 약간의 매운맛은 설포라판(Sulforaphane)이라는 성분으로 탁월한 해독 작용과 항산화작용을 하는 것으로 알려져 있다. 몸을 방어하는 효소의 생성을 촉진하여 체내의 유해 물질은 제거하고 발암물질은 무독화시키거나 체외로 배출시키는 작용을 한다. 또 간장을 강화하는 작용도 있어서 숙취에도 효과적이라는 연구 결과도 있다.

일본에서는 튀긴 두부를 '아츠아게'라 부른다. 두부 가공품의 하나로 슈퍼마켓에서 흔하게 볼 수 있는데 두부를 튀기면 표면이 단단해지고 맛도 깊어진다.

1

2

3

4

TIME 20분

YIELD 8개분

INGREDIENTS

주재료
고소아게 두부 1팩(320g)
새싹채소 30g
트레비스 1장

두부 마요네즈 재료
부침용 두부 1/4모
현미식초 1큰술
카놀라유 1큰술
조청 1+1/2큰술
소금 1/2작은술
간 생강 1/2작은술

How to Make

1 고소아게 두부는 끓는 물에 데쳐서 체에 받쳐 기름기를 뺀다.
  표면의 기름기를 제거하고 한 번 삶아 식히면 두부의 수분이 빠져 더욱 단단해져 모양내기 쉽다.

2 식으면 삼각형 모양이 되도록 반으로 잘라 두부 속에 칼집을 넣고 숟가락으로 속을 파낸다.
  속은 두부 마요네즈에 넣는다.

3 블렌더에 파낸 두부 속과 두부 마요네즈 재료를 모두 넣고 크림 상태가 되도록 간다.

4 채 썬 트레비스와 새싹채소를 두부 마요네즈로 무쳐 고소아게 두부에 채운다.

COOK'S NOTE
- 고소아게는 이미 튀겨서 나오는 두부 가공품이다. 구할 수 없을 때에는 일반 두부를 기름에 지져서 사용하거나 유부로 대신해도 좋다.
- 새싹채소 대신 어린잎채소나 데쳐서 다진 채소, 밥을 넣어도 좋다.

마 두부 경단튀김

DETOX FOOD

마 Yam 마에는 유효 성분이 많은데 특히 사포닌(Saponin)은 지방의 축적을 억제하고 비만을 예방하며 혈행을 좋게 하고 면역력을 향상시킨다. 끈기 성분인 뮤신(Mucin)은 폐와 위장의 점막을 강화하고 보호해준다. 또 단백질의 소화와 흡수를 잘 되게 하므로 두부와 궁합이 좋다.

TIME 30분

YIELD 8개

INGREDIENTS

주재료
두부(부침용) 1모
마 30g
소금 1/2작은술
마른 미역 약간
당근 5g
쪽파 1/2작은술
튀김기름 적당량
간 생강 약간

소스 재료
간 생강 1/2작은술
녹말 1작은술
간장 2작은술
물 1/2컵

How to Make

1 물기를 잘 뺀 두부는 푸드 프로세서에 넣어 매끄러운 상태가 될 때까지 간다.
두부가 매끄러워질 때까지 갈지 않으면 튀길 때 표면이 옴폭 패어버린다.

2 마는 가는 뿌리를 직화로 없애고 강판으로 갈아 소금과 함께 두부에 넣어 잘 섞는다.

3 마른 미역과 당근, 쪽파는 잘게 다져 ②에 넣어 잘 섞어 반죽을 만들어 동글납작하게 경단을 빚는다.
미역은 따로 물에 불리지 않고 두부와 마의 수분으로 불린다. 반죽이 질면 통밀가루를 넣어 농도를 조절한다. 또 반죽은 표면을 매끄럽게 빚어야 튀길 때 부수어지지 않는다.

4 팬에 기름을 1cm 높이 정도로 붓고 달구어 경단을 넣고 표면에 기름을 뿌려가면서 고소하게 튀긴다.
표면에 기름을 뿌리면서 지지면 뒤집기도 쉽고 골고루 익는다.

5 냄비에 소스 재료를 모두 넣고 걸쭉해질 때까지 저으면서 끓인다.

6 그릇에 튀긴 경단을 담고 취향에 따라 소스를 뿌린 다음 간 생강을 얹는다.

COOK'S NOTE
- 마는 수분이 적은 산마가 좋지만 없으면 장마를 쓴다.
- 은행, 깨, 양파 등을 넣어도 맛있다.
- 소스 대신 간장을 곁들여도 된다.
- 두부는 하룻밤 정도 물기를 잘 빼둔다.

두부 카레
마리네이드

DETOX FOOD
카레파우더 Curry Powder 카레파우더는 여러 향신료를 섞어 만드는데 기본이 되는 대표적인 스파이스는 노란색을 내는 강황, 매운맛을 내는 칠리와 후춧가루, 향을 내는 코리앤더와 큐민이다. 면역력이 떨어진 몸은 오염 물질에 쉽게 노출되고 몸속으로 들어온 독소에 대한 해독력도 약해지는 악순환이 계속된다. 카레의 향신료는 신진대사를 높이고 식욕을 촉진시키며 위장의 운동을 활성화시켜 피로를 회복시키는 효능이 있다. 또 살균 작용도 있어서 음식의 부패를 방지한다.

TIME 30분

YIELD 2인분

INGREDIENTS

주재료
두부(부침용) 1/2모
소금·후춧가루 약간씩
기름 1/2큰술
콜리플라워 150g
양파 50g
빨강 파프리카 10g
피망 10g
마리네이드액 재료
마늘 1쪽
홍고추 1/2개
생강 1톨
건포도 20g
카레파우더 1작은술
현미식초 4큰술
소금 1/2작은술

How to Make

1 두부는 하룻밤 정도 물기를 빼서 6등분하고 소금과 후춧가루를 뿌린다.
소금과 후춧가루로 밑간을 하여 두부의 밋밋한 맛을 없앤다.

2 기름을 두른 팬에 두부를 넣어 노릇하게 지진다.

3 콜리플라워는 한입 크기로 썰고 양파, 빨강 파프리카, 피망은 얇게 썬다.
콜리플라워는 줄기 부분에 칼집을 넣어 손으로 찢으면 봉오리가 부서지지 않는다.

4 마리네이드액을 만든다. 마늘, 홍고추, 생강은 얇게 썰고 건포도는 굵직하게 다진다.
건포도를 다져 넣으면 단맛이 쉽게 우러난다.

5 마리네이드액 재료 중 소금을 뺀 나머지 재료를 모두 냄비에 넣고 두부와 콜리플라워를 넣는다. 소금을 뿌리고 뚜껑을 덮어 약한 불로 끓인다.
소금의 삼투압으로 콜리플라워에서 수분이 나온다.

6 콜리플라워가 익으면 양파, 빨강 파프리카, 피망을 넣어 가볍게 섞는다. 한 김 식으면 냉장고에 넣어 차게 한다.

COOK'S NOTE
- 건포도는 설탕 등이 첨가되지 않은 것을 사용한다.
- 카레파우더는 조미되지 않은, 향신료로만 만든 것으로 준비한다.

검은콩
너깃

DETOX FOOD

검은콩 Black bean 탄수화물과 단백질이 풍부한 콩은 몸에 부담이 적으며 열원이 우수한 식품이다. 대두에는 방사성 세슘이 체내로 유입되는 것을 막아주는 칼륨이 많다. 검은콩은 대두의 기본적인 영양에 더하여 검은색을 내는 안토시아닌(Anthocyanin) 색소의 효능으로 눈과 신장의 건강에 이롭다. 면역력을 높이고 어지럼이나 부종을 해소시키는 효능도 있다. 안토시아닌을 온전히 섭취하려면 콩을 넣고 삶은 물도 마신다.

TIME 30분(콩 불리는 시간 제외)

YIELD 9개

INGREDIENTS

검은콩 50g
물 2컵
다시마(3×3cm) 1장
현미튀밥 15g
양배추 70g
마른 미역 1g(1작은술)
소금 1/3작은술
감자녹말 1+1/2큰술
찹쌀가루 1+1/2큰술
튀김기름 적당량

How to Make

1 압력솥에 검은콩과 콩을 불린 물, 다시마를 넣어 콩이 익을 때까지 5~8분 정도 삶는다.
손가락으로 콩을 쉽게 으깰 수 있을 정도로 부드럽게 익힌다.

2 검은콩은 뜨거울 때 으깬다.
삶은 물은 검은콩차로 마시면 좋다. 검은콩차는 눈이나 신장, 목감기에 좋다.

3 현미튀밥은 비닐봉지에 넣어 대강 부수고 양배추는 다진다. 마른 미역은 미리 물에 불려 물기를 꼭 짜서 다진다.

4 볼에 검은콩, 현미튀밥, 양배추, 마른 미역, 소금, 감자녹말, 찹쌀가루를 넣어 잘 섞는다.

5 반죽을 9등분하여 너깃 모양으로 빚는다.
틈이 있으면 튀길 때 모양이 흐트러지니 표면이 매끄러워지도록 정성스럽게 빚는다.

6 팬에 기름을 넉넉히 두르고 달구어 반죽을 넣고 양면을 골고루 지진다.

COOK'S NOTE

- 콩을 삶을 때 다시마와 같이 삶으면 다시마의 미네랄 성분으로 부드러워지며 떫은맛도 없어진다. 다시마가 없을 때에는 소금을 약간 넣고 삶는다.
- 고소한 맛과 적당한 식감을 살리려면 간이 되지 않은 현미튀밥을 넣는다.
- 찹쌀가루는 실온 보관이 가능한 말린 가루를 쓴다.
- 검은콩은 물 2컵에 하룻밤 정도 불린다.

콩튀김

DETOX FOOD

콩 Soybean 질이 좋은 단백질과 지질이 많은 대두는 '밭의 고기'라고도 부른다. 특히 사포닌(Saponin)과 레시틴(Lecithin) 이라는 영양 성분은 혈액 속의 콜레스테롤을 낮추고 중성지방을 줄이며 고지혈증을 예방한다. 혈액을 정화시키며 혈액 순환을 개선시키는 점도 대두의 특징이다. 조리시 물에 충분히 불려 잘 익히면 소화가 잘 된다.

영양 만점인 대두를 튀겨서 먹는 간단한 간식거리다. 대두의 레시틴은 해독이나 알코올 분해에 중요한 역할을 하는 간장을 지켜주는 영양 성분이다. 또 대두의 비타민 B군은 알코올 분해에 관계하니 특히 맥주 안주로 좋다.

TIME 20분(콩 불리는 시간 제외)

YIELD 1~2인분

INGREDIENTS
대두 40g(1/4컵)
감자녹말 2큰술
다시마(3×5cm) 1장
튀김기름 적당량
간장 1작은술
고춧가루 약간
깨소금 약간

How to Make

1 불린 대두의 물기를 빼고 비닐봉지에 감자녹말과 같이 넣고 흔들어 녹말을 입힌다. 다시마는 가위로 1cm 크기로 자른다.
　시간이 없을 때에는 대두를 보온병에 넣고 뜨거운 물을 부어 밀폐 상태로 2~4시간 정도 불린다.

2 170℃의 튀김기름에 대두를 넣어 튀긴다.
　처음에는 콩이 들러붙으니 젓가락으로 떼어가면서 튀긴다. 팬에 기름을 넉넉히 넣고 달구어 볶듯이 익혀도 된다.

3 대두와 다시마가 떠오르며 바삭하게 튀겨지면 체에 밭쳐 기름을 뺀다.

4 대두와 다시마가 뜨거울 때 간장을 뿌리고 고춧가루와 깨소금으로 가볍게 무친다.

COOK'S NOTE
- 대두 대신 검은콩, 병아리콩 등 다양한 콩으로 만들 수 있다.
- 간장 대신 소금과 고춧가루만 뿌려도 되고 고춧가루 대신 후춧가루를 뿌려도 맛있다.
- 대두는 하룻밤 정도 물에 불린다.

Section 04

대 장 과 혈 액 해 독

대장과 혈액을 정화시키는 해독 요리

혈액을 만들고 혈액을 맑게 정화시키는 일은 건강한 대장에서 이루어집니다. 해독을 통해 대장 환경을 개선시키며 혈액순환을 원활하게 하며 빈혈을 개선시키고 저체온을 예방하여 대사력을 높입니다.

이번 섹션에서는 대장 환경 개선에 좋은 식품으로 낫토를, 혈액을 만드는 식재료로 비트를 사용한 요리를 소개합니다. 대장 환경 개선에는 섬유질이 대표 선수이지만 발효식품이나 유산균도 대장의 건강을 돕습니다. 대두를 발효시켜 만든 낫토는 영양가도 높고 소화도 잘 되며 장내의 유산균을 늘려 유해 물질의 배출을 촉진시킵니다. 또 풍부한 엽산은 조혈을 돕는 역할도 합니다. 빈혈 개선에는 철분의 섭취가 중요합니다. 비트는 '먹는 수혈'이라는 별명을 지녔을 만큼 풍부한 철분을 함유하고 있습니다. 또 비타민 C가 풍부한 음식과 같이 섭취하면 철분의 흡수율을 높일 수 있습니다.

낫토 현미 덮밥

DETOX FOOD

낫토 Natto 낫토는 몸에 필요한 필수아미노산을 균형적으로 함유하고 있다. 비타민 B_2·E·K 등의 비타민군과 칼륨, 아연, 칼슘, 철분 등의 미네랄과 식이섬유도 풍부하다. 미네랄 중 칼륨과 칼슘은 방사성 세슘과 스트론튬의 흡수를 막아준다. 철분도 플루토늄이 체내에 쌓이는 것을 예방하며 아연은 간과 신장에서 납과 수은, 카드뮴과 결합하고 유해 작용을 막아주는 성분의 생성을 촉진한다. 또 낫토나 대두의 플라보노이드의 일종인 이소플라본(Isoflavone)은 여성의 갱년기 증상 개선을 비롯하여 골다공증의 예방과 피부 미용에 효과가 있다.

영양, 소화, 해독의 삼박자를 갖춘 요리로 낫토 소스에 된장을 넣어 한국인들도 익숙한 맛으로 즐길 수 있다. 낫토 소스는 소면이나 메밀국수 등의 면 요리에 뿌려 먹어도 맛있다.

TIME 15분

YIELD 1인분

INGREDIENTS

주재료
현미밥 150g(1공기)

낫토 소스 재료
낫토 1팩(50g)
된장 1큰술
조청 1+1/2큰술
간장 1작은술
발사믹식초 1작은술

장식 재료
양파 30g
현미식초 약간
소금 약간
어린잎채소 20g

How to Make

1 양파는 얇게 썰어 현미식초와 소금을 뿌려 버무린다. 어린잎채소는 물에 씻어 체에 밭쳐 물기를 뺀다.
 양파는 식초와 소금으로 매운맛을 없앤다.

2 된장은 칼을 눕혀 짓이기듯 으깬다.
 알갱이를 으깨어 조리하면 소스가 더 부드럽다.

3 낫토와 나머지 소스 재료를 모두 넣고 골고루 섞는다.
 낫토의 끈기가 싫다면 낫토 외의 모든 재료를 잘 섞은 후에 낫토를 넣는다. 부드러운 맛을 좋아하면 낫토에서 실 같은 것이 생길 때까지 섞는다.

4 그릇에 현미밥을 담고 어린잎채소를 얹고 소스를 뿌린다. 양파의 물기를 꼭 짜서 얹는다.

COOK'S NOTE
• 낫토 소스에 다진 미역을 섞거나 김을 뿌려 먹으면 영양가가 더욱 높아진다.
• 양파 대신 다진 대파나 쪽파를 넣으면 소화가 잘 된다.
• 어린잎채소나 채 썬 깻잎, 무순, 새싹채소 등 다양한 채소로 변화를 즐겨도 좋다.

검은 낫토
월남쌈

DETOX FOOD
낫토 Natto 낫토는 삶은 대두를 낫토균으로 발효시킨 식품이다. 대두의 영양에 낫토균이 더해지며 뛰어난 해독 효과를 지닌다. 낫토균은 위산에도 죽지 않고 살아 남아 장까지 도달하여 대장의 유익균을 증가시킨다. 대장 환경이 좋아야 해독력이 좋은데 낫토는 대장에서 부패물의 생성을 줄이고 유해 물질을 흡착하며 배설을 촉진하니 몸의 정화나 해독에 큰 효과가 있다.

낫토의 끈기가 익숙하지 않다면 식초처럼 산이 있는 재료와 같이 먹으면 실이 많이 생기지 않는다.
머스터드 소스나 식초로 담근 수제 콜라비 피클을 곁들이면 좋다.

TIME 25분

YIELD 6개

INGREDIENTS

주재료
검은콩 생낫토 1팩
라이스페이퍼 6장
콜라비 피클 6장
어린잎채소 적당량

머스터드 소스 재료
머스터드 2작은술
조청 2큰술
레몬즙 1큰술
소금 약간

How to Make

1 어린잎채소는 물에 살짝 헹궈 체에 밭쳐 물기를 잘 뺀다.

2 라이스페이퍼는 미지근한 물에 살짝 적셔 도마에 얹고 잠깐 불린다.
  이때 물에 적신 키친타월을 덮어 두면 빨리 부드러워진다.

3 라이스페이퍼에 콜라비 피클, 낫토, 어린잎채소 순으로 얹고 돌돌 만다.
  낫토를 섞지 않고 그대로 얹으면 실이 덜 생겨서 만들기 쉽다. 낫토를 어린잎채소로 덮고 말면 손에 낫토가 묻지 않아 편하게 말 수 있다.

4 머스터드 소스 재료를 섞어 ③에 곁들인다.

COOK'S NOTE
- 실이 적고 색이 예쁜 검은콩 낫토를 사용했지만 일반 낫토를 사용해도 된다.
- 콜라비 피클 만드는 방법은 241쪽을 참조한다. 또는 시판 무쌈으로 대체해도 좋다.
- 어린잎채소 대신 무순이나 새싹채소, 채 썬 채소를 사용해도 좋다.

낫토 토마토 컵샐러드

DETOX FOOD

낫토 Natto 낫토의 끈기 성분은 낫토균에서 만들어지는 낫토키나아제(Nattokinase)라는 바실러스 단백질 분해효소 때문이다. 혈액 응고를 막고 혈액을 맑게 하며 혈액순환을 원활하게 하여 동맥경화나 뇌졸중, 성인병의 예방에 도움이 되는데 수많은 식품 중에 오직 낫토에만 함유된 효소다. 혈액이 깨끗해지고 순환이 잘 되려면 간이 튼튼해야 한다. 간은 혈액이 많이 모이는 장기로 혈액이 오염되면 정상적으로 기능을 수행하기 어려워진다. 혈액순환이 좋아지면 각 장기가 정상화되어 신진대사가 활발해져 해독 능력도 좋아진다.

TIME 25분

YIELD 2인분

INGREDIENTS

두부(부침용) 1/4모
소금 약간
완숙 토마토 2개(400g)
셀러리 10g
양파 20g
오이 40g
소금 1/2작은술
현미식초 1/2큰술
올리브오일 1/2큰술
후춧가루 약간
낫토 1팩(50g)

How to Make

1 두부는 소금을 뿌려 물기를 잘 뺀다.
  소금을 뿌리면 두부에 간이 배고 물이 적당히 빠지면서 단단해진다.

2 토마토는 위 쪽의 1/3 정도를 자르고 속을 파낸다. 파낸 속은 가로, 세로 1cm 크기로 썬다.
  얇은 숟가락으로 속을 파내면 간편하다.

3 셀러리는 잎과 줄기로 나누고 줄기 부분은 다진다. 양파는 잘게 다지고 오이는 세로로 6등분하여 가로, 세로 1cm 크기로 썬다.

4 두부는 가로, 세로 1cm 크기로 썬다.

5 볼에 토마토 속, 셀러리, 양파, 오이, 두부를 넣고 소금, 현미식초, 올리브오일, 후춧가루를 넣어 잘 섞는다.

6 마지막에 낫토를 넣어 가볍게 섞고 속을 파낸 토마토에 채운다.
  낫토를 넣고 너무 섞으면 거품이 과하게 생기니 낫토를 뺀 나머지 재료를 미리 섞어 놓고 마지막에 낫토를 넣는다.

COOK'S NOTE

토마토는 완숙 토마토가 영양이 많고 단맛이 난다.

비트 사과 샐러드

DETOX FOOD

비트 Beet 비트는 '먹는 수혈 채소'라고 부를 정도로 인, 나트륨, 마그네슘, 철분, 칼륨이 풍부하다. 또 비타민 A와 C, 니아신, 비오틴, 식이섬유도 많이 함유하고 있다. 면역력을 높이며 정장 작용, 변비 해소, 빈혈 예방의 효과가 있다. 비트의 영양 성분은 생으로 먹어야 온전히 섭취할 수 있다. 미세먼지나 독성 바이러스로부터 몸을 지켜주는 비타민 A를 보다 효율적으로 섭취하려면 올리브오일 드레싱을 곁들이면 좋다. 또 비트의 빨강 색소는 베타시아닌(Betacyanin)으로 강력한 항산화작용이 있어서 암을 예방한다.

비트와 사과의 아삭아삭한 식감을 즐기면서 생으로 듬뿍 맛있게 먹을 수 있는 샐러드다.
비트에는 단맛이 많아 레몬의 신맛과 궁합이 잘 맞는다. 시원한 맛과 식욕을 살리는 색감, 뛰어난 해독 작용으로 고기나 생선 요리에 곁들이면 좋다.

TIME 20분

YIELD 2~4인분

INGREDIENTS
비트 90g
사과 75g
치커리 10g
소금 1/3작은술
후춧가루 약간
레몬즙 2작은술

How to Make

1 비트는 딱딱한 껍질 부분은 제거하고 채 썬다.
　얇은 껍질은 그대로 사용한다.

2 사과는 씨를 빼내어 채 썰고 치커리는 손으로 적당히 찢는다.

3 볼에 비트와 사과를 넣고 소금과 후춧가루, 레몬즙을 넣어 잘 섞는다.
　사과는 그대로 두면 색이 변하니 재빨리 양념에 무친다.

4 먹기 직전에 치커리를 넣어 가볍게 버무린다.

COOK'S NOTE
• 사과는 산미가 많은 아오리나 홍옥이 좋다.
• 치커리 대신 상추나 셀러리를 넣어도 맛있다.

비트 오븐 마리네이드

DETOX FOOD

비트 Beet 채소 중에 당도가 높은 비트는 올리고당과 식이섬유를 함유하고 있다. 때문에 장내의 유익균을 증가시키고 유해균의 작용을 억제시켜 노폐물이나 콜레스테롤을 체외로 배출시킨다. 또 베타인(Betaine)이라는 성분에는 간장 기능을 높이거나 간장에 지방이 쌓이지 않게 하는 효과도 있어서 간 경변이나 지방간을 예방하고 간 건강을 유지시켜 독으로부터 몸을 지켜준다.

TIME 45분

YIELD 2~4인분

INGREDIENTS
주재료
비트 150g
양파 15g
파슬리 8g
마리네이드액 재료
양파 20g
현미식초 1큰술
올리브오일 2작은술
소금 1/4작은술

How to Make

1 비트는 딱딱한 껍질 부분을 깎아 내고 가로, 세로 1.5cm 크기로 썬다.

2 마리네이드액의 양파는 잘게 다져 현미식초, 올리브오일, 소금을 넣고 잘 섞는다.

3 마리네이드액에 비트를 넣고 가볍게 섞어 내열용기에 담는다.

4 쿠킹포일로 밀폐하듯 덮어 220℃로 예열한 오븐에서 30~35분 정도 구워 그대로 식힌다.
말랑말랑한 식감을 좋아하지 않으면 굽는 시간을 짧게 조절한다.

5 양파와 파슬리는 잘게 다진다.

6 먹기 직전에 잘게 다진 양파와 파슬리를 넣고 가볍게 섞는다.
레몬즙을 뿌려도 맛있다.

COOK'S NOTE
파슬리 대신 다진 셀러리도 잘 어울린다.

비트 수프

DETOX FOOD

비트 Beet 비트의 성분에는 엔오(NO)라는 일산화질소가 있는데 혈액순환을 원활하게 하고 탄력적인 혈관을 만들어 간장, 신장, 대장의 기능을 정상화시킨다. 뇌졸중이나 심장병의 원인이 되는 혈전도 예방한다. 또 혈액량을 증가시켜서 체내의 산소가 효율적으로 쓰이도록 하여 피로 회복이나 근육 증강, 다이어트 효과도 기대할 수 있다.

TIME 45분

YIELD 2인분

INGREDIENTS

주재료
비트 100g
당근 50g
셀러리 줄기 20g
양파 30g
마늘 1쪽
다시마와 표고버섯 불린 물 2컵
소금 1/2작은술
월계수 잎 1장
소금·후춧가루 약간씩

장식 재료
두유 약간
셀러리 잎 약간

How to Make

1 비트, 당근, 셀러리 줄기, 양파는 가로, 세로 1.5cm 크기로 썬다. 마늘은 다진다.

2 냄비에 다시마와 표고버섯 불린 물 1/4컵과 ①의 채소를 넣고 소금을 뿌린 다음 뚜껑을 덮고 약한 불로 찐다.
   소량의 물에 채소를 진하게 우린다.

3 채소가 익으면 블렌더에 넣어 퓌레 상태로 간다.

4 ③을 다시 냄비에 담고 나머지 다시마와 표고버섯 불린 물과 월계수 잎을 넣어 끓인다.
   이때 셀러리 잎이나 파슬리 줄기가 있으면 같이 넣어 끓인다.

5 소금과 후춧가루로 간을 한다.

6 수프를 접시에 담고 두유와 셀러리 잎으로 장식한다.
   셀러리 대신 파슬리를 사용해도 된다.

COOK'S NOTE
- 다시마와 표고버섯 불린 물은 물 2컵에 다시마(10×10cm) 1장과 마른 표고버섯 1개를 불려 만든다.
- 두유는 설탕이나 비타민제가 첨가되지 않은 것을 사용한다.

Section 05

면
역
력

면역력을 높이는 효소 충전 요리와 음료

효소는 우리가 살아가는 데 있어서 꼭 필요합니다. 효소가 있어야 섭취한 음식을 소화시켜 에너지로 바꿀 수 있습니다. 효소는 우리의 몸속에서도 만들어지지만 효과적으로 해독을 한다면 음식으로부터 직접 효소를 섭취할 수 있습니다. 음식으로부터 충분한 효소를 섭취하면 체내의 효소 낭비를 억제할 수 있어 면역력이 높아져 젊은 신체를 유지할 수 있습니다.

효소는 48℃에서 2시간, 50℃에서 2분 이상 가열하면 죽어버립니다. 따라서 채소나 과일은 생으로 먹거나 발효식품으로 섭취하는 것이 좋습니다. 특히 식사를 할 때 생과일이나 채소는 먼저 먹어야 위산의 방해를 받지 않고 원활하게 효과를 발휘하는 좋은 방법입니다.

이번 섹션에서는 효소를 살리기 위해 가열하지 않고 생으로 즐기는 요리와 간단하면서도 충분히 효소를 보충할 수 있는 효소 음료를 소개합니다.

두부 토마토
깻잎 카프레제

DETOX FOOD

토마토 Tomato 토마토의 빨간 색소는 리코펜(Lycopene)이라는 성분으로 유해한 활성산소의 작용을 억제하는 강한 항산화작용을 한다. 항산화작용이 높은 식품은 간이나 장, 혈액 등 독소가 쌓이기 쉬운 곳에서 활성산소를 제거하고 내장을 튼튼하게 한다. 특히 위염이나 위암의 원인균인 필로리균의 증식을 억제시키는 작용도 한다. 토마토는 위암을 비롯한 암 예방과 동맥경화 등의 성인병 예방에 효과가 있다.

카프레제는 이탈리아 남부 지방의 샐러드로 얇게 썬 토마토와 모차렐라치즈에 바질, 오레가노 등의 허브를 곁들인다.
이 레시피는 서양의 허브 대신 한국인에게 익숙하고 향과 맛이 뛰어난 깻잎으로 소스를 만들었다.

TIME 20분(두부 절이는 시간은 제외)

YIELD 2인분

INGREDIENTS

주재료
연두부 1/2모
소금 1작은술
토마토 100g(1개)
깻잎 적당량
레몬즙 약간

깻잎 제노베 소스 재료
깻잎 10g
올리브오일 1/2컵
다진 마늘 1/4작은술
소금 1/4작은술

How to Make

1 연두부는 물기를 제거하고 소금을 뿌려 키친타월로 싸서 하룻밤 정도 둔다.
두부 표면에 넉넉하게 소금을 뿌려 두면 수분이 빠져 두부가 단단해지면서 밑간도 되고 단맛도 증가한다.

2 깻잎은 잘게 다져 나머지 소스 재료와 골고루 섞는다.

3 연두부와 토마토는 각각 8~12등분한다.
크기와 두께를 맞추어 자르면 먹기 편하다.

4 접시에 토마토, 연두부, 깻잎 순으로 담고 깻잎 제노베 소스와 레몬즙을 뿌린다.

COOK'S NOTE
• 두부는 연두부를 사용하면 식감도 좋고 보기에도 예쁘다.
• 토마토는 완숙 토마토가 당도도 높고 색도 보기 좋다.
• 남은 깻잎 제노베 소스는 냉장고에서 보관하다가 삶은 파스타에 뿌려 먹거나 빵에 곁들인다.

단호박 로우 샐러드

DETOX FOOD

단호박 Sweet Pumpkin 단호박은 채소 중에서 코발트(Cobalt)를 가장 많이 포함하고 있다. 이 코발트는 췌장의 인슐린을 분비하는 세포에 꼭 필요한 성분이다. 더 큰 효과를 얻으려면 단호박을 조리할 때 설탕은 물론 단맛을 더하지 않고 조리해야 한다. 특히 설탕은 장내 환경을 오염시켜 혈액의 질을 떨어지게 한다. 단호박의 풍부한 펙틴은 방사능 물질을 배출시킨다. 그 외에 단호박은 간염이나 간경변, 신염, 십이지장궤양 등에도 효과적이다.

생으로 먹는 단호박은
은근히 맛있다.
게다가 고구마나 밤에
비해 소화와 흡수 능력이
좋아서 몸의 부담도
적다. 생으로 먹으면
여러 번 씹게 되어 맛뿐
아니라 단호박의
약효도 높일 수 있다.

TIME 20분

YIELD 2인분

INGREDIENTS
단호박 180g
생강 5g
소금 1/4작은술
현미식초 1작은술
올리브오일 1작은술

How to Make

1 단호박은 씨를 빼내어 껍질째 채 썰고 생강은 가늘게 채 썬다.
  단호박의 껍질에 있는 상처 부분은 딱딱하고 씹을 수 없으니 제거한다. 또 껍질 부분은 두껍지 않게 썬다.

2 단호박과 생강에 소금을 뿌려 물기가 생길 때까지 무친다.
  단맛을 우려내고 떫은맛을 중화시킨다.

3 생강, 현미식초, 올리브오일을 넣어 섞는다.

COOK'S NOTE

단호박은 수분이 많은 것이 생으로 먹어도 부드럽다.

무 미나리 태국식무침

DETOX FOOD
땅콩 Peanut 땅콩에 풍부한 아미노산의 한 종류인 메티오닌(Methionine)은 해독이나 유해 물질을 분해하는 간장 기능을 돕는다. 또 땅콩의 지방 성분은 80% 이상이 불포화지방산으로 고혈압이나 동맥경화를 예방한다. 그러나 쉽게 산화되므로 껍질째 보관해야 한다.

드레싱에 사용한 땅콩은
기름기가 많아
살이 찌거나 여드름이
생기지 않을까
걱정하는 사람도 있다.
땅콩을 잘 갈아서 소화를
좋게 하고 지방을
분해하는 효소가 많은
무와 같이 먹으면 된다.

TIME 20분

YIELD 2인분

INGREDIENTS

주재료
무 100g
당근 5g
미나리 80g

드레싱 재료
땅콩(껍질을 벗긴 것) 30g
홍고추(작은 것) 1개
간 마늘 1/4작은술
조청 1큰술
올리브오일 2큰술
레몬즙 1큰술
현미식초 1큰술
소금 1/2작은술

How to Make

1 무와 당근은 가늘게 채 썰고 미나리는 먹기 좋게 썬다.

2 땅콩은 팬에 볶아 푸드 프로세서에 넣어 잘게 다진다. 홍고추는 씨를 빼고 칼로 곱게 다진다.

3 ②의 땅콩과 홍고추에 나머지 드레싱 재료를 넣어 골고루 섞는다.
드레싱을 오래 두고 먹으면 땅콩이 불어 식감이 떨어지니 그때그때 만들어 먹는다.

4 손질한 무, 당근, 미나리를 섞고 먹기 직전에 드레싱을 뿌린다.

COOK'S NOTE

- 샐러드를 만들 때 무는 밑 부분보다 달콤한 윗부분, 즉 초록 부분을 사용한다.
- 땅콩은 껍질째 파는 국산을 사용한다.

파프리카 이탈리안 나물

DETOX FOOD
파프리카 Paprika 파프리카에는 하얗고 고운 피부를 만들어주는 비타민 C, 혈액순환을 좋게 하며 혈관의 노화나 암 예방에 도움을 주는 비타민 E, 감기예방과 눈에 좋은 비타민 A, 고혈압 예방에 효과적인 칼륨 등이 풍부하다. 파프리카의 영양 성분은 기름과 같이 섭취하면 흡수량을 높일 수 있다.

한국은 일본에 파프리카를 대량으로 수출할 정도로 파프리카의 유명한 산지다. 파프리카는 피망에 비해 두껍고 즙이 많다. 또 단맛이 강하고 식감도 아삭아삭 하여 나물로 만들어 보았다. 올리브오일에 무치면 카로틴의 흡수도 높일 수 있다.

TIME 20분

YIELD 2인분

INGREDIENTS
각종 파프리카 100g
양파 15g
소금 1/4작은술
화이트 발사믹식초 1/2작은술
올리브오일 1/2작은술
흰 후춧가루 약간

How to Make

1 파프리카는 가로로 얇게 썰고 씨는 빼낸다.

2 양파는 얇게 썬다.
  양파가 매우면 식초와 소금으로 버무려 매운맛을 중화시킨다.

3 볼에 파프리카와 양파를 넣고 소금, 화이트 발사믹식초, 올리브오일, 흰 후춧 가루를 넣어 잘 섞는다.

마늘종절임

DETOX FOOD
마늘종 Garlic Stems 마늘종은 마늘보다 더 풍부한 비타민 C와 비타민 B군을 함유하고 있다. 또 스코르디닌(Scordinin)이라는 성분이 피로회복과 어깨와 허리의 통증을 완화시킨다. 혈액을 맑게 하여 혈전 예방과 심장을 활성화시키는 효과도 있어 냉증 개선에도 좋다. 독이 되는 활성산소를 제거하고 내장의 상태를 개선하며 기능을 높여주는 항산화물질과 오염물질이나 병, 과도한 운동으로 손상된 세포를 재생시키는 효과도 지녔다.

마늘종절임은
기름진 음식을 먹을 때
곁들이면 느끼함을
줄여주고 기름의 소화도
도와주니 궁합이
맞는 음식이다.
그러나 마늘종에는
위장이나 장내를
자극하는 성분도
함유되어 있으니
어린이나 허약 체질인
사람은 살짝 가열해서
먹거나 과식을
조심해야 한다.

TIME 20분(절이는 시간 제외)

YIELD 2인분

INGREDIENTS

주재료
마늘종 50g
무 50g
당근 20g

절임액 재료
물 2큰술
간장 1큰술
현미식초 1큰술
조청 1큰술
소금 1/4작은술
참기름 1/2작은술

How to Make

1 마늘종은 4cm 길이로 썬다. 무와 당근도 마늘종의 굵기와 길이에 맞추어 썬다.

2 냄비에 절임액 재료를 모두 넣고 조청이 녹을 때까지 끓인다.

3 내열용기에 마늘종, 무, 당근을 담고 절임액이 뜨거울 때 붓는다. 절임액이 골고루 배도록 4시간 정도 나둔다.
뜨거울 때 부어야 채소를 살짝 익히고 살균도 할 수 있으며 맛이 배 더 맛있다.

COOK'S NOTE

- 마늘종 50g은 6줄기 정도다.
- 절임액으로 콜리플라워, 양배추, 숙주나물, 양파 등 다양한 채소를 절일 수 있다.

약식동원
한 컵 해독 보약

몸이 약간 이상한 듯 느껴지면 시판 약부터 찾아 먹지는 않나요?
약을 복용하면 증상을 억제시킬 뿐 근본적인 치료에는 이르지 않습니다.
약에 의지하는 몸은 정화되지 않고 장기간 약을 복용하게 되면 간을 비롯한
장기를 상하게 할 수도 있습니다. 약도 화학물질이라는 점을 기억해야 합니다.
이번 섹션에서는 몸에 부드럽게 효과를 발휘하는 증상별 효능 수프와 음료를 소개합니다.
특히 발효식품인 된장을 섭취할 수 있는 된장국은 만능 해독약입니다.
하루에 한 번씩, 한잔씩 꼭 챙겨 먹는 것을 습관화하면 건강 유지에 도움이 됩니다.

한눈에 보는 한 컵 해독 보약

그린 스무디

키위와 오이에는 비타민 C가 풍부하여 스트레스 해소나 감기 예방, 피부미용에 좋다. 또 칼륨이나 식이섬유도 많아 부종을 없애며 고기를 과식했을 때 소화를 돕는 음료로 마시면 좋다. 이 음료의 포인트는 잘 익은 키위를 사용하는 것과 구운 소금을 넣는 것. 미네랄을 온전히 섭취할 수 있고 단맛도 살릴 수 있다. 또 비타민의 파괴를 막기 위해 식초를 약간 넣어도 좋다. P.294

당근 감귤주스

서양에서는 괴혈병 같은 유행병이 돌면 감귤을 먹었다고 한다. 감귤에 함유된 플라보노이드는 항산화 성분으로 뇌신경 세포의 신호전달 기능을 촉진시켜 기억력을 향상시키는 효능이 있다. 또 해독 기관인 간장을 건강하게 만들어 면역력 강화에도 좋다. 귤 안쪽 껍질에 붙어 있는 흰 섬유질은 식이섬유인 펙틴이 많아 변비 해소와 설사 억제에 탁월하며 지방을 연소, 분해하는 나리진 등도 함유되어 있다. P.295

바나나 두유

단백질과 당분, 비타민, 미네랄, 섬유질까지 한꺼번에 섭취할 수 있어 아침 식사 대용으로 권하고 싶은 음료다. 두유와 바나나에는 칼륨이 많아 냉증을 불러올 수 있으니 구운 소금을 넣어서 몸에 부담을 덜어냈다. 효능은 바나나의 숙성도에 따라 다르다. 푸른 바나나는 변비 개선에 좋고, 노화 예방은 노란색 바나나, 위장 기능을 강화시키거나 면역력을 높이려면 검은 점이 생긴 잘 익은 바나나가 좋다. P.296

마른 표고버섯차

마크로비오틱에서는 동물성식품이나 설탕의 과다 섭취로 인한 가려움이나 두통이 생겼을 때, 또 근육통이나 발열에는 마른 표고버섯차를 마시면 증상을 완화시킬 수 있다고 본다. 표고버섯의 강한 음성 에너지는 끈적거리는 혈액을 정화시킨다. 여기에 양성인 간장을 더하여 음양의 조화를 맞췄다. P.297

팥차

신장은 혈액을 여과하고 노폐물이나 염분을 배출시키는 작용을 한다. 또 몸에 필요한 성분은 재흡수하여 체내에 남도록 하는데, 신장의 기능이 떨어지면 노폐물이나 독소가 몸에 쌓인다. 팥은 이뇨 작용이 강하고 신장을 돕는 작용을 하여 적당히 섭취하면서 신장 기능을 활성화시켜 해독이 잘 되는 건강한 몸을 만들 수 있다. P.298

무말랭이차
무를 햇볕에 말리면 생무에는 없는 영양소가 생긴다. 칼슘, 철분, 당분의 대사를 돕는 비타민 B_1, 지방 대사에 관여하는 비타민 B_2 등의 함유량이 무말랭이에 훨씬 많다. 무말랭이차는 몸의 산화를 억제하고 몸에 쌓인 노폐물을 배출시키는 작용을 한다. P.299

검은콩차
콩 중에서 가장 약효가 많은 콩은 검은콩이다. 콩에 많은 비타민 B_1은 세포가 포도당을 에너지원으로 쓸 수 있도록 돕는 역할을 한다. 또 뇌 세포의 활동을 돕고 혈관의 독성물질을 씻어내는 역할을 하는데, 결핍되면 뇌질환이나 혈관 염증 등의 위험이 커진다고 한다. P.300

일본식 된장국
효모와 유산균이 살아 있는 된장을 다시마와 표고버섯으로 우린 맛국물에 끓여 국으로 섭취하면 몸의 혈액과 체액에 직접 작용해서 질을 좋게 한다. 두부, 미역, 참나물 등을 건더기로 넣으면 비타민, 미네랄, 단백질 등 필요한 영양을 함께 섭취할 수 있다. 단, 너무 오래 끓이면 된장의 유익균이 사라지니 주의한다. P.301

달콤한 채소 수프
마크로비오틱 건강법에서 빠질 수 없는 이 수프는 당도가 높은 채소에서 우린 진액이다. 믹서에 갈거나 착즙한 채소즙과 달리 채소 수프는 수분과 함께 섭취하여 체내 흡수가 빨라 해독 효과가 높아진다. 채소에서 빠져 나온 자연 단맛은 내장 기능을 정상화시켜 당뇨병이나 다이어트, 정신 안정 등에 탁월한 효과가 있다. P.302

그린 스무디

키위와 오이에는
비타민 C가 풍부하여
스트레스 해소나
감기 예방,
피부 미용에 좋다.
또 칼륨이나 식이섬유도
풍부하기 때문에 부종을
완화시킨다. 이 스무디는
고기를 과식했을 때 소화를
돕는 음료로 마시면 좋다.

TIME 10분

YIELD 1잔

INGREDIENTS
키위(참다래) 4개
청오이 1/2개
구운 소금 약간
탄산수(무가당) 적당량

How to Make

1. 키위는 껍질을 벗겨 적당한 크기로 자른다. 청오이도 적당한 크기로 썬다.

2. 블렌더에 키위, 청오이, 소금을 넣어 곱게 간다.
   수분이 많고 부드러운 키위를 먼저 넣으면 잘 갈린다.

3. 탄산수를 부어 섞는다.

COOK'S NOTE
- 키위는 수입산 키위보다 국산 키위, 또는 제주산 참다래가 우리 몸에 잘 맞는다.
- 키위는 잘 익어 부드러운 것이 당도가 높다. 딱딱한 것은 사과나 바나나와 같이 두면 잘 익는다.
- 탄산수는 무가당으로 준비한다.
- 구운 소금을 넣으면 자연 단맛이 증가되고 강한 음성 요소를 완화시키며 미네랄도 보충된다.

DETOX FOOD

오이 Cucumber 평소 짜게 먹는다면 나트륨을 배출시키는 칼륨 식재료를 신경 써서 섭취하는 게 좋다. 오이에는 비타민 C와 칼륨이 풍부하다. 산성화된 혈액을 알칼리성으로 만드는 성질이 있으며 신장에 남아 있는 노폐물의 배설을 촉진시켜 부종을 없앤다.

당근
감귤주스

겨울이 되면 감귤의 당도가 높아지며 뿌리채소를 먹기 좋은 계절이다. 그래서 당근 감귤주스는 겨울에 마시면 좋은 건강 주스다. 스트레스와 변비 해소, 피부 미용과 감기 예방 효과도 기대할 수 있다. 당근의 풋내를 감귤의 상쾌한 향으로 없애주니 마시기 참 편하다.

TIME 20분

YIELD 2잔

INGREDIENTS
당근 150g
감귤 200g(3개)
레몬즙 약간
구운 소금 약간

DETOX FOOD

감귤 Tangerine 감귤의 황색 색소는 베타카로틴보다 암을 예방하는 효과가 5배나 많다. 해독 기관인 간장을 건강하게 하며 간경변을 예방하는 효과도 있다. 몸속에 들어간 방사능 물질을 재빨리 배출시킬 때 도움을 주는 펙틴의 함유량도 높다.

How to Make

1 당근은 한입 크기로 썬다.

2 감귤은 껍질을 벗기고 적당히 쪼갠다.
  흰 섬유질은 가능한 남긴다.

3 믹서나 블렌더에 감귤과 레몬즙, 당근을 넣고 갈아 구운 소금을 넣어 섞는다.
  먼저 감귤만 넣고 갈다가 레몬즙과 당근을 넣고 갈면 잘 갈린다.

COOK'S NOTE

당근의 아스코르비나아제라는 효소는 비타민 C를 파괴하는 작용이 있다. 이를 막기 위해서 소금이나 산을 사용하면 아스코르비나아제의 작용을 없앨 수 있다.

바나나 두유

아침 식사 대용으로 적당한 셰이크 같은 음료로 포만감을 얻을 수 있다. 바나나 두유 한 잔으로 단백질과 당분, 비타민, 미네랄, 섬유질까지 섭취할 수 있다. 더욱 영양이 풍부한 음료로 맛보려면 낫토 1/2팩을 넣어도 좋다.

TIME 5분

YIELD 2잔

INGREDIENTS
바나나 2개
두유 200㎖(1컵)
구운 소금

How to Make

1. 바나나는 껍질을 벗기고 한입 크기로 자른다.
2. 블렌더에 두유, 바나나 순으로 넣어 잘 간다.
3. 구운 소금을 약간 넣어 잘 섞는다.
   구운 소금을 넣으면 단맛을 살릴 수 있고 미네랄 밸런스도 좋아진다.

COOK'S NOTE
- 바나나는 검은 점이 생길 정도로 잘 익은 것이 당도와 영양가가 높다.
- 언 바나나를 사용하면 스무디로 즐길 수 있다.
- 바나나를 얼릴 때에는 껍질을 벗기고 한입 크기로 자른 다음 랩으로 싸서 냉동한다.
- 두유는 설탕 등 첨가물이 없는 것을 사용하고 콩즙이나 콩국물을 사용해도 좋다.

DETOX FOOD

소금 Salt 미네랄의 보고인 소금은 몸의 정상적인 기능을 유지하기 위해서는 필수적인 양념이다. 인간은 염분이 부족하면 어지러움이나 시력 저하, 경련 등의 부작용이 생긴다. 소금은 양보다 그 질을 중요하게 생각하고 자연산 천일염을 기본으로 사용한다.

마른 표고버섯차

동물성식품이나
설탕의 과다 섭취로 인한
가려움이나 두통이
생겼을 때, 또 근육통이나
발열로 힘들 때
표고버섯차를 마시면
증상을 완화시킬 수 있다.

TIME 35분

YIELD 1~2잔

INGREDIENTS
마른 표고버섯 4개
물 3컵
간장 적당량

DETOX FOOD
마른 표고버섯 Dried Shiitake 표고버섯을 비롯한 버섯에는 지방을 분해하는 음성 파워가 강하고 콜레스테롤이나 혈압을 낮추는 효과도 있다.

How to Make

1 냄비에 말린 표고버섯 4개와 물 3컵을 넣어 끓인다.

2 끓어오르면 중간 불로 줄이고 물이 반으로 줄어들 때까지 계속 끓인다.

3 표고버섯을 꺼내고 간장을 넣어 마신다.
  꺼낸 표고버섯은 냉동시켜 두었다가 다른 요리에 넣는다.

COOK'S NOTE
간장은 맛있다고 느껴질 정도로만 넣는다.

팥차

신장은 몸에서 필요 없어진 수분을 노폐물과 함께 체외로 배출시키고 염분도 조율하는 해독에 아주 중요한 기관이다. 팥차는 신장이 약해서 잘 붓는 사람이나 군살이 많아서 뚱뚱한 사람에게 좋다.

TIME 45분

YIELD 2잔

INGREDIENTS
팥 1/4컵
물 3~4컵

How to Make

1 냄비에 팥과 물 3~4컵을 넣어 끓인다.

2 끓어오르면 중간 불로 줄이고 물이 반으로 줄어들 때까지 계속 끓인다.
  불이 강하면 팥이 으깨지니 불 조절을 잘 해야한다.

3 팥을 꺼내고 국물만 마신다.
  꺼낸 팥은 팥죽에 넣거나 다른 요리에 넣어 먹는다.

COOK'S NOTE
- 평소 고기나 생선을 많이 먹는 사람은 조청을 약간 더해도 좋다.
- 채소를 주로 먹는 사람은 아주 약간의 소금을 넣어 마신다.

DETOX FOOD
팥 Adzuki 신장의 기능이 떨어지면 소변이 나오지 않게 되어 노폐물이나 독소가 몸에 쌓인다. 팥에는 이뇨 작용이 강하고 신상 기능을 높는 효능이 있어서 적당히 섭취하면 신장 기능을 유지하고 해독이 잘 되는 몸을 만들 수 있다.

무말랭이차

무가 가진 강한 소화력을 살렸다. 무말랭이의 고소한 맛과 향을 차로 즐겨 마시면 아토피의 가려움이나 여드름, 생리통이나 알레르기 증상, 다이어트에 효과를 볼 수 있다. 또 내장에 오래 쌓인 지방을 녹이고 소변으로 배출시키는 효과도 있다.

TIME 25분

YIELD 1잔

INGREDIENTS
무말랭이 20g
물 2컵

DETOX FOOD

무말랭이 Dried Slices of Daikon 무를 햇볕에 말리면 비타민 B_1과 비타민 B_2 등의 함유량이 훨씬 많아져서 몸의 산화를 억제하거나 몸에 쌓인 노폐물을 배출시키는 작용을 한다.

How to Make

1 무말랭이는 살짝 헹궈 냄비에 물 2컵과 함께 넣고 약한 불로 천천히 끓인다.

2 끓어오르면 뚜껑을 덮고 약한 불에서 20분 정도 끓인다.

3 냄비에서 무말랭이를 꺼내고 국물만 마신다.
   꺼낸 무말랭이는 다져서 햄버그나 부침개 등에 넣어 먹는다.

COOK'S NOTE

· 무말랭이는 가는 것이 굵은 것보다 추출물이 많이 나와 좋다.
· 취향에 따라 약간의 소금을 넣어 마셔도 된다.
· 물은 무말랭이 양의 5배를 붓는다.

검은콩차

초기 목감기에 마시면
탁월한 효과를 볼 수 있는
검은콩차.
검은콩의 칼륨 성분이
고혈압을 예방하고
비타민 E, 칼슘, 마그네슘이
튼튼한 혈관을 만들며
이소플라본과 사포닌은
혈액의 정화를 돕는다.

TIME 45분

YIELD 2잔

INGREDIENTS
검은콩 1/4컵
물 3~4컵
소금 1/2~3/4작은술

How to Make

1 냄비에 검은콩과 물 3~4컵을 넣고 끓인다.
   검은콩을 물로 헹구면 약효가 빠져버리므로 물을 적신 면포로 닦아서 끓인다.

2 물이 반 정도로 줄어들 때까지 약한 불로 계속 끓인다.

3 검은콩을 꺼내고 소금을 넣고 녹여 마신다.
   검은콩은 콩자반을 만들어 먹는다.

DETOX FOOD

검은콩 Black Soybean 검은콩은 장기나 혈액 속의 독소가 되는 활성산소를 제거하여 혈액을 깨끗하게 하고 간장이나 신장 기능에도 도움을 준다.

COOK'S NOTE

검은콩은 서리태를 사용해도 좋다.

일본식 된장국

소화가 잘 되지 않을 때나 냉증, 감기 초기 증상에는 따끈한 된장국을 마시면 좋다. 또 아침에 먹으면 변비에도 도움이 된다고 한다. 된장의 유익균을 살리려면 너무 오래 끓이지 않아야 한다.

TIME 15분

YIELD 2인분

INGREDIENTS
다시마와 표고버섯
불린 물 2컵
된장 2/3큰술
두부·마른 미역·참나물 적당량씩

DETOX FOOD
된장 Doenjang 된장에는 소화가 좋은 단백질이 풍부하고 비타민이나 미네랄, 불포화지방산도 많다. 또 유익균과 식이섬유가 대장의 환경을 개선시킨다.

How to Make

1. 다시마와 마른 표고버섯은 물에 10시간 정도 담갔다가 냄비에 넣어 끓인다. 끓으면 다시마를 꺼내고 계속 끓이다가 5분 정도 지나면 표고버섯을 꺼낸다.

2. 된장은 칼로 잘 으깬다. ①에 두부, 미역, 참나물을 넣고 익힌다.
   뿌리채소는 먼저 넣고 얇은 잎이나 파 등은 마지막에 넣는다.

3. 으깬 된장을 풀어 넣고 한소끔 더 끓인다.
   된장의 유익균과 향이 살도록 된장을 넣은 후에는 오래 끓이지 않는다.

COOK'S NOTE
다시마와 표고버섯 불린 물은 물 2컵에 다시마(10×20cm) 1장(12g 정도), 마른 표고버섯 작은 것 4개 또는 큰 것 2개를 불려 만든다.

달콤한
채소 수프

DETOX FOOD
자연의 단맛 Sweetness 만일 식단에서 설탕을 뺄 수 있다면 동물성식품을 뺀 식단보다 훨씬 빨리 건강을 되찾을 수 있다. 그만큼 설탕은 중독성이 크다. 설탕에 의존하지 않고 몸의 밸런스를 되찾게 하는 음식으로는 정제되지 않은 통곡물이나 동글게 생긴 채소를 꼽을 수 있다. 자연의 단맛에 익숙해지면 평소 내장에 주는 부담을 없앨 수 있다. 특히 자연의 단맛은 음식의 소화액을 만들고 혈당을 조율하는 장기인 췌장을 정상화시키는 데 큰 도움이 된다.

채소 육수라고도
할 수 있는 이 수프는
자연의 단맛이 가득하고
그 단맛으로 인하여
내장 기능이 정상화된다.
자연의 단맛은 설탕이나
인공첨가물로 오염된
몸을 맑게 정화시킨다.

TIME 45분

YIELD 2인분

INGREDIENTS
양파 1/4컵
양배추 1/4컵
단호박 1/4컵
당근 1/4컵
물 4컵

How to Make

1 채소는 껍질째 각각 다진다.

2 냄비에 양파, 양배추, 단호박, 당근 순으로 섞지 않고 넣는다.

3 물 4컵을 붓고 끓여 끓어오르면 약한 불로 줄여 20~30분 정도 끓인다.
   물은 채소가 섞이지 않도록 냄비 가장자리에서 천천히 붓는다.

4 충분히 육수가 우러나면 채소를 꺼내고 국물만 마신다.
   채소 건더기까지 먹으면 바로 흡수가 이루어지지 않아서 효과가 떨어지니 이 수프는 국물만 마신다.

COOK'S NOTE

모든 채소는 무게가 아닌 용량으로 동일하게 계량을 하고 물은 그 분량의 4배를 준비한다.

PART 05

해독을 돕는
채식 베이킹

바쁘게 생활하면서 스트레스를 많이 받는 현대사회에서는
마음의 건강이 바로 몸의 건강이라 말할 수 있습니다.
정신적인 스트레스나 피로는 달콤한 음식이 풀어줍니다.
그런 음식을 먹으면서 보내는 우아한 티타임은 기분을 전환시킬 수 있고
마음의 에너지를 충전시킬 수 있습니다.
또 홈메이드 베이킹을 즐긴다면 마음의 여유를 갖게 되어 스트레스를 발산할 수 있습니다.
홈베이킹은 시판 과자나 빵보다 더욱 안전한 먹거리입니다.
그러나 설탕이나 버터를 듬뿍 넣고 생크림이나 초콜릿을 많이 쓰기도 하니
베이킹은 입에는 달콤해도 몸에는 부담이 됩니다.
이번 섹션에서는 버터나 생크림, 달걀, 우유, 설탕을 사용하지 않은
건강한 베이킹을 소개합니다.

한눈에 보는 채식 베이킹

당근 머핀
이 머핀에는 버터, 달걀, 설탕을 넣지 않았다. 나머지 재료도 모두 식물성이라 뒷맛이 깔끔하고 소화도 잘 된다. 산뜻한 맛의 오렌지 즙을 넣어 당근의 풋내를 중화시켰다. P.308

고구마 타르트
원래 타르트에는 버터를 많이 넣는데 버터 대신 고소한 코코아 파우더를 넣어 기름의 양을 최소화했다. 코코아에 함유된 카카오매스 폴리페놀에는 항산화작용과 스트레스를 억제하는 효과가 있다. 또 세계보건기구가 정한 3대 면역식품으로 꼽힌 고구마를 껍질째 넣어 소화도 잘 된다. 고구마의 껍질에는 노화를 막고 피부미용에 좋은 베타카로틴이 풍부하다. P.310

바나나 코코넛 파운드케이크
신토불이를 기본으로 하는 마크로비오틱의 관점에서 보면 열대 과일인 바나나나 코코넛은 피하는 게 원칙이다. 다만, 잘 익은 바나나는 당도가 높아서 자연 감미료로 대체할 수 있어 단맛을 내기 위해 설탕을 듬뿍 사용한 파운드케이크보다 건강에는 훨씬 낫다. 식이섬유가 많은 코코넛은 대장을 청소하며 바나나와 코코넛에는 스트레스를 해소하는 성분이 함유되어 있다. P.312

버터를 뺀 아몬드 쿠키
버터를 사용하지 않는 마크로비오틱 베이킹에는 식물성 기름이나 견과류를 활용해서 고소함과 바삭함을 낸다. 견과류를 함께 사용하면 유지 성분, 식이섬유, 비타민, 미네랄 등의 영양 성분을 동시에 섭취할 수 있다. 아몬드에는 항산화작용이 강한 비타민 E와 칼슘이 많아 호르몬 기능에 도움을 준다. P.314

양파롤 스콘

양파와 후추를 넣은 스콘은 달지 않아서 아침 식사 대신 먹거나 간단한 간식으로 즐기기에 적당하다. 양파와 후추는 혈액순환을 촉진하여 신진대사를 활발하게 하는 대표적인 식품이다. 또 반죽에 넣은 호두는 '견과류의 제왕'이라는 별명을 가졌을 정도로 필수영양소를 풍부하게 함유하고 있다. 활성산소를 억제하여 심혈관과 신경계 질환을 예방한다. 또 식물성 오메가-3 지방산은 혈관 속 혈류를 증가시켜 혈관 기능을 개선시킨다. P.316

키위 오트밀 쿠키

키위, 오트밀, 통밀가루는 모두 섬유질이 풍부하다. 키위의 비타민 C는 면역력을 강화시켜 감기를 예방하거나 증상을 완화시킨다. 또 피토케미컬 성분은 항산화 물질로 혈액 속의 콜레스테롤 수치를 낮춰준다. P.318

고구마 경단

고구마를 껍질째 삶아 으깨어 반죽하고 파 된장을 소로 넣은 경단이다. 파 된장은 섬유질이 풍부한 고구마의 소화를 돕고 밀가루 대신 찹쌀가루를 넣어 식감이 쫄깃하다. P.320

당근 머핀

DETOX FOOD

당근 Carrot 당근은 베타카로틴이 풍부한 채소이다. 카로틴은 강력한 항산화성분으로 독소의 작용을 막고 면역력을 강화시켜 해독 효과를 높인다. 다른 채소에는 미량만 함유되어 있는 알파카로틴도 풍부하여 뛰어난 항산화작용을 한다. 수용성 식이섬유인 펙틴도 풍부하여 장내 유산균을 늘리고 유해 물질의 배출을 촉진시킨다.

TIME 45분

YIELD 6개분

INGREDIENTS

A 재료
당근 100g
오렌지 주스 32g(2큰술)
카놀라유 58g(4큰술)
메이플시럽 88g(4큰술)
소금 1/2작은술
B 재료
통밀가루 100g
백밀가루 100g
베이킹파우더 2작은술

Special Tip
머핀에 두부 크림을 곁들이면 맛있다. 두부 크림은 블렌더에 두부 1/3모, 메이플시럽 1큰술, 소금 1/5작은술, 레몬즙 약간을 넣어 크림 상태가 될 때까지 잘 섞는다.

How to Make

1 당근은 껍질째 강판에 간다.

2 볼에 당근과 나머지 A 재료를 모두 넣고 골고루 섞는다.
오렌지 주스는 직접 짠 과즙이 더욱 좋다. 계절에 따라 감귤즙을 사용해도 된다.

3 다른 볼에 B 재료를 모두 넣고 골고루 섞는다.

4 ②에 ③을 체로 내리면서 넣어 고무주걱의 날을 세워 자르듯이 섞는다.
비비거나 오래 섞으면 반죽이 딱딱해지므로 주의한다.

5 머핀틀에 반죽을 붓고 취향에 따라 아몬드 슬라이스를 토핑하고 170℃로 예열한 오븐에서 18~20분 정도 굽는다.
머핀틀에 반죽을 부을 때 아이스크림 스쿱을 사용하면 간편하며 분량도 균형 있게 나눌 수 있다.

6 꼬치로 찔러서 반죽이 묻어 올라오지 않으면 식힘망에 얹어 식힌다.

COOK'S NOTE
• 베이킹파우더는 중탄산나트륨, 산성제, 완화제 등으로 구성되어 있는데 산성제 중 알루미늄이 들어가지 않은 것이 몸에 좋고 맛도 부드럽다.
• 머핀틀에 머핀컵을 깔아 두거나 카놀라유(분량 외)를 바르고 덧밀가루(분량 외)를 얇게 뿌려둔다.
• 오븐은 170℃로 예열한다.

고구마 타르트

DETOX FOOD

코코아 Cocoa 타르트 반죽에 넣은 코코아는 카카오의 씨앗을 발효시켜 껍질과 배아를 제거하고 으깨어 유지를 빼고 가루로 만든 것이다. 고단백질 저지방 식품으로 카페인, 테오브로민, 카카오매스 폴리페놀 등을 함유하고 있다. 카페인은 졸음을 없애고 이뇨작용을 하여 신장에 쌓인 노폐물과 독소를 오줌과 함께 배출시킨다. 테오브로민은 코코아의 쓴맛 성분으로 자율신경을 조율하는 작용이 있고 항우울 효과도 기대할 수 있다. 카카오매스 폴리페놀에는 항산화작용이나 스트레스를 억제하는 효과가 있다.

TIME 80분

YIELD 지름 18cm 타르트틀 1개

INGREDIENTS

타르트 A 재료
통밀가루 60g
백밀가루 40g
아몬드 파우더 40g
코코아 파우더 20g

타르트 B 재료
카놀라유 20g(1+1/2큰술)
조청 40g(2큰술)
물 45g(3큰술)

필링 재료
고구마 250g
메이플시럽 1큰술
조청·한천가루 1작은술씩
소금 약간

토핑 재료
고구마 160g
통밀가루 1+1/2작은술
메이플시럽 1큰술
카놀라유 1작은술
아몬드 슬라이스 적당량

How to Make

1 필링용 고구마는 한입 크기로 썰고 토핑용 고구마는 가로, 세로 1.5cm 크기로 썰어 물을 적신 키친타월에 싼다. 다시 쿠킹포일로 싸서 220℃로 예열한 오븐에서 20분 정도 굽는다.
고구마의 당도를 살리는 조리법으로 전자레인지나 찜통에서 익혀도 된다. 고구마를 구운 다음에는 오븐을 180℃로 온도를 낮추어 둔다.

2 필링용 고구마가 뜨거울 때 나머지 필링 재료를 넣어 으깨면서 잘 섞는다. 토핑용 고구마는 식혀서 나머지 토핑 재료를 넣고 섞는다.

3 타르트를 만든다. 볼에 A 재료와 B 재료를 각각 넣어 골고루 섞는다.

4 A를 B에 체로 내리면서 넣어 타르트가 딱딱해지지 않도록 고무주걱의 날을 세워 자르듯이 섞는다.
수분이 부족하여 섞기 어려울 때에는 물을 넣어가며 반죽한다.

5 타르트 반죽을 틀보다 약간 크게 밀대로 민다.

6 반죽을 틀에 덮어 밀착시켜 모양을 잡고 포크로 구멍을 낸 다음 180℃의 오븐에서 15분 정도 굽는다.

7 구운 타르트에 필링을 채우고 토핑으로 덮는다.
필링은 중앙이 낮게, 가장자리는 높게 채워야 구웠을 때 모양이 예쁘다.

8 가장자리를 아몬드 슬라이스로 장식하고 180℃로 예열한 오븐에서 20분 정도 구워 틀에서 꺼내 식힘망에 식힌다.
틀에서 꺼내지 않으면 타르트가 눅눅해진다.

COOK'S NOTE
- 코코아 파우더는 설탕이 들어가지 않은 순코코아로 준비한다.
- 고구마는 호박고구마가 당도가 높지만 부드러워서 굽기 어려우니 밤고구마를 사용한다.

바나나 코코넛 파운드케이크

DETOX FOOD

바나나 Banana 바나나의 식이섬유에는 올리고당이 포함되어 있는데 과일 중에서 올리고당 함유량이 많은 편이다. 이 올리고당은 장내에서 유익균을 증식시켜 대장 기능을 개선한다. 또 바나나에는 칼륨이 풍부하여 수분대사를 촉진시키고 오줌으로 노폐물을 배출시키거나 부종을 해소시키며 대사를 활발하게 한다. 단, 바나나는 열대 과일이라 과식하면 냉증을 부르기도 하니 적당히 섭취한다.

TIME 75분

YIELD
21cm 길이 파운드케이크틀 1개분

INGREDIENTS
주재료
바나나(껍질 없이) 150g
호두 20g
코코넛 파우더 20g
A 재료
통밀가루 50g
백밀가루 100g
베이킹파우더 2작은술
B 재료
카놀라유 40g(40mℓ)
두유 100g(100mℓ)
메이플시럽 70g(3큰술)
소금 1g(1/4작은술)
토핑 재료
코코넛 팬시스레드 적당량

How to Make

1 바나나는 세로로 4등분한 다음 가로, 세로 1cm 크기로 자른다. 호두는 다진다.

2 볼에 A 재료를 모두 넣어 섞는다.

3 다른 볼에 B 재료를 모두 넣어 잘 섞은 다음, 손질한 ①의 바나나, 호두, 코코넛 파우더를 넣어 가볍게 섞는다.
  바나나는 모양이 망가지지 않도록 액체 재료를 먼저 섞어 소금이 녹으면 바나나, 호두, 코코넛 파우더를 넣는다.

4 A를 체로 내리면서 B에 넣어 고무주걱의 날을 세워 자르듯이 섞는다.
  반죽을 비비면 구워도 케이크가 잘 부풀어 올라오지 않는다.

5 오븐 시트를 깐 파운드 틀에 반죽을 붓고 표면을 평평하게 한 다음 코코넛 팬시스레드를 토핑한다.
  10cm 높이에서 틀째 떨어뜨려 반죽 속의 공기를 빼면 좋다.

6 180℃로 예열한 오븐에서 40~50분 정도 구워 틀에서 빼내어 식힘망에서 식힌다.
  꼬치로 찍었을 때 반죽이 묻어나지 않을 때까지 굽는다. 표면은 익었는데 속이 안 익은 경우에는 쿠킹포일을 살짝 덮어서 구우면 된다.

COOK'S NOTE
바나나는 검은 반점이 있는 것이 당도가 높다.

버터를 뺀
아몬드 쿠키

DETOX FOOD

아몬드 Almond 아몬드는 견과류 중에서도 비타민 E 함유량이 가장 많다. 비타민 E는 노화의 원인이 되는 활성산소를 제거하는 항산화작용이 강하고 젊은 몸을 유지하는데 효과적이다. 또 피부의 신진대사를 높이고 피지막(皮脂膜)을 안정시키기도 하니 자외선이나 대기오염으로부터 피부를 보호한다. 혈액순환을 원활하게 하여 냉증과 나쁜 안색도 개선시킨다.

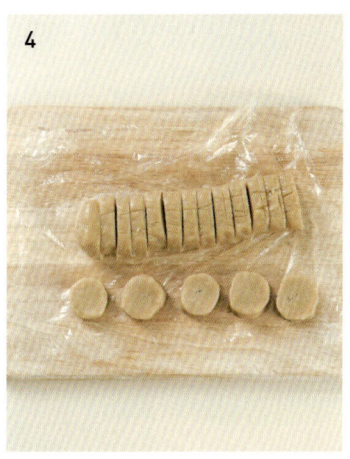

TIME 40분

YIELD 18개

INGREDIENTS

A 재료
통밀가루 60g
백밀가루 60g
아몬드 파우더 60g
녹말 50g

B 재료
카놀라유 45g(4큰술)
조청 40g(2큰술)
메이플시럽 58g(3큰술)
두유 15g(1큰술)
소금 약간

장식 재료
통아몬드·아몬드 슬라이스 적당량씩
조청 적당량

How to Make

1 볼에 A 재료를 모두 넣고 잘 섞는다. 다른 볼에 B 재료를 모두 넣고 거품기로 잘 섞는다.

2 A를 체로 내리면서 B에 넣어 고무주걱으로 자르듯이 섞는다.
비비며 섞으면 쿠키가 딱딱해진다.

3 반죽을 지름 4cm의 김밥 모양으로 만들어 비닐에 넣어 15분 정도 냉동시킨다.
자르지 않고 손으로 모양을 낼 때에는 냉동시키지 않고 바로 성형한다.

4 반죽을 칼로 0.8cm 두께로 자르고 동그랗게 빚는다.
자른 후에 깨지지 않도록 하나하나 모양을 잡는다.

5 가운데를 스푼의 손잡이 등으로 살짝 누르고 조청을 약간 바른 아몬드를 얹거나 아몬드 슬라이스를 비닐봉지에 넣어 나무공이 등으로 부수어 조청을 바른 면에 묻힌다.

6 오븐 시트를 간 팬에 ⑤를 얹어 180℃로 예열한 오븐에서 15분 정도 굽는다. 뒤집어서 5분 정도 더 굽고 식힘망에서 식힌다.

COOK'S NOTE
아몬드 파우더는 통아몬드를 푸드 프로세서에 갈아서 사용해도 된다. 입자가 커서 체로 내릴 수가 없을 수가 있으니 체로 내린 가루에 따로 섞는다.

양파롤 스콘

DETOX FOOD

양파 Onion 강한 향기 성분인 황화아릴은 신진대사를 원활하게 하고 유해 물질과 결합하여 독소를 몸 밖으로 배출시키는 작용을 한다. 해독에 좋은 항산화물질인 셀레늄이나 장의 유익균을 늘리는 올리고당도 풍부하다.

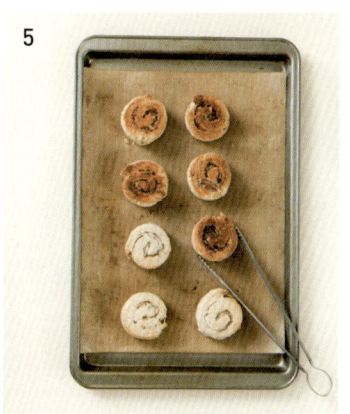

TIME 40분

YIELD 8개

INGREDIENTS

주재료
양파 60g
호두 25g
후춧가루 적당량

A 재료
카놀라유 20g(2큰술)
메이플시럽 17g(1큰술)

B 재료
통밀가루 80g
백밀가루 80g
베이킹파우더 2작은술

C 재료
두유 50g(1/4컵)
소금 1/4작은술

How to Make

1 호두는 푸드 프로세서에 넣어 가루 상태가 될 때까지 곱게 간다. A 재료를 모두 넣어 호두와 같이 곱게 간다.

2 ①에 B 재료를 모두 넣어 보슬보슬한 가루 상태가 될 때까지 잘 갈면서 섞는다. C 재료를 모두 섞어 ②에 넣어 푸드 프로세서의 전원을 켰다 껐다 하면서 간다. 밑바닥에 묻은 반죽도 잘 섞이도록 중간중간 고무주걱으로 고루 섞는다.
계속해서 작동시키면 반죽에서 끈기가 생겨 바삭해지지 않는다.

3 도마에 덧밀가루(분량 외)를 뿌리고 반죽을 한 덩어리로 뭉친다. 밀대로 밀고 접고 다시 밀고 접는 과정을 두세 번 정도 반복한다. 날가루가 보이지 않고 반죽이 부드러워지면 0.8cm 두께의 사각 모양(22×18cm 정도)으로 밀어 표면에 메이플시럽(분량 외)을 얇게 바르고 후춧가루를 뿌리고 물기를 뺀 양파를 골고루 펼쳐 얹는다.
양파는 나중에 겹치는 윗부분 가장자리를 1cm 정도 남기고 얹는다.

4 돌돌 말아 가장자리에 물을 바르고 붙인 다음 8등분한다. 자른 후에도 밀착시키듯 모양을 잡는다.

5 오븐팬에 오븐시트를 깔고 반죽을 얹어 190℃로 예열한 오븐에서 12~15분 정도 굽는다. 바닥이 노릇하게 구워지면 뒤집어서 5~8분 정도 더 구워 식힘망에서 식힌다.

COOK'S NOTE

• 양파는 미리 얇게 썰어 소금 1/4작은술(분량 외)을 뿌려 숨을 죽인다. 이때 양파가 두꺼우면 굽고 나서 양파의 틈이 생겨 버리거나 즙이 나오므로 0.2cm 두께로 얇게 썬다.

• 후추는 통후추를 갈아 넣어야 훨씬 맛있다.

키위
오트밀 쿠키

DETOX FOOD

오트밀 Oatmeal 몸에 부담이 적은 건강식이나 다이어트의 지표로서 GI 수치(Glycemic Index)가 있다. GI 수치란 탄수화물이 소화되어 당분으로 변화되는 속도를 상대적으로 나타내는 것이다. GI 수치가 낮으면 낮을수록 혈당의 상승이 천천히 이루어지고 인슐린 분비도 억제할 수 있다. 오트밀은 정제된 곡물이 아니기 때문에 식이섬유가 풍부하고 탄수화물이지만 GI 수치가 낮아 혈당 상승도 천천히 이루어진다.

TIME 45분

YIELD 10개

INGREDIENTS

A 재료
키위(참다래) 60g(약 1/4컵)
카놀라유 30g(2큰술)
메이플시럽 42g(2큰술)
조청 20g(1큰술)
소금 1/5작은술

B 재료
오트밀 50g
통밀가루 100g
베이킹파우더 1/2작은술

장식 재료
키위(참다래) 1개

How to Make

1 A의 키위는 잘게 다지고 무게로는 60g, 용량으로는 1/4컵을 준비한다. 장식용 키위는 껍질을 벗기고 동글게 10등분(1개의 두께를 0.2cm 정도로)하고 키친타월에 얹어 물기를 뺀다.

2 볼에 A 재료를 모두 넣고 잘 섞는다.

3 다른 볼에 B 재료를 모두 넣고 골고루 섞는다.

4 B에 A를 넣어 자르듯이 섞는다.
반죽을 비비면서 섞으면 바삭하게 구워지지 않고 딱딱해진다.

5 오븐팬에 오븐시트를 깔고 반죽을 한 숟가락씩 떠서 간격을 두고 얹는다. 얇게 썬 장식용 키위를 얹고 살짝 누르면서 0.3~0.4cm 두께로 둥근 모양을 만든다.
두꺼우면 잘 익지 않는다.

6 180℃로 예열한 오븐에서 17~20분 정도 구워 식힘망에 식힌다.
중앙 부분이 잘 익지 않으면 뒤집어서 5분 정도 더 굽는다.

COOK'S NOTE
- 키위는 약간 딱딱한 것이 좋다.
- 압착 오트밀이 아닌 일반 오트밀이라면 미리 푸드 프로세서에 대강 갈아둔다.
- 베이킹파우더는 알루미늄이나 밀가루가 들어가지 않은 것을 사용하면 맛이 순하다.
- 팩에 넣어 냉동시켜두었다가 자연 해동시켜 먹어도 된다.

고구마 경단

DETOX FOOD

쌀가루 Rice Flour 선진국에서는 밀가루가 들어가지 않은 글루텐 프리(Gluten Free) 음식을 많이 볼 수 있다. 글루텐은 밀가루가 가진 점성이 강한 단백질 성분으로 일부 사람에게는 알레르기 증상을 일으킨다고도 하여 피하는 경우도 있다. 또 과식을 유발하는 성분이라 다이어트나 미용, 건강의 이유로 글루텐 프리를 찾는 사람도 많다.

쌀가루에는 글루텐이 없고 밀가루보다 소화의 속도가 천천히 이루어져서 포만감을 주고 혈당의 상승도 느리다. 필수아미노산은 밀가루보다 균형적으로 많은 종류를 함유하여 영양적으로 우수하다.

TIME 35분

YIELD 6개

INGREDIENTS

고구마 반죽 재료
고구마 200g
찹쌀가루 100g
소금 약간
참깨 약간
물 1/2컵

파 된장 재료
쪽파 50g
느타리버섯 50g
기름 1작은술
된장 1큰술
간 생강 1/2작은술

How to Make

1 파 된장을 만든다. 쪽파와 느타리버섯은 각각 다지고 된장은 칼로 으깬다.

2 팬에 기름을 두르고 쪽파와 느타리버섯을 볶은 다음 된장과 간 생강을 넣어 볶는다.
  파 된장은 만들어 놓으면 5~7일은 냉장 보관이 가능하다.

3 고구마는 한입 크기로 썰어 소금을 뿌려 김이 오른 찜통에 찐다. 고구마가 뜨거울 때 찹쌀가루와 소금을 약간만 넣어 잘 으깨면서 반죽한다.
  고구마를 찔 때 소금을 뿌리면 더욱 달콤하고 맛도 순하다. 고구마가 뜨거울 때 가루를 넣어 껍질째 으깨야 하는데, 식으면 고구마에 끈기가 생기고 수분도 날아가 반죽이 잘 되지 않는다.

4 반죽을 6등분하여 파 된장을 한 숟가락 정도씩 넣고 아물려 1.5cm 두께의 원형 모양을 만들고 가운데에 참깨를 얹는다.
  참깨는 손가락에 물을 묻히고 묻히면 반죽에 잘 붙는다.

5 팬을 달구어 기름을 두르지 않고 경단을 굽는다. 경단의 밑바닥이 익으면 뒤집어서 물 1/2컵을 붓고 뚜껑을 덮어 물기가 거의 없어질 때까지 약한 불로 찌듯이 익힌다.

6 뚜껑을 열고 물기가 완전히 없어지면 뒤집어 나머지 면도 노릇노릇하게 굽는다.

COOK'S NOTE

• 쪽파 대신 대파나 양파를 넣어도 된다.

• 느타리버섯 대신 팽이버섯이나 표고버섯, 마른 표고버섯으로 만들어도 맛있다.

DETOX COLUMN ❸

덜 달게 먹어야 산다
슈거 디톡스

부모의 식습관은 아이들에게 그대로 대물림된다고 합니다. 음식은 잘 먹으면 보약이 되고 잘못 먹으면 독약이 된다는 말도 있습니다. 백세 시대에 건강하게 살기 위해서는 어렸을 때부터 바른 식습관을 몸에 익히는 것이 아주 중요합니다. 그런데 요즘 우리의 식생활은 어떤가요? 치맥, 불금, 편의점 음식, 야식, 그리고 건강보다는 입맛만 현혹시키는 텔레비전 속 수상한 푸드에 잘 먹고 잘살기는 더욱 어려워졌습니다. 가장 우려스러운 것은 바로 단맛 중독입니다. 중독성이 강한 것이 단맛이라고 합니다. 맛 전문가들은 '다른 맛의 흔적까지 지우는 이기적인 맛'이라고 합니다. 단맛이 나는 음식은 뇌의 시상하부에서 도파민을 분비하도록 촉진하여 쾌감을 증대시킵니다. 문제는 단 음식으로 인해 만들어진 도파민은 단맛을 느낀 후 얼마 지나지 않아 다시 단맛을 느끼고 싶다는 강한 갈망, 우울, 심장 두근거림과 같은 정신적이며 신체적인 조급증을 일으키고 제때 단맛이 공급되지 않으면 금단 증상에 시달리기도 합니다.

배나 복숭아 같은 과일에도, 현미밥과 채소, 정제되지 않은 곡류에도 당은 충분히 들어 있습니다. 그러나 우리는 설탕으로 쉽게 단맛을 냅니다. 여기에 유전자조작 우려가 있는 올리고당, 물엿 등도 과하게 씁니다. 음식은 싱거우면 몸에는 좋지만 입에는 맛없게 느껴집니다. 반대로 달면 맛있게 느껴집니다. 맛있게 먹는 게 최고라며 설탕을 듬뿍 넣었다가는 건강이 위험해질 수 있습니다.

'슈거블루스'라는 병이 있습니다. 설탕이 들어 있는 음식을 즐기는 사람들이 걸릴 수 있는 일종의 우울증입니다. 특히 흰 설탕이 문제입니다. 사탕수수에 들어 있는 효소와 미네랄, 식이섬유, 비타민 등은 정제 과정에서 버려집니다. 영양소의 극단적 불균형이 발생하기에 흰 설탕이 입에만 좋고 몸에는 나쁘다는 이야기가 나오는 것입니다. 최근 우려가 되는 것은 올리고당의 남용입니다. 과연 올리고당의 정체는 무엇일까요? 이소말토올리고당, 프락토올리고당과 같이 대장까지 도달하여 유익균의 먹이가 되는 몸에 좋은 올리고당도 있지만, 단지 정제물엿과 거의 같은 성분을 지닌 저렴한 올리고당도 있습니다.

설탕은 세포 손상을 가져와 암을 일으킨다는 견해도 있습니다. 낸시 애플턴과 G. N. 제이콥스는 《설탕중독》이란 책에서 '설탕은 암의 발병에 한몫할 뿐 아니라, 암의 진행을 가속화시킨다'고 주장했습니다. 저자들은 여러 가지 연구 결과를 소개했는데 주목할 만한 자료는 노스캐롤라이나 주에서 암 환자들이 좋아하는 음식과 음료수에 대한 설문조사였습니다. 총 222명의 종양 환자 중 최소 50%의 응답자가 요청한 음식은 몇 종류의 크래커, 도넛, 프루트 칵테일, 쿠키, 사과 소스, 정수된 물, 커피, 청량음료, 각종 주스 등이었다고 합니다.

설탕과 흰쌀밥을 많이 먹으면 노인성 황반변성에 걸릴 위험이 높아진다는 주장도 있습니다. 국민건강보험공단의 발표에 따르면 2000년 7,631명이던 황반변성 환자 수가 2004년에는 두 배 가까운 증가세를 보였습니다. 설탕이나 흰쌀밥처럼 혈당지수가 높은 탄수화물은 몸에 해로운 지방만큼이나 인체에 해롭습니다. 이들 식품이 눈의 세포에 산화 스트레스를 일으켜 염증 발생 위험을 높이기 때문인 것으로 전문가들은 추측합니다.

설탕, 흰쌀밥, 밀가루 등의 혈당지수가 높은 음식은 몸속으로 흡수되어 여러 단계의 소화 작용을 거치지 않고 바로 에너지원인 포도당으로 전환됩니다. 반면 현미밥, 통곡류, 섬유질이 풍부한 채소와 같이 혈당지수가 낮은 음식을 섭취하면 혈당이 서서히 증가하고 장시간에 걸쳐 안정적으로 유지되어 급격한 혈당 변화가 없습니다. 따라서 요리에는 최소한의 설탕만을 사용하거나 배나 복숭아와 같은 천연재료로 대체하고 설탕이 많이 들어간 케이크나 탄산음료를 자주 먹지 말아야 합니다. 흰쌀밥을 먹는 대신 섬유질이 풍부한 잡곡과 콩을 섞어 먹고 국수는 정제되지 않은 곡류로 만든 국수를 권장합니다.

《설탕 중독(낸시 애플턴, G. N. 제이콥스 지음, 싸이프레스 발행)》에서 발췌

설탕 중독 자가 진단법

- ☐ 하루라도 초콜릿, 과자, 빵, 1회용 커피 등 단 음식을 먹지 않으면 집중이 잘 안 된다
- ☐ 항상 다이어트를 하지만 살이 잘 안 빠지고, 빠져도 다시 원 상태로 회복된다
- ☐ 스트레스를 받으면 단 음식을 먹어야 풀린다
- ☐ 예전과 비슷한 수준으로 단것을 먹고 있는데도 만족스럽지 않다
- ☐ 버릇처럼 단것을 찾거나, 배가 불러도 단 음식은 꼭 더 먹는다
- ☐ 빵이나 국수 종류, 떡, 과자 등을 배부를 때까지 먹는 경향이 있다
- ☐ 자신이 느끼기에도 단 음식을 지나치게 먹는다는 생각이 든다

* 위 항목 가운데 3개 이상 해당되면 설탕 중독 가능성이 높음

INDEL

ㄱ·ㄴ·ㄷ 순

가

가부라찜	066
가키아게 우동	144
감 무 샐러드	124
검은 낫토 월남쌈	268
검은콩 너깃	260
검은콩차	300
고구마 경단	320
고구마 레몬조림	120
고구마 타르트	310
곤약 돈가스	226
곤약 떡갈비	228
구운 고구마 샐러드	236
군만두	192
그린 스무디	294
깐쇼 브로콜리	080
깻잎 들깨 파스타	072

나

낫토 토마토 컵샐러드	270
낫토 현미 덮밥	266
니라타마	190
니쿠자가	152

다

다시마말이	096
단호박 로우 샐러드	282
달걀말이풍 두부와 김	154
달콤한 채소 수프	302
당근 감귤주스	295
당근 머핀	308
당근 소보로 덮밥	216
당근 아몬드 샐러드	062
동글동글 연근볼	054
두부 가바야키 덮밥	150
두부 난반절임	158
두부 오믈렛	168
두부 유린기	188
두부 카레 마리네이드	258
두부 토마토 깻잎 카프레제	280
두유 치즈 피자	162

라·마

라타투이	174
마 두부 경단튀김	256
마 오색볶음	064
마늘종절임	288
마른 가지 피망볶음	092
마른 표고버섯 덮밥	084
마른 표고버섯차	297
마파가지	186
목이버섯 양상추 샐러드	086
무 미나리 태국식무침	284
무 스테이크	222
무 오이 생강절임	194
무말랭이 배추 중화풍볶음	090
무말랭이차	299
무수분 콩나물무침	242
무와 당근 홍백 리본 샐러드	056
미역 쑥갓 볶음밥	104
미역줄기 버섯 스파게티	102

바

바나나 두유	296
바나나 코코넛 파운드케이크	312
배 쑥갓무침	128
배추 금귤무침	130
버섯 돌나물 샐러드	114
버섯 두유 크림 파스타	108
버섯 쿠킹포일찜	116
버터를 뺀 아몬드 쿠키	314
베지니기리 초밥	146
볶지 않은 양배추 된장볶음	184
볼로네이즈 스파게티	248
부추 소스를 뿌린 두부구이	074
비트 사과 샐러드	272
비트 수프	276

비트 오븐 마리네이드	274
뿌리채소 쥐포	058
뿌리채소와 밤 발사믹조림	060

사

사과 두부 치즈 샐러드	112
새송이버섯회	110
생톳 마리네이드 샐러드	100
셀러리볶음	238
소면 누룽지 낫토 소스	250
수수로 만든 햄버그 스테이크	218
수제 드라이 토마토와 두부 크림치즈 카나페	170
순두부 화이트 소스 그라탱	166
시금치 코코트	070

아

아츠아게 파르스	254
양배추구이	232
양송이버섯튀김	112
양파롤 스콘	316
연근 버섯 미트로프	176
연근과 가지 타르타르 소스 샌드	050
오뎅	156
오트밀 볼	220
우엉 곤약 덮밥	214
우엉 머스터드 샐러드	052
우엉 잡채	234
일본식 된장국	301

자

적채 코울슬로 샐러드	244
중화냉면	180

차

참나물 겉절이	076
참외 샐러드	126
청경채 김치	078

카

콜라비 피클	240
콜리플라워 샌드위치	172
콩튀김	262
키위 오트밀 쿠키	318

타

타코야키	148
톳을 채운 유부구이	252
튀기지 않은 크로켓	224

파

파래 지지미	098
파프리카 이탈리안 나물	286
팥차	298

하

현미 슈마이	182
현미 파에야	164
호박고지조림	088

조리법순

밥

낫토 현미 덮밥	266
당근 소보로 덮밥	216
두부 가바야키 덮밥	150
마른 표고버섯 덮밥	084
미역 쑥갓 볶음밥	104
베지니기리 초밥	146
우엉 곤약 덮밥	214
현미 파에야	164

면

가키아게 우동	144
깻잎 들깨 파스타	072
미역줄기 버섯 스파게티	102
버섯 두유 크림 파스타	108
볼로네이즈 스파게티	248
소면 누룽지 낫토 소스	250
중화냉면	180

국·수프

달콤한 채소 수프	302
비트 수프	276
일본식 된장국	301

샐러드·무침

감 무 샐러드	124
검은 낫토 월남쌈	268
구운 고구마 샐러드	236
낫토 토마토 컵샐러드	270
단호박 로우 샐러드	282
당근 아몬드 샐러드	062
두부 토마토 깻잎 카프레제	280
목이버섯 양상추 샐러드	086
무 미나리 태국식무침	284
무수분 콩나물무침	242
무와 당근 홍백 리본 샐러드	056
배 쑥갓무침	128
배추 금귤무침	130
버섯 돌나물 샐러드	114
비트 사과 샐러드	272
사과 두부 치즈 샐러드	122
우엉 머스터드 샐러드	052
적채 코울슬로 샐러드	244
참나물 겉절이	076
참외 샐러드	126
파프리카 이탈리안 나물	286

절임·마리네이드

두부 난반절임	158
두부 카레 마리네이드	258
마늘종절임	288
무 오이 생강절임	194
비트 오븐 마리네이드	274
생톳 마리네이드 샐러드	100
청경채 김치	078
콜라비 피클	240

조림

고구마 레몬조림	120
니쿠자가	152
다시마말이	096
뿌리채소와 밤 발사믹조림	060
우엉 곤약 덮밥	222
호박고지조림	088

볶음

니라타마	190
라타투이	174
마 오색볶음	064
마른 가지 피망볶음	092
마파가지	186
무말랭이 배추 중화풍볶음	090
미역 쑥갓 볶음밥	104
셀러리볶음	238
우엉 잡채	234

구이

곤약 돈가스	226
곤약 떡갈비	228

군만두	192
두부 가바야키 덮밥	150
두부 유린기	188
무 스테이크	222
부추 소스를 뿌린 두부구이	074
뿌리채소 쥐포	058
소면 누룽지 낫토 소스	250
수수로 만든 햄버그	218
양배추구이	232
연근과 가지 타르타르 소스 샌드	050
타코야키	148
톳을 채운 유부구이	252
파래 지지미	098

오븐 요리

구운 고구마 샐러드	236
두유 치즈 피자	162
두부 오믈렛	168
비트 오븐 마리네이드	274
수제 드라이 토마토와 두부 크림치즈 카나페	170
순두부 화이트 소스 그라탱	166
시금치 코코트	070
연근 버섯 미트로프	176
튀기지 않은 크로켓	224

찜

가부라찜	066
달걀말이풍 두부와 김	154
버섯 쿠킹포일찜	116
볶지 않은 양배추 된장볶음	184
오트밀 볼	220
현미 슈마이	182

튀김

가키아게 우동	144
검은콩 너깃	260
깐쇼 브로콜리	080
동글동글 연근볼	054
마 두부 경단튀김	256
양송이버섯튀김	112
콩튀김	262

베이킹

고구마 경단	320
고구마 타르트	310
당근 머핀	308
바나나 코코넛 파운드케이크	312
버터를 뺀 아몬드 쿠키	314
양파롤 스콘	316
키위 오트밀 쿠키	318

음료

검은콩차	300
그린 스무디	294
당근 감귤주스	295
마른 표고버섯차	297
무말랭이차	299
바나나 두유	296
팥차	298

기타

새송이버섯회	110
아츠아게 파르스	254
오뎅	156
콜리플라워 샌드위치	172

참고 자료

《이렇게 해 解! 전상일 박사의 환경과 어린이 건강 이야기》 전상일, 둘다북스

《잘못된 입맛이 내몸을 망친다》 박민수, 전나무숲

《설탕중독》 낸시 애플턴, G. N. 제이콥스, 싸이프레스

《동의보감 디톡스》 방성혜, 리더스북

《저체온과 냉증을 다스리는 면역력 건강음식》 이시하라 유미, 새로운제안

《푸드백신》 박태균, 21세기북스

《양념은 약이다》 박찬영, 국일미디어

《해독의 기적》 박찬영, 엔트리

《내 몸 치유력》 프레데리크 살드만, 푸른숲

《더러운 장이 병을 만든다》 버나드 젠센, 국일미디어

《불편해야 건강하다》 아오키 아키라, 바다출판사

http://metok.org/post/6882357484

http://www.detox-web.com